LES FRANCS-MAÇONS
en 100 questions

Du même auteur

Des maçons opératifs aux francs-maçons spéculatifs. Les origines de l'Ordre maçonnique, Paris, EDIMAF, 2001.

Histoire de la franc-maçonnerie française, Paris, PUF, « Que sais-je ? », 2003 ; rééd. 2015 et 2020.

Les Francs-maçons. De la légende à l'histoire, Paris, Tallandier, 2003.

Les Plus Belles Pages de la franc-maçonnerie, Paris, Dervy, 2003.

Les Mystères de Channel Row, avec Alain Bauer, Paris, Lattès, 2006 ; « Masque poche », 2013.

Les 100 mots de la franc-maçonnerie, avec Alain Bauer, Paris, PUF, « Que sais-je ? », 2007 ; rééd. 2010 et 2017.

L'Invention de la franc-maçonnerie. Des opératifs aux spéculatifs, Paris, Véga, 2008 ; rééd. 2011.

Le Convent du sang, avec Alain Bauer, Paris, Lattès, 2009.

Le Rite écossais rectifié, avec Jean-Marc Pétillot, Paris, PUF, « Que sais-je ? », 2010.

Les Promesses de l'aube. Contre la guerre des obédiences, avec Alain Bauer, Michel Barat, Paris, Dervy, 2013.

Franc-maçonnerie. Régularité et reconnaissance, histoire et postures, Paris, Conform, 2015.

Pour retrouver la parole. Le retour des frères, avec Alain Bauer, Bruno Étienne, Michel Maffesoli, Paris, La Table ronde, 2006.

Le Symbole perdu décodé. Dan Brown et la franc-maçonnerie, avec Alain Bauer, Paris, Véga, 2009.

Hiram et ses frères. Essai sur les origines du grade de Maître, Paris, Véga, 2010.

Les Rites maçonniques anglo-saxons, avec Alain Bauer, Paris, PUF, « Que sais-je ? », 2011.

Les Rites maçonniques égyptiens, Paris, PUF, « Que sais-je ? », 2012.

Une histoire de la médecine légale et de l'identification criminelle, avec Alain Bauer, Paris, PUF, 2015.

Le Petit Dictionnaire des vrais et des faux frères. Les secrets des grands noms de la franc-maçonnerie, avec Alain Bauer, Paris, Flammarion, 2015.

La Franc-maçonnerie, avec Alain Bauer, Paris, PUF, « Que sais-je ? », 2016.

(suite en page 379)

Roger Dachez

LES FRANCS-MAÇONS
en 100 questions

TALLANDIER

Collection « en 100 questions »
créée par François-Guillaume Lorrain

48, rue du Faubourg-Montmartre – 75009 Paris
www.tallandier.com

Avant-propos

Il existe en langue française deux grands types d'ouvrages traitant de la franc-maçonnerie.

En premier lieu, des livres qui concernent avant tout, voire exclusivement, les francs-maçons eux-mêmes, éclairant leurs symboles et leurs rituels, mais aussi l'histoire de leur confrérie, afin de les guider dans leur cheminement au sein même de la franc-maçonnerie.

Ces livres sont le plus souvent écrits par des francs-maçons qui accordent évidemment à l'institution maçonnique non seulement un grand intérêt mais surtout un grand respect. Si ces œuvres trouvent ainsi parfaitement leur place dans la vie interne de la franc-maçonnerie, leur faiblesse possible est de ne jamais sortir de son univers codé qu'ils ont naturellement tendance à essentialiser, à présenter comme un monde clos au double sens de ce terme : comme fermé sur lui-même – ce qu'il est d'ailleurs en partie –, mais aussi comme achevé, fini, dont toutes les parties se tiennent et dont rien n'est à reprendre. C'est évidemment un obstacle pour saisir la réalité intégrale de la franc-maçonnerie, toujours influencée, voire déterminée par le contexte culturel et l'environnement social et humain dans lesquels elle se déploie.

Ensuite, il y a des livres écrits par des personnes étrangères à la franc-maçonnerie, des journalistes, des essayistes, des historiens. Leur approche peut être, selon les cas, neutre, plutôt favorable ou au contraire hostile. Les auteurs envisagent alors le phénomène maçonnique de l'extérieur, par nécessité, n'ayant pas vraiment accès à la vie interne de l'institution, si ce n'est par les récits plus ou moins objectifs et pertinents dont ils ont pu prendre connaissance, mais ils s'en font aussi une idée largement nourrie par leurs propres *a priori*, parfois inconscients, du reste. Paradoxalement, l'expérience montre que leur non-appartenance à la franc-maçonnerie ne garantit nullement, comme on pourrait s'y attendre, leur impartialité, bien sûr, mais pas davantage leur objectivité, car le sujet qu'ils traitent est une thématique parasitée, depuis trois siècles, par des légendes urbaines et des mythes historiographiques dont certains ont la vie dure. L'obstacle qui se dresse alors n'est pas moindre que le premier pour parvenir au même but car si l'existence de la franc-maçonnerie est repérable de l'extérieur, son dynamisme essentiel est du domaine de l'intériorité.

L'approche que j'ai tentée dans ce volume sur *Les Francs-maçons en 100 questions* est, en quelque sorte, intermédiaire : c'est celle qu'on pourrait qualifier d'*observation critique et participative.*

Franc-maçon depuis quarante ans, j'ai pu acquérir une connaissance assez approfondie de l'institution maçonnique, en France comme dans plusieurs pays étrangers. Non content de contribuer à la vie de la maçonnerie, je me suis beaucoup intéressé à ses sources traditionnelles, à son anthropologie et à son histoire. Mais j'ai aussi très tôt adopté une posture de « spectateur engagé », pour reprendre une formule célèbre, ne m'interdisant nullement d'adhérer à un engagement et à un monde tout en portant sur eux, à différents instants, un regard distancié et critique – au sens de l'analyse objective des fondements qu'ils possèdent, de la formulation des problématiques qu'ils soulèvent, de la déconstruction des structures qu'ils recèlent.

Il en ressort, en ce qui me concerne, un regard toujours aussi empathique mais suffisamment lucide et nuancé pour mériter, me semble-t-il, d'être partagé et offert comme un guide permettant de découvrir d'un œil neuf un univers toujours intrigant mais très souvent mal connu – de ceux qui lui sont étrangers comme parfois aussi de ceux qui y ont accès.

Sans naïveté ni complaisance, mais également sans désinvolture ni jugement hâtif, j'ai proposé, au fil des questions les plus attendues ou les plus surprenantes, des réponses informatives et pondérées, parfois tranchées par rapport à une certaine vulgate journalistique ou historiographique, mais toujours aussi documentées que possible, que ce soit à propos de l'histoire de la franc-maçonnerie, de ses sources intellectuelles, de ses structures, de ses pratiques internes, de ses relations avec la vie sociale.

Il en ressort, je l'espère, un portrait assez complet, tracé par touches successives au fil de questions souvent liées entre elles, un système de renvois proposant au lecteur de guider son parcours dans un réseau d'interrogations dont certaines s'éclairent mutuellement.

Portrait, je crois, original et sincère, et que je souhaite attrayant, d'un objet bien plus complexe qu'on ne le croit et qui n'a jamais cessé, depuis trois siècles, de susciter passions et fantasmes.

Je forme le vœu que le lecteur trouve le même plaisir à le découvrir que j'en ai eu à le composer.

HISTOIRE ET LÉGENDES

1

D'où vient la franc-maçonnerie ?

Nous ne savons guère comment s'organisaient les artisans et les hommes de corvée qui, par milliers, ont édifié les pyramides de l'Égypte ancienne – mais nombre d'entre eux étaient des esclaves. Il en va de même en Grèce : le nom de quelques architectes célèbres nous est bien parvenu, mais nous savons peu de chose de la vie quotidienne de ceux qui mettaient en œuvre leurs plans. À Rome, la situation est déjà un peu différente. Nous avons connaissance d'une première forme d'organisation, les *collegia fabrorum* : des « sodalités » professionnelles, c'est-à-dire des confréries, des fraternités qui réunissaient les membres d'un même métier et leur famille, lesquels s'assemblaient périodiquement pour prendre part à des banquets qui leur étaient réservés. Pour autant, il ne s'agissait que d'une forme primitive d'assurance mutuelle : une caisse commune permettait de secourir les confrères malades ou dans le besoin et, surtout une confrérie funéraire, garantissant à ses membres des obsèques dignes – préoccupation majeure à cette époque. Rien ne permet de dire qu'il s'y est passé autre chose. Toujours est-il que ces *collegia* sombrèrent et disparurent avec l'Empire romain.

Le moment clé, pour la préhistoire de la franc-maçonnerie, est le tournant du premier au deuxième millénaire. Au cours de ce gigantesque mouvement de l'Europe entière, le roman puis le gothique vont multiplier leurs chefs-d'œuvre. Eu égard à la durée des travaux, à la faible espérance de vie dans ces temps anciens, aux risques multiples que couraient les hommes employés sur l'ouvrage, il est sans doute arrivé maintes fois qu'un ouvrier, arrivé encore jeune sur le chantier d'un monument dont il n'avait pas vu poser la première pierre, y meure sans en avoir vu l'achèvement. Il en découlait probablement une autre vision du monde et de la vie.

Les hommes du Moyen Âge étaient largement dépourvus de ce que nous nommons aujourd'hui la « conscience historique » – c'est-à-dire le sens de l'écoulement du temps, de la succession des civilisations et des ruptures culturelles qu'elles entraînent. À la fin de cette période, une miniature aujourd'hui conservée à la Bibliothèque nationale de France nous en fournit un exemple particulièrement éclairant au regard des sources lointaines de la franc-maçonnerie. Il s'agit d'une illustration d'un manuscrit du XVe siècle des *Antiquités judaïques* de Flavius Josèphe, illustré par Jean Fouquet, l'illustre peintre de Louis XI. Le temple de Jérusalem, encore inachevé, y est figuré à moitié revêtu d'or et présente l'aspect typique d'une cathédrale de l'époque du gothique flamboyant ! À nos yeux de modernes, l'anachronisme est criant ; pourtant, l'ouvrier analphabète, levant les yeux sur la cathédrale apparemment semblable en tous points à l'œuvre de Salomon qu'il contribuait à bâtir, vivait dans une perpétuelle légende.

Le Moyen Âge est aussi caractérisé par la présence permanente des symboles et des rituels dans la vie quotidienne. À cette époque, tous les grands actes de la vie sociale étaient plus ou moins ritualisés et donnaient lieu à des cérémonies, publiques ou privées. Tant pour l'installation d'un échevin dans une ville libre, celle d'un évêque dans sa cathédrale, celle enfin du roi lors de son sacre – le rituel de tous les rituels ! –, à travers une pyramide de conditions sociales très diverses, c'était toujours par un protocole solennel et minutieusement réglé que s'accomplissaient ces moments privilégiés de la vie des individus et des institutions. Avec bien d'autres, dans son précieux ouvrage *Les Rites de passage* (1909), Arnold van Gennep, en puisant dans le riche fonds du folklore européen, du Moyen Âge à la fin du XIXe siècle, a bien documenté la persistance de ces moments ritualisés qui consacraient, sacralisaient, les étapes essentielles de l'existence des hommes : la naissance, la puberté, le mariage, la mort. Il en allait de même dans les traditions corporatives des métiers. Les rites, largement étudiés depuis plus d'un siècle par l'anthropologie culturelle, sont en effet un invariant de la culture humaine, à travers le temps et l'espace, et ils s'appliquent à tous les aspects de vie humaine.

Dès le début du XVe siècle, en Angleterre, nous disposons de textes à la fois légendaires et réglementaires en rapport avec le métier de maçon : ce sont *Les Anciens Devoirs* (*Old Charges*). Ils rapportent l'histoire de la maçonnerie – ou de la géométrie, qui lui est identifiée – comme s'étant perpétuée d'âge en âge jusqu'à nous, à travers une galerie de personnages tantôt mythiques – Adam, Noé, Nemrod –, tantôt historiques – Salomon, Euclide ou Charles Martel –, mais souvent traités en dépit de toute cohérence chronologique. Le but du narrateur était de « prouver » que ceux qui œuvraient de son temps en Grande-Bretagne étaient les héritiers directs et légitimes de ceux qui, des centaines d'années plus tôt, avaient bâti les grands édifices bibliques comme la tour de Babel et, bien sûr, le Temple de Salomon, bientôt érigé au rang de modèle indépassable de l'art de bâtir. Qui plus est, la demeure de Dieu… Lors d'une cérémonie simple dont les détails nous sont imparfaitement connus, on lisait cette histoire sacrée aux jeunes ouvriers, quand ils faisaient leur entrée sur le chantier, puis ils prêtaient serment sur la Bible – ou sur un document qui en renfermait un extrait – d'être fidèles aux *Devoirs* du métier dont il leur restait à acquérir tout le savoir et toute la compétence : en cela consistait leur initiation.

C'est dans cet univers, à la fois fraternel, technique et religieux que la franc-maçonnerie devait puiser ses références symboliques et morales ; c'est là qu'elle allait planter ses racines légendaires.

2

Y avait-il des francs-maçons au Moyen Âge ?

Le mot « franc-maçon » (de l'anglais *freemason*) a désigné successivement, au cours de l'histoire, des réalités humaines et sociales sensiblement différentes. Cette évolution sémantique est surtout documentée en Angleterre et c'est là, du reste, que la franc-maçonnerie telle que nous l'entendons est apparue.

Sur les chantiers du Moyen Âge, tous les ouvriers de la pierre ne possédaient pas les mêmes compétences et n'accomplissaient pas les mêmes opérations. En outre, certaines tâches étaient réalisées sur le chantier lui-même, tandis que d'autres trouvaient place dans la carrière d'où l'on extrayait la pierre et qui était elle-même plus ou moins distante du chantier.

Schématiquement, on distinguait deux sortes d'ouvriers maçons : les *rough masons* (*rough* = rugueux, grossier) et les *freemasons* (*free* = libre). Les premiers étaient les moins qualifiés et, travaillant le plus souvent à la carrière, ils œuvraient sur une pierre de qualité inférieure (*rough stone*) qui servait par exemple à procurer les moellons permettant le blocage d'un mur entre deux parements. Ces pierres n'avaient pas un bel aspect et elles n'étaient que grossièrement taillées avant de partir vers le chantier. Les *freemasons*, en revanche, ordinairement présents sur le chantier, travaillaient une pierre calcaire fine, de qualité supérieure, que l'on nommait *freestone* – littéralement « pierre libre ». Au XIIIe siècle, on trouve la dénomination de « mestre maçon de franche pere », correspondant au mot anglais *freemason*, une simple contraction de l'expression *freestone mason*. En d'autres termes, ce n'est pas le maçon qui était « libre », en l'occurrence, mais la pierre qu'il taillait. Mais « libre » de quoi ? Libre d'être finement ouvragée, sculptée, par des artisans spécialement formés, plus expérimentés et plus talentueux. Des ouvriers qui appartenaient eux aussi à une catégorie supérieure. Au reste, dans les loges[1] des chantiers, ils n'avaient pas de statut spécial : ces loges rassemblaient tous les maçons du chantier, quelle que fût leur compétence – elles n'étaient pas réservées aux *freemasons*.

Mais on observe qu'au fil du temps, singulièrement après le XVe siècle et plus encore au XVIe siècle qui vit disparaître, du fait de la Réforme anglicane, la plupart des grands chantiers ecclésiastiques subsistant sur une longue durée, le terme *freemasons* va finir par désigner d'une façon plus générale tous les maçons de métier, souvent établis à leur compte dans les villes et les villages, dépendants ou non d'une guilde ou corporation municipale – car il n'en existait pas partout. D'ailleurs, par une singulière et fortuite proximité lexicale, les artisans qui recevaient justement d'une corporation le droit de s'installer dans une ville en tant qu'indépendants se voyaient qualifiés de « libres artisans » – *free masons* quand ils étaient du métier de la pierre – car ils jouissaient désormais de la liberté d'exercer leur art comme ils le souhaitaient. La liberté en question n'était plus ici celle de la pierre, mais bien celle du

1. Voir la question 43, « Qu'est-ce qu'une loge maçonnique ? », p. 170.

statut social qui était le leur – même si cette liberté était très encadrée par les règlements du métier.

Pour autant, ces « francs-maçons » n'appartenaient pas à la franc-maçonnerie telle que nous la connaissons de nos jours car, à cette époque, elle n'existait tout simplement pas. Il faudra attendre le XVIIe siècle pour qu'apparaisse une troisième et ultime variété de *free masons* : c'est d'eux que dérivera en définitive la franc-maçonnerie à proprement parler[2].

---

2. Voir la question 3, « Quelle différence y a-t-il entre la franc-maçonnerie "opérative" et la franc-maçonnerie "spéculative" ? », p. 20.

3

Quelle différence y a-t-il entre la franc-maçonnerie « opérative » et la franc-maçonnerie « spéculative » ?

La maçonnerie opérative (du latin *operare* = œuvrer, travailler) désigne la maçonnerie de métier, celle qui employait – et emploie encore – des artisans de la pierre pour effectuer les différentes tâches du bâtiment. Sur les chantiers médiévaux, modèle idéal auquel se réfère la franc-maçonnerie pour l'origine de ses symboles et de ses usages, on trouvait des ouvriers de différentes qualifications et de différents niveaux d'expertise (par exemple, en Angleterre, les *rough masons* et les *freemasons*)[1].

Par « maçonnerie spéculative », en revanche (du latin *speculare* = spéculer au sens intellectuel, réfléchir sur quelque chose), on désigne le regroupement de personnes étrangères au métier de maçon, sans lien professionnel avec lui, mais qui se livrent à un travail intellectuel et moral en le situant dans un cadre symbolique et rituel supposé avoir été directement

1. Voir la question 2, « Y avait-il des francs-maçons au Moyen Âge ? », p. 17.

hérité des coutumes des maçons opératifs des temps anciens. Cette maçonnerie philosophique semble apparaître dans la documentation au cours du XVIIe siècle, en Grande-Bretagne, où l'on trouve alors de rares exemples de loges répondant à cette définition. Au début du XVIIIe siècle, le mouvement s'amplifie et, dans le premier quart du siècle, des loges « non opératives » se sont multipliées. Quelques-unes d'entre elles fonderont, entre 1717 et 1721, à Londres, la première Grande Loge[2] : c'est du modèle établi par elle que dérive toute la franc-maçonnerie moderne, mais l'expression *speculative masonry* n'apparaît elle-même qu'en 1757.

Sur le plan historique, un débat non encore conclu de façon consensuelle parmi les spécialistes du sujet concerne les circonstances du passage de la maçonnerie opérative médiévale à la maçonnerie spéculative. Pour la théorie classique, dite « de la transition », la seconde a procédé de la première par transformation graduelle, insensible, progressive, sans rupture ni discontinuité. Elle repose sur le constat, attesté par les documents, que des maçons « acceptés » (*accepted masons* en Angleterre, *gentlemen masons* en Écosse), des personnes étrangères au métier, auraient été admis à titre honorifique dans les loges, au moins dès le début du XVIIe siècle, en tant que bienfaiteurs, ou « patrons », apportant notamment une contribution financière aux œuvres de solidarité de la confrérie ouvrière. Ces membres étaient ainsi qualifiés de « francs-maçons » sans en avoir les obligations professionnelles. Au fil du temps, les loges opératives venant à se raréfier et les maçons opératifs trou-

2. Voir la question 7, « Quand la première Grande Loge fut-elle créée ? », p. 37.

vant moins d'ouvrage, notamment en Angleterre après la Réforme anglicane qui avait mis fin aux grands chantiers ecclésiastiques, les maçons acceptés seraient devenus proportionnellement plus nombreux dans les loges. Au terme du processus, sur un peu plus d'un siècle, ils se seraient finalement substitués aux maçons opératifs, tout en conservant leurs usages symboliques et rituels pour les appliquer à de nouveaux objets, purement intellectuels : la « transition spéculative » était accomplie.

Ce schéma, sans doute trop simple, a été fortement remis en cause au cours des cinquante dernières années. En fait, en Écosse, les *gentlemen masons* connus dans le courant du XVIIe siècle ne remettaient généralement plus jamais les pieds dans la loge qui les avaient reçus à titre honorifique : ils n'ont donc jamais pu « envahir » ces loges. La création de la Grande Loge d'Écosse, en 1736, par des maçons d'Écosse dont plusieurs avaient été reçus à Londres et appartenaient au meilleur rang de la société, a été une véritable prise de contrôle d'une organisation mourante par un courant entièrement nouveau, à l'image de celui qui se dessinait alors en Angleterre, depuis le début des années 1720. En Angleterre, en revanche, les loges « non opératives » signalées au XVIIe siècle semblent des créations *ex nihilo*, sans précession évidente par une loge opérative – ces dernières avaient totalement disparu en Angleterre depuis la fin du XVe siècle. Difficile, dans ces conditions, d'imaginer une « transition ». Dans son célèbre livre *L'Invention de la tradition* (1983), l'historien Eric Hobsbawm a bien documenté ce processus en ce qui concerne les traditions supposées « immémoriales », mais en réalité beaucoup plus récentes, de la monarchie anglaise ou des clans écossais. La franc-maçonnerie aurait donc suivi un schéma comparable.

Le second point d'attention concerne l'alternative historique purement binaire entre maçonnerie opérative et maçonnerie spéculative. En particulier, au XVIIe siècle, les « maçons acceptés » anglais et les « gentilshommes maçons » écossais ne se livraient certainement pas en loge à des « spéculations ». L'activité principale de ces loges semble bien avoir été de permettre à leurs membres de partager une amitié sans barrière sociale et de leur assurer un soutien mutuel, en un temps où les secours publics aux malades et aux accidentés du travail n'existaient pas. Pour autant, il ne s'agissait pas de « maçons spéculatifs » au sens propre du terme. Il est donc préférable de parler ici de « maçonnerie non opérative ».

La maçonnerie spéculative est une création probablement plus tardive. Elle a résulté de l'évolution sociologique du recrutement des loges. Dès le milieu du XVIIe siècle, toujours en Angleterre, on verra y entrer des érudits que passionnaient les choses anciennes, les légendes et le folklore – on les appelle les *antiquarians*, un mot qui ne veut pas dire simplement « antiquaire » –, et notamment de nombreux membres issus de la Royal Society. En France, à partir de 1725, la maçonnerie, fondée par des aristocrates, verra bientôt affluer la bonne bourgeoisie éduquée. C'est alors seulement qu'un corpus proprement philosophique va être élaboré au sein de la franc-maçonnerie. Il reste que, symboliquement cette fois, fonder une réflexion sur la géométrie, et surtout sur l'architecture, semble assez naturel. À toutes les époques de l'histoire, les grandes civilisations ont projeté dans leur architecture les valeurs intellectuelles et morales qui dominaient leur société et leur temps – comme la théocratie pharaonique dans les pyramides, la foi médiévale dans les cathédrales, l'absolutisme royal dans le château de Versailles, etc. L'architecture est donc souvent un livre ouvert sur l'âme des peuples, même si d'autres métiers peuvent se prêter à une telle évocation symbolique, comme l'art des jardins.

4

La franc-maçonnerie est-elle issue du compagnonnage ?

Tout le monde connaît la réputation de ces ouvriers et de ces artisans d'élite, appartenant de nos jours à de nombreux métiers dont beaucoup n'ont plus aucun rapport avec l'art de bâtir, au demeurant – comme la cuisine et la prothèse dentaire ! –, cette aristocratie du « travail bien fait », formée à la rude école de l'apprentissage, respectant des traditions « immémoriales » et préservant aussi des rituels et des symboles. Beaucoup d'entre nous ont vu des images ou même assisté aux défilés des « Compagnons du tour de France », cannes à la main, bannières au vent, arborant leurs « couleurs », c'est-à-dire des écharpes, des rubans, des cocardes propres à leur métier ou à leur organisation compagnonnique particulière.

Comme le gros des troupes des compagnons a été fourni par les tailleurs de pierre et les charpentiers, le rapprochement avec les francs-maçons, leur légende opérative, leurs rites secrets et leurs décors est rapidement fait. La cause est donc entendue : les Compagnons du devoir sont les ancêtres des francs-maçons.

Pourtant, rien n'est plus faux.

Le compagnonnage est né vers la fin du XVe siècle en France, d'un conflit larvé entre les compagnons – c'est-à-dire les ouvriers ayant achevé leur formation – et les maîtres, un mot qui désignait alors le statut social des employeurs, eux-mêmes d'anciens ouvriers sortis du rang puis établis à leur compte. Les structures qui contrôlaient alors l'exercice des métiers étaient les corporations – des syndicats patronaux, si l'on peut risquer cette comparaison avec la vie professionnelle moderne. Elles réglementaient non seulement les conditions d'apprentissage et d'emploi des compagnons par leurs maîtres, mais surtout délivraient à ceux qui le souhaitaient le droit de s'installer à leur tour – ou le leur refusaient !

Beaucoup de compagnons, barrés dans leurs espoirs, ne trouvant plus leur place dans des corporations devenues des cénacles héréditaires de patrons privilégiés, éprouvèrent alors le besoin de constituer leur propre communauté, à la fois pour enseigner les plus jeunes et se défendre contre les « singes » – les « patrons » dans l'argot compagnonnique.

Mais alors, comment expliquer l'étrange ressemblance de leurs coutumes et de certains de leurs rites ? La raison se trouve dans l'histoire culturelle de l'Europe à cette époque : tous les métiers, toutes les communautés, confréries de village, universités ou institutions des villes et des provinces, de la magistrature et de l'État avaient leurs coutumes et leurs usages rituels et symboliques, leurs cérémonies, leurs serments et leurs décors. Le compagnonnage n'a pas fait exception.

Les relations entre les compagnons et les francs-maçons sont d'ailleurs passées par des phases historiques très contrastées. À la fin du XVIIIe siècle, le compagnonnage était une tradition pratiquement mourante à laquelle la Révolution, avec la loi Le Chapelier (1791), supprimant l'organisation corporative des métiers, aurait pu donner le coup de grâce. À cette même époque, la franc-maçonnerie était au contraire au sommet de sa gloire en France et, dans un de ses règlements, en 1786, elle précisait : « Jamais on n'admettra [comme candidat dans une loge] les ouvriers dénommés Compagnons des arts et des métiers. »

À la même époque, cependant, les documents compagnonniques qui nous sont parvenus montrent curieusement leur enrichissement graphique en symboles purement et simplement empruntés à la franc-maçonnerie, et même l'apparition d'un grade de « maître » jusque-là absent – et pour cause ! – des usages compagnonniques. Ce « mimétisme maçonnique » du compagnonnage va aller en s'accentuant dans les décennies suivantes. À la fin du XIXe siècle, une maçonnerie française devenue très politique et située très à gauche tendra enfin la main à ses « compagnons de combat » : le point culminant de ce rapprochement sera la manifestation conjointe des compagnons et de certains francs-maçons, le 29 avril 1870, pendant la Commune[1]. À partir de cette époque, nombre de francs-maçons français admettront, sans examiner plus avant, que les compagnons étaient leurs prédécesseurs – une véritable réécriture, presque une inversion de l'histoire !

En 1940, en vertu d'une loi promulguée au milieu du mois d'août, la franc-maçonnerie fut abolie, les loges fermées, et une certaine persécution des francs-maçons s'installa en France[2]. Au cours de l'automne de la même année, un Compagnon du devoir, Jean Bernard, traversa la France pour rencontrer le

1. Voir la question 21, « Les francs-maçons ont-ils soutenu la Commune de Paris ? », p. 85.
2. Voir la question 29, « Quel fut le sort des francs-maçons français sous l'Occupation ? », p. 114.

maréchal Pétain et lui demander de s'appuyer sur le compagnonnage pour régénérer la « France du travail ». En accordant la charte du Compagnonnage en 1941, Vichy voulait bien montrer que l'État français distinguait soigneusement le compagnonnage de la franc-maçonnerie.

Depuis la Libération, le compagnonnage français est organisé autour de trois grandes fédérations : l'Union compagnonnique, l'Association ouvrière et la Fédération compagnonnique. Certains milieux compagnonniques demeurent assez hostiles, ou fortement réservés à l'égard des francs-maçons qu'ils accusent notamment – et absolument à tort – de leur avoir dérobé leurs symboles et leurs traditions. Mais d'autres cercles compagnonniques cultivent au contraire cette proximité des formes, et des bi-appartenances ne sont pas rares.

Les francs-maçons, de leur côté, estiment généralement beaucoup les traditions compagnonniques – même s'ils se font parfois des illusions sur leur ancienneté réelle. Il n'existe toutefois aucune relation officielle entre les deux institutions.

5

Les francs-maçons sont-ils les héritiers des Templiers ?

Toute une littérature de second rayon, certains thrillers à succès et quelques séries télévisées pittoresques en ont convaincu plus d'un : la franc-maçonnerie est l'héritière des mystérieux Templiers dont l'ordre n'aurait en fait jamais complètement disparu. Il doit pourtant être clair que tout cela relève de la fiction pseudo-ésotérique et ne possède absolument aucun fondement historique.

En premier lieu, l'historiographie moderne a fait justice de toutes les légendes relatives à une survivance occulte de l'ordre, abattu sous les coups conjugués du pape Clément V et du roi de France Philippe le Bel, en 1312 (voir notamment Alain Demurger, *Les Templiers*, 1985-2005). Une grande partie de ses biens – y compris les chevaliers eux-mêmes – fut dévolue à son concurrent de toujours, l'ordre de Malte, et dans certains pays, les Templiers déchus furent versés dans un ordre national créé pour la circonstance, comme l'ordre du Christ au Portugal. Tout le reste relève de la mauvaise littérature et de l'histoire fantaisiste.

Mais, par ailleurs, l'irruption d'une légende templière dans l'histoire de la maçonnerie spéculative est bien une réalité. Elle résulte probablement de deux mouvements à l'origine sans lien entre eux – ni avec la maçonnerie opérative, du reste.

Le premier trouve sa source dans les diverses accusations formulées contre les Templiers pendant leur procès, pour aggraver leur cas, d'avoir entretenu secrètement dans leurs chapelles une hérésie et des pratiques sacrilèges – avec notamment le reniement de la croix et la vénération d'une idole dénommée « Baphomet », sans compter, lors de leur « réception secrète », des gestes obscènes et le « crime de sodomie ». Quoi qu'il en soit du fondement réel de ces rumeurs, elles ont fini par accréditer l'idée, surtout à partir de la Renaissance, dans la mouvance de l'humanisme moderne mais aussi de l'ésotérisme[1] occidental naissant, que les Templiers étaient non seulement innocents des crimes qu'on leur avait imputés – ce qui est vrai pour l'essentiel –, mais surtout détenteurs d'une authentique tradition initiatique, ce dernier point demeurant en revanche sans confirmation documentaire à ce jour.

Le deuxième mouvement concerne l'intérêt renouvelé de toute une partie du public, vers la fin du XVIIe siècle, pour l'histoire et les fastes des ordres de chevalerie, alors tous disparus ou devenus de simples distinctions honorifiques. De nombreux ouvrages à succès en remirent au goût du jour les rituels et les décors. Ceux de la jeune franc-maçonnerie, qui se répandait dans les mêmes milieux à la même époque, les évoquaient inévitablement.

1. Voir la question 65, « Quelles sont les relations entre la franc-maçonnerie et l'ésotérisme ? », p. 247.

C'est dans ce cadre et cette ambiance que, en 1736, le chevalier de Ramsay, un franc-maçon d'origine écossaise installé en France, produisit un célèbre *Discours* qui, brodant sur l'histoire légendaire de la franc-maçonnerie, assignait à cette dernière une origine chevaleresque, au temps des croisades ! Il ne mentionnait d'ailleurs pas les Templiers mais, en quelques années, l'amalgame fut réalisé. On vit alors apparaître des grades maçonniques templiers : ainsi du Rite[2] écossais rectifié, toujours actuel, dont les hauts grades[3] forment en réalité un ordre de chevalerie inspiré du Temple – mais ne se réclamant pas de sa filiation. Pour autant, la confusion facile, à laquelle ont souvent succombé les francs-maçons eux-mêmes, entre l'histoire documentée et la légende, ne pouvait qu'alimenter la fable des origines templières prétendues de la maçonnerie.

Au-delà de cette illusion templière, on peut souligner, en revanche, l'intérêt et la force de l'imaginaire chevaleresque, portant un idéal moral et spirituel, comme l'un des nombreux courants qui ont enrichi l'univers symbolique de la franc-maçonnerie spéculative tout au long du XVIIIe siècle, avec d'autres courants comme l'alchimie[4] ou la kabbale[5].

Mais fort heureusement, la franc-maçonnerie n'a rien à voir avec les innombrables ordres du Temple, tous plus lou-

2. Voir la question 50, « Qu'est-ce qu'un Rite en franc-maçonnerie ? », p. 196.

3. Voir la question 38, « Que signifient les "hauts grades maçonniques" ? », p. 149.

4. Voir la question 10, « Les francs-maçons ont-ils pratiqué l'alchimie ? », p. 46.

5. Voir la question 9, « Quel rapport entre la kabbale et la franc-maçonnerie ? », p. 43.

foques les uns que les autres, quand ils ne sont pas clairement des escroqueries, qui sont de nos jours encore régulièrement déclarés au registre des associations 1901. Tous étant présentés comme « la seule résurgence authentique de l'ordre martyr », cela va de soi…

6

Les francs-maçons sont-ils les successeurs des Rose-Croix ?

Entre 1614 et 1616, parurent anonymement, en Allemagne, trois textes imprimés qu'on devait plus tard appeler les « manifestes rosicruciens », la *Fama fraternitatis*, la *Confessio fraternitatis* et enfin les *Noces chymiques de Christian Rosenkreutz*. Énigmatiques et très baroques, ces documents, dans leur ensemble, rapportaient une légende fondatrice, annonçaient un projet, et racontaient une sorte de conte initiatique.

La légende était celle d'un mystérieux Christian Rosenkreutz, supposé né en 1378, parti d'Allemagne pour aller courir le vaste monde, ce qui l'avait notamment conduit dans « l'Arabie heureuse ». Là, il avait eu connaissance d'un certain Livre M (pour *Liber Mundi* ?), puis il était revenu vivre, chargé d'ans et de sagesse, en Allemagne. Il avait alors fondé une fraternité secrète placée sous le double patronage de la rose et de la croix – les deux symboles constitutifs des armoiries de Luther. À sa mort, on l'avait inhumé dans une crypte tenue secrète. Les manifestes annonçaient qu'après cent vingt années de silence, sa tombe avait été redécouverte et que les frères de la Rose-Croix allaient se répandre, anonymement, dans les pays européens, pour propager le message de leur maître. Mais de quel message s'agissait-il ?

C'était le projet rosicrucien, présenté comme une possible réponse aux inquiétudes et aux angoisses d'une époque troublée, celle de la première Renaissance, laquelle débouchera sur ce que Paul Hazard devait appeler la « crise de la conscience européenne (1680-1715) ».

On repère dans ces textes, notamment dans la *Fama* dont la lecture n'est pas facile, des influences kabbalistiques, pythagoriciennes et paracelsiennes – une philosophie de la nature reposant notamment sur la doctrine des correspondances entre les éléments matériels du monde et des réalités métaphysiques, toutes spéculations qui faisaient alors, un peu partout en Europe, l'objet de nombreux débats. On trouvait aussi dans la *Confessio* des accents apocalyptiques, en un temps où les conflits religieux entre chrétiens faisaient espérer à certains esprits l'avènement d'un siècle nouveau, d'une « nouvelle République chrétienne », à la tonalité très luthérienne et assez anticatholique au demeurant. Cette « révélation rosicrucienne » suggérait peut-être aussi une méthode dans un récit allégorique : le dernier opus de la révélation des Rose-Croix, les *Noces chymiques*, mettait ainsi en scène le parcours symbolique et initiatique du jeune Christian Rosenkreutz, pratiquant une sorte d'« alchimie spirituelle » dans une atmosphère un peu onirique, parsemée d'emblèmes hermétiques, alchimiques et chrétiens.

Ces textes connurent un prodigieux succès dans les milieux intellectuels de l'Europe et suscitèrent à la fois l'étonnement et l'admiration de nombre de philosophes, d'érudits et d'hommes qui, au carrefour de deux mondes, subissant les chocs politiques et religieux de leur temps, cherchèrent à entrer en contact avec les rédacteurs inconnus des manifestes – mais en vain : ces derniers demeurèrent définitivement muets, et pour cause… La fraternité de la Rose-Croix, annoncée par la *Fama*, n'avait en fait jamais existé ! Cela n'avait été, pour reprendre le mot d'un de ses inventeurs imaginatifs, le théologien Johann Valentin Andreae, qui le reconnaîtrait plus tard, qu'un *ludibrium*, c'est-à-dire un canular, une plaisanterie – un jeu, mais sérieux. On vit alors la légende rosicrucienne échapper à ses créateurs : nombre d'auteurs, connus ou obscurs, s'emparèrent du thème et affirmèrent à leur tour connaître la Rose-Croix et en propager la sagesse, en Allemagne, mais aussi en Angleterre et en France. Des centaines d'ouvrages furent publiées dès le début des années 1720 – certains le sont encore aujourd'hui.

Mais quel rapport peut-il donc exister entre les Rose-Croix – les vrais, ceux du XVIIe siècle allemand – et la franc-maçonnerie qui apparut en Grande-Bretagne un siècle plus tard ? Ce n'est qu'au début des années 1760 qu'un grade apparaîtra, en France, sous le titre « chevalier ou prince Rose-Croix ». Il devait rester, pendant de nombreuses décennies, le grade réputé suprême de l'édifice maçonnique dans notre pays, souvent qualifié de *nec plus ultra* de la franc-maçonnerie. De nature explicitement chrétienne, de ton presque mystique dans ses versions les plus anciennes, il intégrait notamment une Cène, d'inspiration plus nettement protestante que catholique, du reste. En tout cas, en dehors de son titre, il ne devait pas grand-chose aux manifestes rosicruciens dont on ne retrouvait aucun élément dans ses rituels : le terme « Rose-Croix » était passé dans le domaine public et aucune filiation n'était plus nécessaire pour s'en saisir. Il reste que la réception de ce grade, le plus souvent après des années d'appartenance à la maçonnerie, constitue encore de nos jours une étape importante dans la carrière maçonnique de nombreux francs-maçons.

7

Quand la première Grande Loge fut-elle créée ?

Il avait existé des loges opératives au Moyen Âge puis, dès le XVIIe siècle en tout cas, en Angleterre, de rares groupes, du reste encore mal connus, rassemblant sous cette même dénomination des hommes qui, pour la quasi-totalité d'entre eux, n'appartenaient plus depuis longtemps au métier de la taille de pierre. C'étaient les premiers maçons spéculatifs[1]. L'un des événements majeurs de l'histoire de la franc-maçonnerie moderne fut la création, entre 1717 et 1721, d'une Grande Loge dont le ressort d'autorité, d'abord limité à Londres et Westminster, fut peu à peu étendu à tout le pays. Cette première Grande Loge de toute l'histoire de la franc-maçonnerie créa, sans le vouloir, un modèle qui fut bientôt suivi ailleurs : en Irlande en 1725, en Écosse en 1736, et en France depuis au moins 1735. Mais à quoi pouvait servir une « Grande » Loge ?

L'objectif était clairement de prendre le contrôle de loges jusque-là éparpillées et autonomes, bien que liées par un

1. Voir la question 3, « Quelle différence y a-t-il entre la franc-maçonnerie "opérative" et la franc-maçonnerie "spéculative" ? », p. 20.

réseau informel et officieux, pour en faire une organisation structurée, recourant à des usages relativement standardisés – notamment en matière rituelle – et surtout se « reconnaissant » mutuellement, c'est-à-dire garantissant que seuls de « vrais » francs-maçons – ou des personnes « reconnues pour tels » – se présenteraient dans toutes les loges du pays. La Grande Loge avait un grand maître, des officiers, des dignitaires, des procédures, un règlement, des archives. L'entreprise avait donc clairement un caractère politique. Du reste, à Londres, elle fut promue par la nouvelle aristocratie hanovrienne, ralliée à la nouvelle dynastie installée en 1714, tandis que des opposants politiques, les jacobites – partisans des rois Stuarts détrônés en 1688 – renâclaient à admettre l'autorité de la Grande Loge, réputée trop liée au nouveau pouvoir.

Il faut dire que c'était une réelle innovation car rien de tel – c'est-à-dire une organisation nationale des loges – n'avait jamais existé auparavant. En 1723, l'un des premiers soins de la Grande Loge fut donc de publier officiellement sous son égide une nouvelle version des *Constitutions*[2], laquelle s'ouvrait par une « Histoire du métier », en grande partie légendaire et fabuleuse, où l'on présentait pratiquement la Grande Loge comme une institution remontant… au Paradis terrestre !

La bataille fut sourde et la résistance durable pendant quelques décennies. En 1751, une Grande Loge rivale se dressa même contre celle de 1717-1721. Mais finalement l'union des deux se fit en 1813 pour donner naissance à l'actuelle Grande

---

2. Voir la question 41, « Que représentent les *Constitutions* d'Anderson pour les francs-maçons ? », p. 161.

Loge unie d'Angleterre qui, depuis lors, se présente comme la « Loge-Mère du monde[3] ».

Par la suite, toute l'histoire de la maçonnerie, en Grande-Bretagne comme sur le continent, sera tissée d'innombrables conflits entre les loges, s'efforçant de préserver leur identité face aux prétentions de leur Grande Loge, comme entre les Grandes Loges diverses qui feront leur apparition. Un maçon français très estimé dans les années 1960, Marius Lepage, devait publier un livre intitulé *L'Ordre et les Obédiences* dans lequel il considérait les Grandes Loges – c'est-à-dire les obédiences[4], si nombreuses en France – comme un « mal nécessaire ». Ce débat subsiste encore. Il reste que, de nos jours, il n'est guère possible, en tout cas pas très facile pour une loge, de vivre dans l'indépendance totale : l'appartenance à une Grande Loge est devenue depuis longtemps le modèle presque incontournable de la vie maçonnique.

En ce sens, la fondation londonienne de 1717-1721 a créé un précédent qu'il n'a plus jamais été possible d'ignorer.

---

3. Voir la question 52, « Pourquoi la Grande Loge unie d'Angleterre se qualifie-t-elle de "Loge-Mère du monde" ? », p. 204.

4. Voir la question 44, « Qu'est-ce qu'une obédience ? », p. 174.

8

Qui introduisit la franc-maçonnerie en France ?

La franc-maçonnerie fut, en France, un produit d'importation : aucune transformation de la maçonnerie opérative en maçonnerie spéculative[1] ne s'est jamais produite dans notre pays. La franc-maçonnerie, dans le sens moderne du terme, a un jour franchi la Manche pour venir s'établir sur l'autre rive, à Paris, vers 1725 – mais ce passage n'était ni intentionnel ni volontaire.

En 1737, soit une douzaine d'années après la fondation parisienne, il y avait en effet une demi-douzaine de loges à Paris et environ autant en province. Au milieu des années 1740, ce nombre avait été multiplié par trois ou quatre. La maçonnerie française comptera sans doute à peu près 40 000 membres juste avant la Révolution : la greffe française de « l'Art royal » – l'expression qui servira bientôt à désigner la franc-maçonnerie dans notre pays – avait été une réussite éclatante. Pour autant, s'agissait-il d'une

1. Voir la question 3, « Quelle différence y a-t-il entre la franc-maçonnerie "opérative" et la franc-maçonnerie "spéculative" ? », p. 20.

réplique à l'identique du modèle anglais ? Non, à plusieurs égards.

En premier lieu, si les premiers francs-maçons en France furent des Anglais, des Écossais, des Irlandais, chassés provisoirement de leur patrie pour des raisons politiques – ils étaient pour la plupart des « jacobites », c'est-à-dire des soutiens des rois Stuarts détrônés par la Glorieuse Révolution de 1688 et désormais en lutte contre la nouvelle dynastie des Hanovre, installée à Londres en 1714 –, ils ne subsistèrent qu'une dizaine d'années. Au départ, ces exilés ne se considéraient pas en terre de mission, n'avaient nullement pour ambition de répandre la franc-maçonnerie et ne souhaitaient pas vraiment admettre les Français dans les loges parisiennes, préférant rester entre eux avant de revenir – triomphants, du moins l'espéraient-ils – dans leur pays natal. Mais les jacobites allaient perdre la partie et s'évanouir dans les oubliettes de l'histoire : les Français peuplèrent bientôt les loges de la capitale et le destin de la jeune franc-maçonnerie en France prit un nouveau tournant.

Produit de la culture britannique, imprégnée d'esprit libéral et protestant, la franc-maçonnerie s'implantait en outre dans un pays catholique en régime de révocation – depuis l'édit de Fontainebleau de 1685, seule la religion catholique avait droit de cité en France – et dont le régime politique était l'absolutisme royal. Pour survivre, la franc-maçonnerie allait devoir trouver les moyens de s'adapter sans rien renier de ses origines, contourner les obstacles politiques et religieux, s'assurer la protection de quelques grands seigneurs. Dès le milieu des années 1740, les quelques avanies que la police lui avait faites, dans les premières années, vinrent à cesser et jusqu'à la Révolution, les loges purent se développer sans entrave.

Ni tout à fait la même, ni tout à fait une autre, la franc-maçonnerie française n'allait plus cesser de construire une version un peu différente du modèle britannique originel, en l'enrichissant notamment de nombreux hauts grades[2] dont beaucoup ont défié le temps. On n'aurait pas donné cher de l'avenir des loges à Paris en 1725. Quelques décennies plus tard, nombreuses et brillantes, elles rassemblaient une sorte d'élite sociale : la France était devenue, sans l'avoir voulu, la « fille aînée de la maçonnerie ».

---

2. Voir la question 38, « Que signifient les "hauts grades maçonniques" ? », p. 149.

9

Quel rapport entre la kabbale et la franc-maçonnerie ?

Le mot « kabbale » (de l'hébreu קבלה *Qabbala*, « réception, tradition, transmission ») est de ceux qui, de nos jours, s'appliquent trop souvent aux sujets les plus variés, parfois sans lien réel à l'authentique kabbale juive. Au XVIIIe siècle, quand la franc-maçonnerie spéculative s'organisait, il en était déjà de même : le mot s'écrivait alors communément « cabale », en français, mais sa signification était déjà ambiguë. Ainsi, dans le *Dictionnaire de l'Académie française* en 1740, on reconnaissait bien que la kabbale se rapportait à une forme de la mystique – ou plus précisément de la théosophie – juive, ainsi qu'aux spéculations multiples auxquelles elle avait pu donner lieu. Mais la même notion renvoyait aussi aux intrigues et aux complots ourdis par des groupements suspects, sans compter le soupçon de pratiques encore plus obscures (« commercer avec des peuples élémentaires », c'est-à-dire des esprits). Dans les plus anciens rituels maçonniques connus à cette époque, essentiellement écossais, comme dans ceux qui seront documentés plus tard, en Angleterre depuis 1730, comme en France à partir de 1737, on chercherait vainement la moindre allusion à la kabbale classique : le dossier est alors entièrement vide.

Mais que savait-on de la kabbale à cette époque ?

Ces spéculations, compilées par divers auteurs, surtout entre le XIIe et le XIIIe siècles, notamment avec le *Sepher Ha-Zohar* (*Livre de la splendeur*), étaient restées longtemps réservées à une partie du peuple juif. À l'aube de la Renaissance, quelques érudits comme Pic de la Mirandole (*900 conclusions philosophiques, cabalistiques et théologiques*, 1486) en Italie, puis Johannes Reuchlin (*De Arte cabbalistica – De l'art cabalistique*, 1517) en Allemagne, s'y étaient intéressés pour appliquer les méthodes et les thèmes de la kabbale juive à la foi chrétienne. Cette « kabbale chrétienne » avait d'abord suscité de nombreux débats, puis l'intérêt des cercles érudits pour ce sujet avait quelque peu faibli. C'est seulement à la fin du XVIIe siècle qu'un Allemand, Christian Knorr von Rosenroth, traduisant un certain nombre de textes kabbalistiques fondamentaux (*Kabbala denudata – La Kabbale dévoilée, ou la Doctrine transcendantale, métaphysique et théologique des Juifs*, 1677), avait permis au moins de franchir l'obstacle linguistique à l'accès aux textes hébreux. Autant dire que la connaissance de la kabbale, en dehors des milieux juifs, était alors extrêmement limitée, et l'opinion du public à ce propos souvent polluée par l'antisémitisme ambiant en Europe.

La franc-maçonnerie, née vers le XVIIe siècle en Grande-Bretagne, avait essentiellement puisé ses coutumes, ses pratiques et ses enseignements dans la tradition chrétienne. La kabbale a pourtant fini par pénétrer dans l'univers maçonnique – mais dans quel état ! –, comme tant d'autres choses qui lui étaient initialement étrangères, à deux moments particuliers.

En premier lieu en Allemagne, principalement vers la fin du XVIIIe siècle, où des cercles initiatiques d'abord étrangers à la franc-maçonnerie mais proches d'elle par la forme, comme les « Rose-Croix d'or d'ancien système » (1777-1786), proposaient un parcours symbolique consistant notamment à remonter de grade en grade les différents échelons de l'arbre séphirotique – une image majeure de la kabbale. Plus tard, en Angleterre puis en France mais aussi aux États-Unis, à la fin du XIXe siècle et sous l'influence du mouvement occultiste, une kabbale souvent simpliste – au même titre, du reste, qu'une alchimie de pacotille – a aussi envahi certains rituels maçonniques.

Le recours kabbalistique à des diagrammes symboliques, comme l'arbre des *sephiroth*, à des procédés arithmétiques comme la guématrie (combinaisons numériques à partir des lettres d'un mot), et l'idée théosophique d'une ascension graduelle vers l'Ineffable (*En Soph*) étaient de nature à évoquer, dans l'esprit de nombreux francs-maçons, des outils et des méthodes mis en œuvre dans certains rituels maçonniques. D'où la rencontre, bien que tardive, de la kabbale et de la franc-maçonnerie.

Mais la première n'a pas eu besoin de la franc-maçonnerie pour naître et se développer ; quant à cette dernière, elle n'accorde finalement à la kabbale qu'une place marginale et celle-ci semble ne rien apporter d'essentiel à une compréhension profonde de la tradition maçonnique dans son ensemble.

10

Les francs-maçons ont-ils pratiqué l'alchimie ?

La question de l'alchimie est bien plus complexe qu'on ne le croit communément. Puisant ses origines dans la métallurgie de l'ancienne Grèce ou entretenant des rapports avec l'art des parfumeurs, l'alchimie a pu en effet poursuivre la chimère de fabriquer de l'or à partir des « métaux vils », comme le plomb. Revisitée par les Arabes, l'alchimie va ensuite se diffuser en Europe, au cours du Moyen Âge, sans apparaître forcément comme une activité « occulte » ou suspecte.

Mais au tournant du XVIe siècle, elle va prendre une inflexion nouvelle. Toute une littérature, généralement anonyme ou publiée sous des noms symboliques par des inconnus qui n'œuvraient pas nécessairement « à l'athanor » – le fourneau des alchimistes – va s'emparer d'une iconographie souvent sophistiquée, voire luxueuse, faite de scènes allégoriques, de figures symboliques, et usant pour décrire les opérations alchimiques d'un langage étrange et codé. L'équivoque majeure de l'alchimie va alors s'installer : activité de laboratoire visant des buts purement matériels pour certains, récit symbolique d'une élévation spirituelle de « l'homme de l'art » sous les apparences d'un travail matériel pour d'autres. Équivoque féconde, au demeurant, l'objet de la quête, la pierre philosophale, ayant le double pouvoir de faire naître de l'or mais aussi de préparer l'élixir de longue vie – une médecine universelle, la « panacée », ou encore une allégorie de la vie éternelle. C'est cette vision de l'alchimie qui pénétrera, bien plus tard, dans la maçonnerie spéculative[1].

La littérature alchimique, assez largement répandue au XVIIIe siècle, était peuplée de figures énigmatiques qui devaient inévitablement rappeler les symboles dont faisaient usage les francs-maçons. La réputation de secret qui s'attachait aux alchimistes ne pouvait en outre que faciliter ce rapprochement. Dès le début des années 1750, on verra apparaître peu à peu des symboles alchimiques dans les rituels maçonniques tandis que certains hauts grades[2], alors en plein développement, y feront quelques allusions. Ce n'est toutefois que dans le dernier quart du siècle, en particulier en Allemagne avec les « Rose-Croix d'or d'ancien système » (1777-1786), qui furent également connus en France, qu'un ordre initiatique proche de la maçonnerie assignera à l'alchimie une place centrale dans le parcours de ses adeptes – en la mêlant d'ailleurs à la kabbale – sans que le départage y soit clairement fait entre une pratique opérative des opérations alchimiques et une conception purement spirituelle de cet art.

C'est cependant principalement en France, vers la fin du XIXe siècle, que l'alchimie va prendre une importance nouvelle dans toute une partie de la franc-maçonnerie. Alors que, dans notre pays, les loges maçonniques évoluaient vers une concep-

1. Voir la question 3, « Quelle différence y a-t-il entre la franc-maçonnerie "opérative" et la franc-maçonnerie "spéculative" ? », p. 20.
2. Voir la question 38, « Que signifient les "hauts grades maçonniques" ? », p. 149.

tion de plus en plus laïque, en fait surtout anticatholique, et s'engageaient dans un combat résolument politique, certains francs-maçons cherchèrent une sorte de spiritualité de substitution. Sous l'égide notamment d'un auteur maçonnique très célèbre en son temps, Oswald Wirth, prônant une alchimie simplifiée, voire naïve (*Le Symbolisme hermétique dans ses rapports avec l'alchimie et la franc-maçonnerie*, 1910), mâtinée de kabbale approximative et de spéculations sur le tarot, qui développa une grille de lecture « laïque » mais alchimisante des rituels et des symboles maçonniques, une approche au départ assez influencée par le courant occultiste qui connaissait alors, en France, son âge d'or.

Il reste que le parallèle avec l'alchimie est devenu, en France, un des lieux communs du discours maçonnique. La psychologie des profondeurs vient d'ailleurs à son secours, notamment avec Carl Gustav Jung qui consacra de nombreux travaux à ce sujet, principalement rassemblés dans son célèbre ouvrage *Psychologie et alchimie* (1944). Il voyait en effet dans l'alchimie une discipline entièrement intellectuelle et spirituelle, traduisant sous la forme d'archétypes venus de l'inconscient collectif une aspiration immémoriale de l'humanité à « réaliser le Soi », but unique de l'alchimiste, selon lui. Toute une frange de la franc-maçonnerie contemporaine y assimile assez largement la démarche maçonnique dans son ensemble.

11

L'*Encyclopédie* fut-elle un projet de la franc-maçonnerie ?

En 1736, un franc-maçon d'origine écossaise, et qui devait laisser un nom célèbre dans l'histoire de la maçonnerie française, André-Michel Ramsay, prononça à Paris, en tant qu'« orateur de la Grande Loge », un discours qui ambitionnait de présenter l'ordre maçonnique dans son ensemble, d'en rappeler les origines à la fois historiques et légendaires, et d'en exposer les principes moraux et les buts. Le *Discours de Ramsay* devait passer à la postérité, jusqu'à nos jours, comme un classique de la franc-maçonnerie. Dans le cours de son exposé, parmi d'autres choses, Ramsay assignait aux francs-maçons une mission particulière : « S'unir pour fournir les matériaux d'un *Dictionnaire universel de tous les Arts Libéraux et de toutes les sciences utiles*, la Théologie et la Politique seules exceptées. »

Le modèle auquel renvoyait Ramsay était évidemment la *Cyclopædia or an Universal Dictionary of Arts and Sciences*, éditée à Londres en 1728 par Ephraïm Chambers. C'est du reste en travaillant dès 1745 sur un projet de traduction française de cette publication en deux volumes que les auteurs de ce qui devait aboutir à l'*Encyclopédie, ou Dictionnaire raisonné des arts, des sciences et des métiers* de Diderot et d'Alembert, eurent l'idée de composer un bien plus vaste ouvrage que son précédent anglais – et n'ignorant en outre ni la théologie, ni la politique. Sa parution s'étala, on le sait, de 1751 à 1772. Mais à aucun titre Ramsay n'en fut l'initiateur, le promoteur, et moins encore le collaborateur. Rien ne nous dit non plus que c'est ce *Discours* qui inspira ce projet à l'éditeur Le Breton : ce dernier avait en revanche été directement contacté par des érudits anglais, dans le climat d'anglomanie qui régnait alors dans le pays. Le renversement des alliances avait en effet conduit la France, sous l'égide du cardinal Dubois, principal ministre entre 1715 et 1723, à se rapprocher de la perfide Albion pendant un temps. C'était aussi l'époque où le jeune Voltaire venait de publier les *Lettres philosophiques ou lettres anglaises* (1734) qui vantaient l'art de vivre et le système politique d'outre-Manche.

On sait le rôle joué par l'*Encyclopédie* dans la diffusion des connaissances nouvelles et surtout de cet esprit frondeur et critique, notamment à l'égard des pouvoirs politiques et religieux, qui devait caractériser le vaste mouvement des Lumières. C'est précisément pour cette raison que, dès le XIXe siècle, divers auteurs ont vu dans l'*Encyclopédie* un projet maçonnique, annoncé dès 1736 et visant à remettre en cause les structures de l'Ancien Régime – on voit ici poindre à nouveau le thème du complot révolutionnaire, dont il existe plusieurs versions, et dont l'historiographie moderne a montré le caractère totalement illusoire[1].

1. Voir la question 12, « La franc-maçonnerie est-elle à l'origine de la Révolution française ? », p. 53.

La suspicion initiale était même renforcée par une énorme confusion qui ne fut éclaircie qu'au fil du temps : on crut pendant longtemps que l'éditeur de l'ouvrage, André Le Breton, était lui-même franc-maçon car son nom se trouvait dans la liste des membres de la loge Au Louis d'argent, constituée par Londres en 1732, à Paris, dans le faubourg Saint-Germain – une loge forcément connue de Ramsay ! Toutes les pièces du puzzle semblaient s'assembler à merveille. Hélas, l'examen plus attentif des archives devait montrer qu'il s'agissait en fait de Thomas Pierre Le Breton, compagnon orfèvre, sans aucun rapport avec l'imprimeur des encyclopédistes.

Que dire de la présence maçonnique chez les contributeurs de l'*Encyclopédie* ? À part le cas de Diderot lui-même, qui faillit devenir franc-maçon mais ne poursuivit apparemment pas le projet jusqu'à son terme, les décomptes les plus minutieux montrent qu'on ne trouve qu'une dizaine de noms de maçons avérés parmi les 135 collaborateurs de l'ouvrage et, hormis Voltaire – devenu franc-maçon quelques semaines avant sa mort, après s'en être moqué toute sa vie – et Montesquieu – probablement l'un des premiers francs-maçons français, initié à Londres en 1730 –, on ne relève aucun nom de premier plan. On peut en revanche rappeler que l'un des polémistes les plus virulents contre l'*Encyclopédie*, Lefranc de Pompignan, aujourd'hui bien oublié mais célèbre en son temps, était aussi un franc-maçon notoire…

Faire de l'*Encyclopédie* le projet de la franc-maçonnerie au siècle des Lumières est donc sans aucun fondement. Il reste que, les loges ayant principalement recruté dans la bourgeoisie et l'aristocratie libérale, des milieux où l'esprit des Lumières était très répandu et qui comptaient beaucoup de lecteurs de l'*Encyclopédie*, nombre de francs-maçons furent sans doute, mais à titre personnel, favorables aux idées nouvelles que renfermait cet ouvrage et que portait leur temps.

12

La franc-maçonnerie est-elle à l'origine de la Révolution française ?

C'est un point sur lequel, pendant des décennies, les historiens francs-maçons et antimaçons ont été d'accord : la franc-maçonnerie avait médité la Révolution française en préparant les esprits à son approche, avait sans doute plus ou moins comploté pour faciliter son déclenchement, puis assez largement soutenu et accompagné son déroulement. À la fin du XIXe siècle et avant la Seconde Guerre mondiale encore, les auteurs hostiles à la franc-maçonnerie, souvent liés à la droite catholique et monarchiste, y voyaient la confirmation de la nuisance de cette institution depuis ses origines – au moment où la IIIe République[1], infiltrée à leurs yeux par les maçons, était leur principal adversaire ; les francs-maçons, quant à eux, se glorifiaient d'être les héritiers de ceux qui avaient fait naître la République – celle-là même qu'il leur fallait à présent défendre contre les menées de la réaction...

1. Voir la question 22, « Les francs-maçons ont-ils pris le pouvoir sous la IIIe République ? », p. 89.

Les recherches conduites depuis l'après-guerre ont cependant complètement déconstruit ce mythe historiographique partagé. Un personnage emblématique était immédiatement sollicité à l'appui de la thèse : Philippe d'Orléans, devenu Philippe-Égalité pendant la Révolution, cousin du roi mais régicide, grand maître du Grand Orient depuis sa fondation en 1773, jusqu'à sa mort sous la guillotine en novembre 1793. Le traître le plus exemplaire à la cause royale avait donc été à la tête de la franc-maçonnerie dont il avait évidemment mobilisé les troupes au service de cette cause. Le crime, en quelque sorte, était signé !

C'était oublier deux choses.

La première était les circonstances très particulières dans lesquelles, six mois avant sa chute, Philippe d'Orléans avait tout simplement démissionné de sa charge de grand maître, laquelle n'avait jamais été pour lui qu'un hochet, et ce avec une désinvolture absolue, par une simple lettre qu'il avait fait publier dans la presse.

Il n'avait du reste jamais été qu'un grand maître fainéant, constamment absent et n'intervenant en rien. Le véritable patron du Grand Orient pendant près de vingt ans, sous le titre d'administrateur général, avait été le duc de Montmorency-Luxembourg, « premier baron chrétien de France », président de l'ordre de la noblesse aux états généraux, et surtout l'un des premiers émigrés de France : dès le 15 juillet 1789, il avait pris pour toujours le chemin de l'exil et ne remit jamais les pieds en France. Pour fomenter un complot contre le roi, on aurait sans doute pu choisir quelqu'un d'autre : *exit*, par conséquent, le mythe d'un Grand Orient ordonnateur de la Révolution.

Le deuxième point concerne la réalité du terrain. Les loges ont certes rassemblé, pendant les dernières décennies de l'Ancien Régime, une grande partie de la bourgeoisie et de l'aristocratie libérale : celle qui lisait souvent l'*Encyclopédie*[2] et souriait aux idées nouvelles. Pour autant, les loges n'ont jamais eu de caractère secret et les procès-verbaux de leurs assemblées, qui nous sont parvenus en grand nombre, les montrent exclusivement préoccupées de célébrer leurs cérémonies, leurs banquets, de chanter, d'accorder leurs violons et quelques aumônes et de prononcer des discours émouvants sur la « douce fraternité » de l'ordre. Y voir des cellules prérévolutionnaires ne repose sur aucun fondement documentaire – une certaine littérature antimaçonnique[3], apparue dès le début des années 1790, les avait notamment confondues avec les Illuminés de Bavière[4], ce qui est tout autre chose. Les sociétés littéraires et les cabinets de lecture, alors si répandus, ont certainement contribué bien plus puissamment que les loges à diffuser l'esprit des Lumières.

Si l'on a identifié environ 300 députés francs-maçons sur un peu plus de 1 100 au sein de l'Assemblée nationale de 1790, ce qui est une surreprésentation de la maçonnerie dans cette assemblée révolutionnaire, cela ne révèle qu'une chose : ces « représentants du peuple », quand ils appartenaient au tiers état, étaient presque exclusivement issus de la bourgeoisie, milieu dans lequel recrutait principalement

2. Voir la question 11, « L'*Encyclopédie* fut-elle un projet de la franc-maçonnerie ? », p. 49.

3. Voir la question 93, « Quels sont les fondements de l'antimaçonnisme ? », p. 342.

4. Voir la question 79, « Les Illuminati contrôlent-ils la franc-maçonnerie ? », p. 298.

la franc-maçonnerie à la même époque. Mais il y avait aussi des francs-maçons dans la noblesse et le clergé. Et surtout, les opinions politiques entre les frères allaient des monarchistes modérés – les « monarchiens » –, sans doute de loin les plus nombreux, à quelques extrémistes plus audacieux. En outre, depuis 1723, en France comme en Angleterre, les *Constitutions*[5] des francs-maçons avaient enseigné à tous le respect des pouvoirs civils légitimes.

Ajoutons qu'au plus fort de la tourmente révolutionnaire, loin de triompher, pratiquement toutes les loges cessèrent leurs travaux. Il y eut, parmi les francs-maçons, des guillotineurs et des guillotinés. Seul Thermidor mit fin à la folie de l'État. Mais la franc-maçonnerie ne reprit ses travaux qu'en 1795. Pour elle, presque tout était à reconstruire et il lui fallut des années pour y parvenir.

5. Voir la question 41, « Que représentent les *Constitutions* d'Anderson pour les francs-maçons ? », p. 161.

13

La devise de la République « Liberté, Égalité, Fraternité » est-elle d'origine maçonnique ?

Nombre de gens, et surtout de francs-maçons, croient volontiers que la devise de la République est née dans les loges, à l'époque révolutionnaire. Il n'en est pourtant rien mais la question se révèle plus complexe qu'on ne le pense.

Dès 1792, le Grand Orient constitua une loge portant ce titre au sein de la Légion franche étrangère, une unité de patriotes néerlandais exilés en France et combattant sous commandement français – elle n'eut guère de lendemains. Cela ne signifie évidemment pas que la devise soit d'origine maçonnique. Cela rappelle simplement que cette devise complète existait depuis 1790, quoique rarement attestée à cette époque, connue à Paris sous la forme « Liberté, Égalité, Fraternité ou la mort », mais aussi sous celle de « Liberté, Égalité, Propriété ». Elle était donc dans l'air des loges comme elle était dans l'air du temps. En fait, nombre de francs-maçons de l'époque prérévolutionnaire auraient sans doute pu faire leur la « triple devise », du moins dans le cadre de leurs travaux maçonniques où ces vertus étaient célébrées. Introduite vers 1725 en provenance de la libérale Angleterre, la franc-maçonnerie avait célébré très tôt non seulement la fraternité étroite qui unissait les « frères » d'une loge, mais aussi la parfaite égalité qui y régnait entre eux. Mais cela ne voulait pas dire que tous les francs-maçons étaient prêts à en admettre toutes les conséquences dans leur vie civile et « profane ». La Révolution française dans son ensemble l'a du reste bien montré : elle a divisé les loges comme elle a fracturé les familles et toutes les classes de la société[1].

Or, une soixantaine d'années plus tard, le 6 mars 1848, une députation du Grand Orient reçue à l'Hôtel de Ville et conduite par le frère Bertrand allait revendiquer rétroactivement la paternité de la nouvelle devise républicaine :

> « Les francs-maçons, affirma-t-il, ont porté de tout temps sur leur bannière ces mots : Liberté, Égalité, Fraternité. »

C'était tout simplement faux. En effet, que les aspirations de la bourgeoisie de la fin d'Ancien Régime à une meilleure prise en considération de sa place dans la société aient été assez répandues ne fait aucun doute. Or, c'est précisément dans cette classe de la population que les loges allaient principalement recruter. Ce biais sociologique suffit à expliquer la présence de ces idées dans les loges, mais on ne peut en déduire que la franc-maçonnerie en tant que telle a forgé la devise de la République – et pas davantage qu'elle a provoqué la Révolution elle-même.

---

1. Voir la question 12, « La franc-maçonnerie est-elle à l'origine de la Révolution française ? », p. 53.

En fait, la « triple devise » – il ne suffit d'ailleurs pas qu'un énoncé soit triple pour qu'il soit forcément maçonnique ! – n'a jamais été la devise officielle de la République à l'époque de la Révolution et ne l'est devenue qu'en 1848, par une décision du 26 février consacrant l'abolition de la royauté et établissant la IIe République. Une fois de plus, la franc-maçonnerie, dont plusieurs membres éminents avaient pris part au changement politique et qui était fortement représentée dans le gouvernement provisoire, allait suivre le mouvement à défaut de l'avoir précédé : il faudrait attendre 1849 pour que, dans une nouvelle version de sa Constitution, le Grand Orient de France proclame, dans l'article Ier :

> [La franc-maçonnerie] a pour devise, Liberté, Égalité, Fraternité.

On pouvait feindre de croire qu'il en avait toujours été ainsi… La deuxième obédience du pays à l'époque, le Suprême Conseil de France, intégrera à son tour la triple devise dans ses textes officiels en 1869.

Cette récupération de la devise nationale est à replacer dans l'évolution générale de la maçonnerie française sous le Second Empire[2] : lorsque celui-ci s'effondrera, la franc-maçonnerie aura presque entièrement accompli, en France, sa mutation laïque et républicaine. L'adoption de la devise républicaine comme devise de la maçonnerie, quelques années plus tôt, en avait été l'un des signes avant-coureurs. De nos jours, la majorité des obédiences françaises poursuit

2. Voir la question 20, « Le Second Empire fut-il une période faste pour la franc-maçonnerie ? », p. 82.

cette tradition ; d'autres, récusant les références politiques ou sociétales dans le cadre maçonnique, ne l'ont pas adoptée. Il va de soi que la franc-maçonnerie anglo-saxonne et la quasi-totalité du reste de la maçonnerie mondiale ignorent absolument cet usage.

14

La révolution américaine fut-elle l'œuvre des francs-maçons ?

Si l'image publique de la franc-maçonnerie, aux États-Unis, a longtemps été flatteuse et prestigieuse, si les francs-maçons américains n'ont jamais hésité à s'exposer dans l'espace public par des parades et des manifestations de grande ampleur, si la plupart d'entre eux se plaisent à faire publiquement état de leur appartenance maçonnique et s'en montrent fiers, c'est notamment parce que leur institution occupe, dans l'imaginaire de leur pays, une position très liée aux mythes fondateurs de la révolution d'indépendance.

Le 16 décembre 1773, une soixantaine de Bostoniens, appartenant à une organisation politique secrète apparue vers 1765, Les Fils de la liberté, montèrent nuitamment à bord de trois navires britanniques qui mouillaient dans le port de la capitale du Massachusetts. Ils s'étaient auparavant grimés en Indiens. Les navires en question apportaient en Amérique des cargaisons de thé frappées par de lourdes taxes que les colons américains devaient acquitter au profit de l'Angleterre et qui avaient soulevé depuis des années un sourd mécontentement. En deux heures, ils déversèrent dans les eaux du port près de 45 tonnes de leur précieux chargement, offrant ainsi aux Anglais une gigantesque et très coûteuse « partie de thé » (*Boston Tea Party*) !

Or, on sait aujourd'hui que parmi les protagonistes de la *Boston Tea Party* se trouvaient un bon nombre de membres de la loge Saint-Andrews qui se réunissait à la Taverne du Diable (Devil's Tavern).

La contribution des francs-maçons à la révolution américaine ne se limita pas à ce coup de main. Deux pionniers majeurs de la lutte l'étaient : Paul Revere, héros de la *Midnight Ride* en 1775, véritable exploit légendaire de la geste révolutionnaire, et Joseph Warren – ce dernier, vénérable de la loge Saint-Andrews, sera général de l'armée révolutionnaire et mourra au combat. Mieux encore, hormis George Washington, premier président des États-Unis et franc-maçon notoire, ou encore Benjamin Franklin, l'un des premiers francs-maçons américains et défenseur inlassable de la cause des *Insurgents* en France – notamment grâce à son frère en maçonnerie le marquis de La Fayette –, la Déclaration d'indépendance promulguée à Philadelphie en juillet 1776 compte également neuf francs-maçons parmi ses cinquante-six signataires – le nombre de cinquante francs-maçons, parfois cité, est parfaitement fantaisiste, mais la proportion restait très supérieure à ce qu'ils représentaient dans l'ensemble du pays. De même, il y avait treize francs-maçons parmi les trente-neuf signataires de la Constitution, et trente-trois des soixante-quatorze généraux de l'armée continentale appartenaient aussi à la confrérie. C'est en décors maçonniques complets, entourés de nombreux dignitaires de la Grande Loge du Maryland, dont le grand maître, portant tous leurs tabliers et leurs médailles, que George Washington, en 1793, posa la première pierre du

Capitole, événement immortalisé par une fresque que l'on peut encore admirer de nos jours. Autre preuve, enfin, de la place des francs-maçons dans les institutions de la République américaine, on en compte au moins quatorze parmi les présidents des États-Unis jusqu'en 1974 – Gerald Ford étant le dernier président franc-maçon connu –, dont huit pour le seul XIXe siècle.

Si l'on a prétendu à tort que le plan de la capitale des États-Unis, Washington, reposait sur un symbolisme maçonnique parce que plusieurs francs-maçons y avaient contribué – le succès mondial des romans de Dan Brown a malheureusement contribué à accréditer cette légende –, le fait est que la franc-maçonnerie fait partie intégrante des mythes fondateurs et des sources intellectuelles et morales des États-Unis. Sans jamais se mêler de politique politicienne, comme le fera en revanche la maçonnerie française à la fin du XIXe siècle, la maçonnerie américaine a dès l'origine pris place dans le paysage institutionnel. Partageant l'esprit britannique d'une maçonnerie essentiellement conviviale, morale, caritative, pétrie d'esprit biblique, elle s'est longtemps imposée comme l'un des conservatoires des valeurs fondamentales de la nation américaine. Elle est ainsi devenue, au fil des décennies, l'une des fortes traditions du pays, faisant partie de son décor culturel et renvoyant aux grandes figures historiques qui l'ont fondé.

Si depuis quelques décennies elle est sur une pente dangereusement descendante, si l'on peut même craindre sa disparition dans trente ou quarante ans – mais nul ne peut le prophétiser avec certitude –, avec les derniers francs-maçons américains disparaîtraient les ultimes héritiers de certaines des valeurs les plus anciennes de leur nation.

15

Napoléon Ier était-il franc-maçon ?

Il faut bien distinguer deux questions différentes : celle de la place accordée à la franc-maçonnerie sous le Premier Empire, et celle de l'appartenance éventuelle de Napoléon à la franc-maçonnerie. Elles n'ont en réalité aucun lien.

Après la Révolution, et surtout après la Terreur, les loges furent parmi les premières victimes d'une situation politique sans précédent dans le pays : elles devaient à peu près toutes sombrer dans le silence et interrompre leurs travaux tandis que l'Hexagone versait dans l'hystérie collective. Thermidor mit fin à cette situation et le Directoire devait permettre au pays de souffler à nouveau. C'est en 1795 que des francs-maçons éminents songèrent à faire redémarrer la franc-maçonnerie dans le pays. Ce fut notamment l'œuvre de Roëttiers de Montaleau, issu d'une lignée d'orfèvres et de graveurs des monnaies, qui assuma la fonction de grand vénérable du Grand Orient, en remplacement du dernier grand maître, le duc d'Orléans – Philippe-Égalité –, lequel avait péri sous le « rasoir national » en 1793. En quelques mois, l'activité des loges reprit progressivement. Au moment où le Consulat fut proclamé, au lendemain du 18 Brumaire, en 1800, la franc-maçonnerie était donc à peine convalescente.

Le Premier Consul, peu soucieux d'entretenir des cénacles échappant à son contrôle, songea d'abord à supprimer purement et simplement la franc-maçonnerie, puis il se ravisa. Il fit d'elle une sorte de prison dorée, une institution prestigieuse et brillante, et l'on a pu parler, à propos de la franc-maçonnerie impériale, d'un véritable « âge d'or ». Il est certain que toute l'élite de l'Empire, tant civile, financière, académique ou scientifique que juridique, administrative et militaire, a littéralement peuplé les loges du pays. Le Grand Orient de France, placé sous la tutelle immédiate de Cambacérès, archichancelier de l'Empire, véritable adjoint de l'empereur, mais aussi franc-maçon à Montpellier dès avant la Révolution, allait centraliser toutes les structures maçonniques françaises et devenir la plus puissante obédience d'Europe continentale : si quelques loges se réveillent en 1795, on en comptera 70 en 1800, plus de 650 vers 1810 et jusqu'à 900 à la fin de l'Empire. On rapporte que l'empereur, songeant au très protocolaire Cambacérès dont il aimait se moquer sans méchanceté, disait en souriant que celui-ci devait exercer la présidence des assemblées maçonniques avec autant de sérieux que celle du Sénat !

On ne sait pas ce que fut réellement le dessein de Napoléon en conservant ainsi la franc-maçonnerie qu'il aurait pu détruire d'un seul geste. On doit sans doute en trouver les raisons principales dans la lettre que lui adressa à ce sujet Portalis, l'un de ses plus proches conseillers, en 1807 :

> Il serait impossible en France, de détruire les réunions d'hommes et de femmes connues sous le nom général de Loges maçonniques. En les traitant comme des réunions suspectes, on ne réussirait qu'à les rendre dangereuses.

Sous de tels auspices, les loges de l'Empire purent prospérer, sages et bourgeoises, paternellement surveillées par les préfets. Elles brilleront par leur conformisme et leur déférence envers le pouvoir. On verra même naître une loge dénommée « Saint-Napoléon » !

Quant à Napoléon lui-même, fut-il franc-maçon ? La question a été souvent débattue et toutes les thèses, même les plus aventurées, ont été soutenues. Il demeure un certain nombre de faits : l'empereur n'a jamais revendiqué la qualité maçonnique, aucune loge n'a jamais réclamé l'honneur de l'avoir initié, aucun maçon n'a jamais prétendu avoir assisté à une telle initiation, on n'en a conservé aucune trace documentaire, et Napoléon n'est pas connu pour avoir jamais rendu visite à quelque loge que ce soit. Face à un tel dossier, la conclusion à peu près certaine est que l'empereur n'a jamais reçu la « lumière maçonnique ». On a mentionné plus haut les raisons politiques et pragmatiques qui avaient pu le convaincre de laisser vivre les loges, mais qu'en pensait-il au fond de lui-même ? Nous disposons cette fois d'un témoignage de sa part, rapporté par le *Mémorial de Sainte-Hélène*, nous livrant sa pensée à l'égard des francs-maçons :

> Ce sont, en général, des oisifs, des gourmands et des imbéciles qui se rassemblent pour manger et faire des orgies. Cependant j'ai connu d'eux de temps en temps des actions honorables. Ils

ont servi la révolution, et contribué dernièrement à diminuer la puissance du pape et l'influence du clergé.

Alors, peut-être vaut-il mieux, en effet, que Napoléon n'ait jamais été franc-maçon…

16

Quels furent les rapports entre la franc-maçonnerie et la charbonnerie ?

La charbonnerie fut introduite en France, venant d'Italie, vers 1820. Elle empruntait les formes et certains usages d'une ancienne société « initiatique », en tout cas d'une confrérie de métier, avec des symboles, des rituels, des légendes, l'ensemble évoquant non pas l'art des maçons mais celui des charbonniers, c'est-à-dire de ceux qui, jadis, habitant dans les forêts, préparaient du charbon de bois après avoir coupé des arbres. Réputés pour leurs mœurs farouches, ils entretenaient à leur sujet toutes sortes de superstitions populaires car l'on voyait volontiers dans ces hommes, toujours noircis par le charbon, vivant dans une nature sauvage, des êtres troubles et inquiétants.

Ce compagnonnage traditionnel du bois avait bien existé dans les temps anciens, mais la charbonnerie « spéculative » dont nous parlons n'en avait cependant conservé que les symboles. Surtout, à la différence de la franc-maçonnerie, c'était réellement une société secrète aux fins essentiellement politiques et même clairement révolutionnaires. Née sous le Premier Empire, quand l'Italie était vassale de la France, elle avait adopté des formes proches de celles de la maçonnerie mais en s'attachant à un objet entièrement nouveau. Désireux de liberté politique et d'indépendance nationale, et se réfugiant dans le secret pour mener leur action, les *carbonari* italiens demeuraient néanmoins chrétiens et dans l'ensemble respectueux des valeurs religieuses. Dans leur deuxième grade, on évoquait même le sacrifice du Christ, victime de la tyrannie, comme l'emblème du combat que l'on devait pousser jusqu'au sacrifice de soi-même, contre tous les despotes.

Un certain Joseph Briot, né en 1771 dans le Doubs, volontaire de 1792 et franc-maçon, avait établi des contacts avec des républicains italiens dans les premières années de l'Empire et, par leur intermédiaire, il introduisit en France la charbonnerie dans laquelle il s'était fait admettre. En franchissant les Alpes, la charbonnerie devait cependant changer d'état d'esprit et de but : ce fut en France une courte aventure politique, achevée dans le sang. Elle fut directement liée, en 1822, à l'affaire des « quatre sergents de La Rochelle ».

Une loge très atypique située à Paris, Les Amis de la vérité, ne dépendant pas du Grand Orient, recruta des personnalités républicaines et intégra aussi quelques *carbonari* venus en France. Elle attira des noms importants, comme Étienne Arago ou Victor Schœlcher. Elle parvint même à intéresser le prestigieux et alors vieillissant La Fayette, qui rongeait son frein depuis son retour discret en France au début du Consulat et rêvait de nouvelles révolutions. À l'ombre de cette loge se développa le petit réseau de la charbonnerie française.

En 1822, un régiment d'infanterie parisienne fut exilé à La Rochelle parce que certains soldats avaient refusé de crier « Vive le roi ! » au passage de Charles X. Or, quatre jeunes sergents de ce régiment, dont trois étaient membres des Amis de la vérité, avaient fondé une « vente » – nom donné aux « loges » des charbonniers. Ayant conduit une action clandestine, suspectés de visées révolutionnaires, quoique sans preuve matérielle, ils furent dénoncés, arrêtés et jugés. Tous furent exécutés le 21 septembre 1822, sans avoir livré aucun nom – y compris parmi les plus connus. Balzac, dans *La Rabouilleuse*, en 1843, se fera encore l'écho de cette ultime conspiration des charbonniers.

Si la charbonnerie fut toujours étrangère à la franc-maçonnerie en tant qu'institution, elle avait montré la porosité de certaines loges de cette époque à l'égard des milieux républicains activistes, alors encore très minoritaires. C'était, pour la maçonnerie en France, le premier signe d'un mouvement qui devait prendre plus tard une ampleur bien plus considérable. Ce fut cependant la dernière action de la charbonnerie française. Ce sanglant échec signa sa fin, mais non celle de sa légende : bien que les « quatre sergents de La Rochelle » n'aient été, au fond, que de jeunes écervelés et de piètres conspirateurs, ils prirent aux yeux de certains maçons de la fin du XIXe siècle la figure de héros…

17

Qu'est-ce que l'affaire Morgan ?

En 1826, et surtout dans les années qui suivirent, la franc-maçonnerie américaine faillit tout simplement disparaître. Elle s'était retrouvée directement impliquée dans une sombre affaire criminelle !

Un certain William Morgan fit son apparition dans la petite ville de Batavia, État de New York, en 1826. Il avait alors une quarantaine d'années et, en 1819, il avait épousé la jeune Lucinda Pendleton qui lui avait donné deux enfants. Ses antécédents étaient troubles : il avait vécu d'expédients, sans véritable métier, exerçant pendant un temps la profession de brasseur, puis se louant comme manœuvre dans le bâtiment. Il s'était enfin retrouvé dans une profonde précarité. On le disait aussi joueur et porté sur la boisson : dans l'Amérique puritaine de la côte est, un mauvais sujet…

Admis dans la loge de Batavia, puis menacé d'exclusion en raison de son comportement, Morgan annonça peu après son intention de publier un ouvrage révélant tous les secrets maçonniques – ce dont il espérait tirer un bénéfice financier. Les membres de la loge s'en émurent, on s'en doute. Pour un motif subalterne, Morgan fut momentanément détenu dans la prison locale où un groupe d'hommes, dont plusieurs francs-maçons identifiés, vint le chercher, apparemment contre son gré. Il fut alors conduit vers le fort Niagara, à proximité du Canada où l'on escomptait peut-être l'exfiltrer pour le faire oublier. Puis on ne le revit plus jamais.

Des mois plus tard, on retrouva un cadavre décomposé qui fut dans un premier temps reconnu par la femme de Morgan. Mais cette identification elle-même fut mise en cause par une autre femme qui, ayant fait exhumer le corps, le revendiqua à son tour comme celui de son époux disparu ! Compte tenu des mœurs dans l'Amérique de cette époque, la théorie de l'exécution par les francs-maçons, en punition de sa trahison, n'était pas complètement inconcevable. Quoi qu'il en soit de la vérité dans cette affaire, elle déclencha une véritable bourrasque dans tout le pays : une frange importante de l'opinion fut convaincue qu'un crime maçonnique avait été perpétré.

Les effets sur la franc-maçonnerie furent rapides et dévastateurs : plus de cinquante maçons furent inquiétés, une quinzaine de procès eurent lieu, aboutissant à des condamnations à plusieurs mois de prison pour quelques-uns d'entre eux. Surtout, les loges se dépeuplèrent car les francs-maçons, incertains des tenants et des aboutissants de l'affaire mais également soucieux de leur réputation personnelle, quittèrent massivement les loges : de 480 en 1826, le nombre des loges dans l'État de New York fut ramené à 49 en 1835 ! Enfin, point d'orgue de ce scandale national : un parti antimaçonnique fut constitué sur le quasi seul programme de mettre fin à la franc-maçonnerie dans le pays. Il fut même en mesure de présenter un candidat à l'élection présidentielle de 1828, contre Andrew Jackson, lui-même maçon, qui fut pourtant élu. L'orage finit par s'apaiser mais la franc-maçonnerie américaine dut se restructurer de fond en comble et mit une trentaine d'années à refaire surface. Elle fit alors tous les efforts pour apparaître désormais, sur la scène publique, comme une organisation essentiellement caritative. Les *masonic charities*, de nos jours encore, consacrent chaque année des millions de dollars à des actions de bienfaisance : c'est le lointain héritage de l'affaire Morgan. Le pari fut finalement gagné, mais l'alerte avait été chaude.

L'histoire, pourtant, ne s'arrête pas là. Il existe aussi un mystère autour de la personnalité de la femme de Morgan, Lucinda Pendleton. En 1830, elle s'était remariée avec un certain George Washington Harris qui s'était converti quatre ans plus tard, avec toute sa famille, à la foi mormone, une religion née en Amérique et fondée vers 1830 par Joseph Smith.

Or, les relations entre les mormons et la franc-maçonnerie avaient été difficiles dès l'origine. Le fondateur de l'Église des saints des derniers jours – le nom officiel de la religion mormone – avait été lui-même admis dans une loge de l'Illinois, en 1842. Par la suite, ayant manifestement voulu faire entrer massivement ses coreligionnaires dans les loges, il en fut exclu et des violences s'étaient produites. Sa mort violente en prison, lors d'une brève détention, en 1844, rappelait d'ailleurs un peu les circonstances de la disparition de Morgan. Plus tard, les mormons s'établirent en Utah dont ils devaient faire leur « Nouvelle Sion ». Dans cet État américain, pendant longtemps et par exception, la franc-maçonnerie ne put guère prospérer ; les choses ne se sont apaisées que depuis quelques années. On affirme même, sur la foi de certains « apostats » du mormonisme, que quelques cérémonies secrètes de cette Église ressemblent beaucoup à des grades maçonniques.

Dès 1840, les mormons avaient enfin instauré le baptême posthume de leurs parents ou de leurs proches disparus. L'un des premiers à avoir bénéficié de ce nouveau rite, en 1841, n'était autre que William Morgan…

18

La Fayette est-il un héros maçonnique ?

Gilbert du Motier de La Fayette – ou Lafayette, comme il préféra l'écrire – a joué dans une assez longue période de l'histoire politique de la France, disons de 1776 à sa mort, un rôle singulier : parfois au premier rang, parfois dans l'ombre, parfois délibérément mis à l'écart, il parvint malgré tout à émailler sa carrière mouvementée et contradictoire de quelques actes retentissants. Curieux destin que celui de cet aristocrate républicain, courant toujours derrière une utopie et se dérobant à chaque fois que son rêve allait s'accomplir…

Si La Fayette, aux États-Unis sans doute plus qu'en France du reste, put acquérir une popularité réelle et parfois spectaculaire, force est de constater qu'il ne joua jamais durablement le rôle de premier plan auquel il n'avait cessé de rêver. Or, La Fayette était franc-maçon : cela peut-il éclairer son action politique ? Et que représenta la franc-maçonnerie dans sa vie ?

Le jeune La Fayette fut probablement initié en 1775 dans une loge militaire à Metz – les officiers étaient alors très nombreux dans la franc-maçonnerie. Nombre de ses frères d'armes et frères en maçonnerie l'accompagneront lors de son aventure américaine. Là-bas, il put faire aisément sa liaison avec Washington puis avec Benjamin Franklin en raison de leur commune appartenance maçonnique – profonde et sincère pour les deux Américains, sans doute surtout de mode et d'entraînement pour le jeune Français.

Après son retour définitif en France, et plus encore après le déclenchement de la Révolution, puis sa captivité en Autriche entre 1792 et 1799, La Fayette ne put maçonner. Pas davantage après son retour discret en France sous l'Empire. Pendant la première Restauration, on ne lui connaît que de brèves accointances avec des maçons révolutionnaires dont plusieurs finiront dans la charbonnerie française et fomentèrent un complot bientôt éventé, auquel La Fayette avait eu l'imprudence de prêter l'oreille. Rien de maçonnique, de nouveau, avant 1830... Ce n'est donc que très tardivement que le « héros des deux mondes » devint également un héros maçonnique. Lors de son voyage triomphal aux États-Unis, en 1824, jalonné de réceptions fastueuses et de bains de foule enthousiastes, il découvrira ainsi que déjà 37 loges américaines portaient son nom !

Revenu en France, n'étant lui-même membre régulier d'aucune loge, il prend part en 1829 à une grande fête de la maçonnerie lyonnaise, d'une tonalité politique bien plus que purement maçonnique. C'est en fait seulement après les Trois Glorieuses qu'il va connaître l'apothéose maçonnique : membre de la loge Les Trois Jours, loge éphémère créée par le Suprême Conseil de France pour célébrer le changement de dynastie dont La Fayette avait été l'un des protagonistes, il sera le héros d'une fête grandiose en son honneur, réunissant en octobre 1830 la quasi-totalité de la franc-maçonnerie du pays. Il sera, par la même occasion, revêtu de tous les hauts grades[1] qu'il n'avait jamais eu l'idée de rechercher. C'est en fait là que s'arrêtera sa vie maçonnique.

En somme, La Fayette fut un emblème de ces aristocrates libéraux de la fin de l'Ancien Régime, qui souhaitaient faire évoluer la monarchie sans forcément l'abolir, et que les événements ont dépassés. Nombre d'entre eux se retrouvèrent dans les loges, à commencer par leur chef, Philippe d'Orléans – Philippe-Égalité sous la Révolution[2] –, grand maître théorique du Grand Orient de France jusqu'à sa mort en 1793. Pourtant, s'il fut un emblème, La Fayette ne fut pas représentatif des francs-maçons de son temps : essentiellement issus de la bourgeoisie, favorables aux idées nouvelles mais sans excès, ces derniers furent avant tout soucieux d'ordre public, de modération des impôts et de prospérité du commerce. En outre, il ne fut jamais un maçon très assidu ni très impliqué.

Malgré ce bilan maçonnique assez maigre, en 2003, lors de la célébration du 275e anniversaire de la franc-maçonnerie en France, neuf obédiences créèrent l'ordre maçonnique de La Fayette, destiné à distinguer les maçons français et étrangers « ayant brillamment illustré, par leurs écrits ou leurs actes, les valeurs de la tradition maçonnique française ». Un statut posthume que La Fayette, qui n'avait jamais refusé aucun honneur maçonnique, n'eût sans doute pas récusé…

---

1. Voir la question 38, « Que signifient les "hauts grades maçonniques" ? », p. 149.

2. Voir la question 12, « La franc-maçonnerie est-elle à l'origine de la Révolution française ? », p. 53.

19

Quel rôle les francs-maçons ont-ils joué dans la Révolution de 1848 ?

La Révolution de février 1848 a sans aucun doute marqué un tournant majeur dans l'évolution politique et morale de la franc-maçonnerie en France. Elle a surtout révélé en son sein une mutation qui allait s'accomplir définitivement sous le Second Empire.

Lorsque la Révolution éclate, les personnalités politiques qui en prennent la tête sont, pour beaucoup d'entre elles, c'est indéniable, des francs-maçons qui agissent ouvertement au nom de ce qu'ils considèrent comme l'essence de leur engagement maçonnique. Dans le gouvernement provisoire qui se met en place dès le 24 février, Adolphe Crémieux – qui sera plus tard grand commandeur du Suprême Conseil de France – est à la Justice ; Ferdinand Flocon, initié en 1840, est à l'Agriculture et au Commerce ; Eugène Bethmond, également maçon, aux Cultes ; Lazare Hippolyte Carnot, initié en 1840, à l'Instruction publique et aux Affaires étrangères ; Trélat aux Travaux publics et Duclerc aux Finances, tous deux initiés : sans exagérer, c'est un gouvernement maçonnique, ou peu s'en faut.

Le 6 mars, une délégation de francs-maçons en décors et cordons maçonniques fut officiellement reçue à l'hôtel de ville de Paris par une commission du gouvernement d'ailleurs entièrement composée de maçons : c'était, en quelque sorte, la maçonnerie qui se recevait elle-même dans un palais de la jeune République… Lors des discours qui furent alors échangés, le ton était donné.

D'abord du côté du Grand Orient, représenté par le grand maître adjoint, Laurent Bertrand :

> Quarante mille francs-maçons répartis dans près de cinq cents ateliers, ne formant entre eux qu'un même cœur et un même esprit, vous promettent ici leur concours pour achever heureusement l'œuvre de régénération si glorieusement commencée.
>
> Que le Grand Architecte vous soit en aide !

La réponse du gouvernement, par la voix de Crémieux, n'est pas moins révélatrice :

> Le Gouvernement provisoire accueille avec empressement et plaisir votre utile et complète adhésion : le Grand Architecte de l'univers a donné le soleil au monde entier pour l'éclairer et la liberté pour le soutenir […].
>
> La République fera ce que fait la Maçonnerie.

Deux points méritent ici d'être soulignés. En premier lieu, cette adhésion n'a plus ici le sens de l'allégeance habituelle de tous les francs-maçons aux pouvoirs publics, attitude classique de leur part depuis les *Constitutions* de 1723[1]. Il s'agit désormais

1. Voir la question 41, « Que représentent les *Constitutions* d'Anderson pour les francs-maçons ? », p. 161.

d'une contribution active et publique, d'un engagement ouvert en faveur d'une Révolution présentée comme résultat des principes mêmes de la franc-maçonnerie. Cela traduisait, une fois de plus, la résonance constante au sein des loges du climat intellectuel et social propre à la société dans laquelle elles évoluent : en Angleterre, à la même époque, la franc-maçonnerie est victorienne, conformiste et aristocratique.

Ensuite, il faut noter que dans cette Révolution, les francs-maçons invoquent encore, des deux côtés, la protection du Grand Architecte[2], comme le faisait alors le bientôt célèbre Pierre Leroux, initié dès avril 1848 : il était le promoteur d'un « socialisme spiritualiste », typiquement français, qui précéda le socialisme marxiste en France – et fut ensuite détrôné par ce dernier. C'est dans ce même esprit qu'en 1849, en réformant sa Constitution, le Grand Orient de France y introduira l'obligation de croire en Dieu – une prescription à laquelle il ne renoncera qu'en 1877.

Certains francs-maçons plus exaltés que d'autres crurent même que le grand soir était arrivé : une nouvelle obédience fut constituée, la Grande Loge nationale, ardemment socialiste et même – notamment aux dires de la police – d'inspiration anarchiste. Elle fut impitoyablement dissoute en décembre 1850 : une telle avanie n'était jamais survenue dans l'histoire de la franc-maçonnerie française en plus d'un siècle !

Avant la chute imminente de la IIe République, la maçonnerie française hésitait entre deux modèles. D'un côté, elle restait attachée à son statut institutionnel et « respectable » mais, en un temps où les idéaux démocratiques envahissaient

2. Voir la question 69, « Qu'est-ce que le Grand Architecte de l'univers ? », p. 261.

la société autant que ses loges, elle ne pouvait plus résister au changement. Comment maintenir la hiérarchie des hauts grades[3], alors que nombre de francs-maçons réclamaient l'égalité ? Comment ignorer la politique, comme elle avait toujours pris soin de le faire, quand certains de ses membres les plus éminents, et souvent au nom de leurs principes maçonniques, accédaient aux plus hautes responsabilités de l'État ?

Le coup d'État de décembre 1851 allait lui donner l'occasion de trouver des réponses à ces questions.

---

3. Voir la question 38, « Que signifient les "hauts grades maçonniques" ? », p. 149.

20

Le Second Empire fut-il une période faste pour la franc-maçonnerie ?

Au soir du coup d'État de décembre 1851, les francs-maçons français, dont plusieurs avaient occupé les premiers rangs de l'action politique depuis trois ans, pouvaient se poser la question : quelle serait à leur égard l'attitude du nouvel homme fort du pays ? Avec Louis-Napoléon, énigmatique et taciturne, tout était possible *a priori*. En premier lieu, le prince président – et bientôt l'empereur – avait-il « reçu la lumière » ?

Louis-Napoléon, comme son oncle, n'avait sans doute jamais été initié, quoi qu'on ait pu en dire. Tout au plus, dans sa jeunesse, avait-il croisé des *carbonari*[1] lorsqu'il résidait à Florence avec sa mère et s'était enflammé pour la cause italienne. Comme Napoléon Ier, il avait de la franc-maçonnerie une vision essentiellement politique : il n'ignorait pas ses tendances libérales ni le danger que cela pouvait représenter pour son pouvoir, mais il pensait aussi qu'il valait mieux ménager

1. Voir la question 16, « Quels furent les rapports entre la franc-maçonnerie et la charbonnerie ? », p. 68.

les francs-maçons pour mieux les contrôler. Toutefois, à la différence de son oncle, Napoléon III ne se préoccupa pas, au début de son règne, de régir la franc-maçonnerie. Elle lui donna acte de sa bienveillance en élisant à la tête du Grand Orient en qualité de grand maître – un titre rétabli pour l'occasion et qui n'avait plus été décerné depuis 1793 – le prince Lucien Murat, cousin de l'empereur.

Le règne maçonnique de Murat commença plutôt bien. Il permit notamment au Grand Orient de se constituer un patrimoine immobilier en faisant l'acquisition d'un hôtel rue Cadet, dans le 9e arrondissement de Paris, qui est aujourd'hui encore le siège de l'obédience. Mais, au fil des années, l'autoritarisme de cet homme imposant et péremptoire suscita des difficultés croissantes. Ce furent surtout ses choix politiques au Sénat qui mirent le feu aux poudres. En 1859, il avait apporté son soutien à l'initiative militaire française visant à défendre les droits du pape, confronté aux velléités d'unité italienne qui menaçaient ses États. Une fronde se manifesta alors dans les loges, traduisant bien l'évolution intellectuelle de la maçonnerie française, de plus en plus hostile au pouvoir de l'Église et à une politique d'alliance avec le Vatican. En 1861, son mandat de sept ans venant à échéance, Murat fut même dans l'incapacité de se soumettre à nouveau aux suffrages de ses frères, et il dut démissionner de sa charge.

Pour le remplacer, on songea un moment, non sans habileté, à un autre Bonaparte, Napoléon-Jérôme, dit le prince Napoléon ou « Plon-Plon », l'enfant terrible de la famille impériale : de la droite bonapartiste, on passait à l'extrême gauche dynastique ! Mais le projet ne put aboutir. La situation était bloquée et le Grand Orient demeurait sans grand maître.

En janvier 1862, l'empereur sortit du silence pour régler ce problème : il désigna par décret le grand maître de l'ordre maçonnique en France ! Du jamais-vu en cent cinquante ans d'histoire. Surtout, l'élu de Napoléon III n'était autre que Bernard Magnan, gouverneur militaire de Paris à partir de juin 1851, l'un des principaux organisateurs et exécutants du Deux-Décembre – celui qu'on présentait comme un sabreur avait de quoi déconcerter plus d'un franc-maçon, assurément. Plus original encore : le nouveau grand maître n'était même pas franc-maçon…

Reçu en l'espace de deux jours à tous les grades et à toutes les dignités, Magnan devait pourtant surprendre tout le monde. D'abord totalement ignorant des coutumes maçonniques, il apprit à connaître l'institution, écouta ses frères et se fit accepter d'eux. Au point que, deux ans plus tard, l'empereur ayant rendu à ces derniers le droit de désigner librement leur grand maître, Magnan fut brillamment élu et mourut en 1865, couvert d'hommages maçonniques.

C'est cependant entre 1850 et 1870, en l'absence de toute véritable liberté politique, sous un régime qui ne tolérait pas non plus la contestation ouverte de l'Église catholique, que les loges maçonniques, relativement à l'abri des regards, attirèrent presque mécaniquement à elles tous les esprits de tendance républicaine et anticléricale, lesquels n'avaient alors pas d'autre lieu toléré pour se retrouver et échanger. Cette mutation sociologique et idéologique allait en fait peser lourd dans l'implication politique de la maçonnerie française sous la IIIe République. La transformation qui s'était accomplie pendant toutes ces années allait la jeter dans un monde nouveau dès la chute de l'Empire.

21

Les francs-maçons ont-ils soutenu la Commune de Paris ?

C'est sans doute l'une des questions les plus sensibles de l'historiographie maçonnique car c'est un sujet qui a fait l'objet, de toutes parts, d'une véritable récupération *a posteriori*. La Commune de Paris et sa légende occupent ainsi aujourd'hui, dans l'imaginaire d'une partie des maçons français, une place qu'elles n'avaient certainement pas au moment des faits.

Dans le sillage de la défaite de septembre 1870 et de la proclamation de la République, la Commune de paris, dotée d'un « gouvernement » dès le 29 mars 1871, allait tenter de faire vivre une utopie révolutionnaire qui s'acheva dans un affrontement sanglant avec les forces versaillaises, le 28 mai. Au-delà de la légende et des reconstructions idéologiques postérieures, quelle fut l'implication réelle de la franc-maçonnerie dans cette aventure sans espoir ?

En premier lieu, la sociologie des loges parisiennes différait de celle du reste de la maçonnerie française. Depuis déjà des années, des cotisations plus accessibles avaient permis à de petits employés, voire à des ouvriers, d'entrer dans les loges où ils n'avaient jamais été nombreux jusque-là[1]. Mais, loin d'être unanimes, les loges parisiennes n'étaient pas toutes résolues à renverser la table, cependant seuls les enragés s'y firent entendre.

Dès le début avril, un premier rassemblement de 2 000 personnes, bannières maçonniques au vent, se forma devant l'Hôtel de Ville où siégeait le « gouvernement de Paris ». Jules Vallès, qui appartenait à cette instance, proposa aux maçons d'échanger leurs bannières contre le drapeau rouge de la Commune ! Le Conseil de l'ordre du Grand Orient s'en désolidarisa aussitôt. Mais le 29, c'est une manifestation de 6 000 personnes environ, où il n'y avait pas que des francs-maçons, qui s'avancèrent avec 65 bannières de loges sur les remparts situés à l'ouest de la capitale. La délégation reçue par Thiers, le 30 avril, était conduite par Auguste Thirifocq, l'un des maçons parmi les plus ardemment engagés dans l'action révolutionnaire. Le soir même, un appel « des francs-maçons et compagnons [du devoir][2] de Paris à leurs frères de France et du monde entier » fut lancé, expédié en ballon et placardé sur les murs de la ville. La Commune n'avait plus qu'un mois à vivre.

En province, d'autre part, les loges restèrent dans l'ensemble « conciliatrices », c'est-à-dire soucieuses que se restaurent au plus tôt la paix et l'administration légale du pays sur tout le territoire – quitte à pardonner généreusement aux insurgés leurs outrances. Le 29 mai, alors que les troupes versaillaises

1. Voir la question 90, « La franc-maçonnerie recrute-t-elle dans toutes les classes de la société ? », p. 332.

2. Voir la question 4, « La franc-maçonnerie est-elle issue du compagnonnage ? », p. 25.

étaient dans Paris, le président du Conseil de l'ordre du Grand Orient, le Dr Antoine de Saint-Jean, déclarait à Gambetta :

> La maçonnerie est restée parfaitement étrangère à la criminelle sédition qui a épouvanté l'univers en couvrant Paris de sang et de ruines, [...] il n'y a aucune solidarité possible entre ses doctrines et celles de la Commune et [...] si quelques hommes indignes du nom de maçon ont pu tenter de transformer notre bannière pacifique en drapeau de guerre civile, le Grand Orient les répudie comme ayant manqué à leurs devoirs les plus sacrés.

Des propos que d'assez nombreux francs-maçons des faubourgs parisiens auraient sans doute condamnés mais qu'approuvaient certainement, dans tout le pays, un beaucoup plus grand nombre d'autres. Du reste, rappelons-le, la plupart des chefs républicains présents à Paris, au début de l'insurrection, l'avaient fui ou s'étaient faits discrets.

Saint-Jean avait sans doute exprimé le sentiment largement majoritaire des francs-maçons français puisqu'il demeura président du Conseil de l'ordre de 1872 à 1883. Cependant, les communards francs-maçons qui s'exilèrent, à Londres ou à Bruxelles, ne furent pas abandonnés par leurs frères et la solidarité maçonnique joua en leur faveur. Dès le convent – c'est-à-dire l'assemblée générale – du Grand Orient de septembre 1871, le pasteur Frédéric Desmons, qui devait assumer un grand rôle dans l'histoire ultérieure de son obédience, appelait de ses vœux une mesure d'amnistie. Il fut exaucé dix ans plus tard.

De nos jours, certains francs-maçons se rendent en délégation, le 1er mai de chaque année, au Mur des fédérés – lieu de l'ultime « martyre » des communards. Toutefois, cette coutume ne remonte pas au-delà de 1970 et fut instaurée par un grand maître anciennement trotskyste, le peintre Fred Zeller, avec le concours d'un autre, Jacques Mitterrand (sans lien de parenté avec l'ancien président de la République), qui avait appartenu de 1947 à 1958 à l'assemblée de l'Union française comme apparenté au groupe communiste.

22

Les francs-maçons ont-ils pris le pouvoir sous la IIIe République ?

La IIIe République a vu l'apogée temporel de la franc-maçonnerie en France. Pendant cette période qui va de 1870 à 1940, les francs-maçons ont eu le sentiment de conduire le pays, inspirant ou soutenant des réformes majeures qui représentent encore, de nos jours, certaines des bases de la société française moderne : liberté de la presse, divorce, droit d'association, droit de grève, séparation des Églises et de l'État, retraites ouvrières – et même l'impôt sur le revenu dès 1914.

En 1901, consécutivement au vote de la loi sur la liberté d'association, les partis politiques purent se former officiellement. L'un d'entre eux, le « parti républicain radical et radical-socialiste » – son nom complet lors de sa fondation – comptait même, parmi ses membres fondateurs, des loges maçonniques entières qui, en tant que personnes morales, adhéraient au parti ! La confusion de la franc-maçonnerie et de la politique était à peu près entièrement réalisée.

Même si des statistiques exhaustives n'existent pas, on peut sans risque d'erreur grave estimer que, pendant toute la IIIe République, les francs-maçons comptaient pour environ 30 % de tous les élus, tant les membres du Parlement que les élus locaux des communes et des départements, ce qui constituait évidemment une surreprésentation énorme d'une corporation ne comptant, à la veille de la Seconde Guerre mondiale, toutes obédiences confondues, que 40 000 membres environ pour à peu près 40 millions de Français ! Mais cette domination même, qui permettait aux loges de préparer les campagnes électorales pour y soutenir généralement les « républicains de gauche », de convoquer des réunions politiques dans les locaux maçonniques, de solliciter auprès des ministères l'attribution de distinctions honorifiques à tel ou tel de ses membres, avait cependant deux contreparties.

La première était externe : une presse violente, tant à gauche qu'à droite, notamment dans les querelles religieuses relatives à l'application de la loi de 1905, forgea l'image controversée du franc-maçon anticlérical enragé et « bouffeur de curés » – ce qui, du reste, correspondait en partie à la réalité. La mystification de Léo Taxil[1], la déplorable « Affaire des fiches[2] » et plus tard le scandale Stavisky[3] feront les choux gras de la presse catholique ou d'extrême droite, à l'époque très puissante et très lue, dénonçant à longueur de pages les magouilles maçonniques, les « petits arrangements entre frères » et le noyautage de l'appareil d'État par une confrérie minoritaire et opaque.

---

1. Voir la question 23, « Qu'est-ce que fut la mystification de Léo Taxil ? », p. 93.
2. Voir la question 25, « Qu'est-ce que l'Affaire des fiches ? », p. 100.
3. Voir la question 28, « Des francs-maçons étaient-ils impliqués dans l'affaire Stavisky ? », p. 111.

L'autre contrepartie était interne. L'évolution politique de la maçonnerie – sensible dans toutes les obédiences sans distinction – n'avait pu se faire qu'aux dépens de son symbolisme, de ses rituels, et de certaines de ses références classiques, à commencer par celle du Grand Architecte de l'univers[4], héritage désormais sans objet, voire encombrant, d'une période opérative et chrétienne dont on ne voulait plus retenir que la dimension ouvrière. Le renoncement à cette référence – la Bible ayant d'ailleurs disparu bien plus tôt encore des loges françaises – avait justifié dès 1877, quand le Grand Orient avait décidé de supprimer l'obligation de croire en Dieu, une réaction très négative de la Grande Loge unie d'Angleterre[5], estimant que la maçonnerie française était sortie « du tracé originel ». En 1913, cette césure s'était introduite en France avec la création d'une Grande Loge « régulière[6] » qui, toutefois, demeura très minoritaire jusqu'au début des années 1960, rassemblant essentiellement des Anglais expatriés en France et une minorité de Français.

Il reste que ce dernier « âge d'or » de la franc-maçonnerie en France est demeuré dans les mémoires des francs-maçons comme un souvenir équivoque et discuté : certains en ont la nostalgie, quand d'autres pensent qu'il a consacré une sorte de dénaturation de la tradition maçonnique dont la maçonnerie française ne se serait jamais complètement relevée. Sans

4. Voir la question 69, « Qu'est-ce que le Grand Architecte de l'univers ? », p. 261.

5. Voir la question 52, « Pourquoi la Grande Loge unie d'Angleterre se qualifie-t-elle de "Loge-Mère du monde" ? », p. 204.

6. Voir la question 51, « Quelle est la différence entre la franc-maçonnerie "régulière" et la franc-maçonnerie "libérale et adogmatique" ? », p. 200.

trancher en faveur des uns ou des autres, le morcellement sans équivalent au monde du paysage maçonnique français en est, si l'on veut bien examiner les choses avec un peu de distance, l'une des conséquences lointaines parmi les plus regrettables mais aussi les plus révélatrices.

23

Qu'est-ce que fut la mystification de Léo Taxil ?

Léo Taxil fut un Marseillais caricatural – c'est-à-dire comme les caricatures voient un familier de la Canebière : hâbleur, blagueur, mystificateur, toujours prêt à déclencher une querelle, exagérant ses mérites comme ses malheurs – mais plein d'entregent, bonimenteur impénitent, finalement bon enfant et ne se prenant jamais au sérieux. Il n'en fut pas moins à l'origine de l'une des plus gigantesques fumisteries de toute l'histoire de l'antimaçonnisme.

Né à Marseille en 1854, Gabriel Jogand-Pagès était issu de la petite bourgeoisie catholique. Mauvais sujet, indiscipliné mais incontestablement intelligent, il fera même un passage dans une « colonie pénitentiaire » vers l'âge de quinze ans. À partir de 1875, devenu journaliste sous le nom de Léo Taxil, faute d'un autre métier et parce qu'il possédait une plume facile et déjà acérée, il devait s'engager résolument dans les milieux de la gauche radicale et professer un anticléricalisme qui, en ce temps-là, allait le plus souvent de pair avec l'engagement à gauche. Il susciterait d'innombrables polémiques et subirait plusieurs procès. Mais, après son passage aux assises en 1879 pour avoir outragé une religion reconnue par l'État, il vit son crédit s'affaiblir et ses ventes baisser. En 1886, il annonça alors sa conversion, se rendit à Rome et l'excommunication qui l'avait frappé fut levée. Reçu en audience en 1887 dans l'entourage du pape, il allait pendant une dizaine d'années se faire le chantre populaire d'un antimaçonnisme essentiellement catholique et proprement délirant. Dès 1892, il publia avec succès un journal intitulé *La France chrétienne antimaçonnique*, dont le titre était tout un programme.

Taxil avait été initié en 1881, sans jamais dépasser le grade d'apprenti, dans une loge parisienne du Grand Orient de France, Le Temple des amis de l'honneur français, mais en avait été promptement exclu puis radié au bout de huit mois, pour « fraude littéraire ». L'antimaçonnisme[1] allait être désormais son gagne-pain…

Grisé par ses premiers succès, notamment avec son célèbre ouvrage *Les Mystères de la franc-maçonnerie dévoilés*, publié en 1886, et pressentant l'immense naïveté de son public, il allait alors concevoir, entre 1892 et 1897, avec l'aide de Carl Hacks, joyeux farceur écrivant sous le pseudonyme de « Dr Bataille », une mystification ahurissante – mais efficace. Dans *Le Diable au XIXe siècle*, publié en 1895, les deux compères rapportent sans hésiter les prétendues apparitions du diable en loge et dénoncent un culte luciférien mondial, le « palladisme », dont la franc-maçonnerie n'aurait été que le honteux paravent. Ils inventent aussi le personnage de Diana

1. Voir la question 93, « Quels sont les fondements de l'antimaçonnisme ? », p. 342.

Vaughan, haute dignitaire palladiste repentie, de qui leur étaient venues toutes leurs révélations. Si énormes qu'elles puissent paraître, ces fantasmagories allaient fasciner un certain public et donner à Léo Taxil une célébrité sans égale pendant des années.

Vers 1896, quelques érudits de l'Église et certains journalistes catholiques mettaient cependant déjà en doute les énormités taxiliennes. Pressé de se justifier, d'apporter des preuves de ses dires, acculé enfin, Taxil promit, au printemps 1897, de présenter Diana Vaughan en personne au cours d'une vaste conférence de presse convoquée à cet effet. Le 19 avril, à la Société de géographie de Paris, Taxil se présenta seul : dans une longue déclaration pénétrée d'une ironie cinglante, il révéla alors, rigolard devant une assistance médusée, qu'il avait menti depuis le début et littéralement tout inventé, narrant dans le détail sa mystification et se dépeignant lui-même, sans aucun fard, comme un fumiste compulsif. Il ajouta, comme pour se justifier : « On n'est pas impunément fils de Marseille ! » Le scandale fut aussi considérable que l'humiliation et la honte de tous ceux, dont quelques princes de l'Église, qui avaient adhéré à ses fables et soutenu ou béni son action.

Déconsidéré mais nullement abattu, Taxil termina sa vie dans l'obscurité, en retournant à ses publications anticléricales, en vendant des livres de cuisine et en écrivant, sous un autre pseudonyme, des opuscules pornographiques… *A posteriori*, l'extravagance absolue des assertions de Taxil et de son complice laisse rêveur face à la crédulité de toute une partie du public catholique de l'époque. L'antimaçonnisme catholique, après la gênante affaire Taxil, dut faire son examen de conscience et trouver d'autres arguments. Si l'Église catholique[2] a de nos jours oublié les absurdités taxiliennes, elle n'a pourtant pas modifié sa réprobation globale à l'égard de toute forme de franc-maçonnerie.

2. Voir la question 73, « Quelles sont les relations de la franc-maçonnerie avec l'Église catholique ? », p. 276.

24

Quelle a été l'attitude de la franc-maçonnerie pendant l'affaire Dreyfus ?

On connaît le déroulement général de l'affaire Dreyfus et ses principales étapes, avec la découverte en 1894 d'un faux « bordereau » qui valut au capitaine Dreyfus d'être condamné à la déportation avant que la vérité n'éclate, cinq ans plus tard. Il avait fallu une formidable et violente campagne de presse, où Zola devait s'illustrer en 1898 avec son fameux « J'accuse », faisant s'opposer rudement, jusque dans le cœur des familles, les « dreyfusards » et les « antidreyfusards ». Dreyfus fut finalement gracié en 1899, puis promu au grade de commandant et décoré de la Légion d'honneur en 1905. Après la crise boulangiste (1885-1889), une partie de l'armée était donc de nouveau pointée du doigt, non seulement pour son antisémitisme – assez répandu dans la France de cette époque –, mais aussi pour sa loyauté douteuse à l'égard de la République et de ses institutions.

On peut donc légitimement s'intéresser à l'attitude des loges dans un conflit où même les clivages politiques classiques n'étaient pas toujours opérants : ainsi du sénateur modéré Scheurer-Kestner, protestant d'Alsace qui dut convaincre

Zola, d'abord réticent, de se jeter dans la bataille, ou de Jaurès, sur l'autre rive, dreyfusard tardif quant à lui, peu empressé à défendre un homme lié à la bourgeoisie juive et au « parti de l'argent », en vertu du vieux fond d'antisémitisme de la gauche française de l'époque.

Force est aussi de constater que la mobilisation de la franc-maçonnerie en faveur de Dreyfus fut d'abord molle et lente à se manifester : elle ne rejoignit la « vérité en marche », selon le mot de Zola, que lorsque cette dernière ne faisait plus aucun doute – même aux yeux de ceux qui s'en désolaient. C'est ainsi qu'en janvier 1895, Jules Gabriel, qui intégrerait plus tard le Conseil de l'ordre du Grand Orient, écrivit dans le quotidien méridional qu'il dirigeait : « Le capitaine Dreyfus a été justement et légalement condamné. » En octobre de la même année, le Conseil de l'ordre lui-même signalait officiellement que si un certain Alfred Dreyfus appartenait bien à l'une de ses loges, il s'agissait d'un négociant parisien, et non de celui qui avait été condamné ! Deux ans plus tard, en octobre 1897, Camille Pelletan, haute figure républicaine et franc-maçon emblématique, estime encore que « l'accusé est trop soutenu pour être de ceux qu'on condamne sans motif ».

Les voix isolées qui s'élevèrent alors dans les loges furent peu entendues. Là encore, un antisémitisme latent n'était pas absent de certains milieux maçonniques, en métropole comme en Afrique du Nord notamment. Il fallut attendre janvier 1898 et la publication du pamphlet de Zola dans *L'Aurore* pour que la maçonnerie commence à se mobiliser, en même temps que l'opinion publique dans son ensemble, d'abord partagée, basculait peu à peu. On rapporte toutefois que les débats furent parfois violents au sein même des loges dont les travaux étaient à l'époque essentiellement politiques.

C'est seulement en mai 1899, alors que la cassation de la condamnation de Dreyfus était très probable et imminente, que le Grand Orient organisa une manifestation en faveur du capitaine. En septembre suivant, la cassation obtenue, son convent annuel proclama même sa confiance « inébranlable dans le triomphe de la justice » et exigea « l'anéantissement de la conjuration cléricale, militariste, césarienne et monarchiste ». Ici de nouveau, au-delà de la phraséologie convenue, l'antisémitisme, pourtant principal ressort de l'affaire, était passé sous silence.

Lorsque, au cours du convent de 1901, l'un des participants déclara que « l'honneur durable de la maçonnerie était d'avoir indiqué sans défaillance dans cette crise quelle était la voie à suivre », il réécrivait l'histoire après coup. Paradoxalement, une partie de la presse antimaçonnique, cherchant un bouc émissaire, contribua à accréditer cette thèse, pourtant erronée, d'une franc-maçonnerie dreyfusarde de la première heure : en ne considérant que les faits, force est de reconnaître que si elle n'avait tenu qu'au seul soutien des francs-maçons, la réhabilitation de Dreyfus eût peut-être été bien plus difficile à obtenir.

25

Qu'est-ce que l'Affaire des fiches ?

Ce scandale de la IIIe République, dix ans après le déclenchement de l'affaire Dreyfus[1], eut un retentissement considérable dans l'opinion. Il contribua à fixer dans l'esprit d'une partie du public une image très défavorable de la franc-maçonnerie dont la place grandissante dans les rouages de l'État[2] suscitait à la fois des inquiétudes et de l'hostilité.

En mai 1900, le général Louis André avait été nommé au ministère de la Guerre par Émile Combes. Positiviste, libre-penseur, républicain sincère et modéré, André découvrit en prenant ses fonctions qu'un système de fichage des officiers avait déjà été mis en place avant son arrivée. Les services du ministère, dans la plus grande discrétion, avaient constitué un double fichier : une partie, nommée « Corinthe », recensait les officiers connus comme républicains loyaux, tandis qu'une autre, « Carthage », listait les cléricaux. L'objectif non équivoque de ce fichage était de favoriser l'avancement des

1. Voir la question 24, « Quelle a été l'attitude de la franc-maçonnerie pendant l'affaire Dreyfus ? », p. 97.

2. Voir la question 22, « Les francs-maçons ont-ils pris le pouvoir sous la IIIe République ? », p. 89.

premiers aux dépens des seconds. Mais sur 27 000 officiers d'active, seuls 8 000 étaient fichés. Manquant de sources d'information, le système était bloqué.

André eut alors l'idée fatale de solliciter la franc-maçonnerie – dont il n'était pas membre –, conçue comme une « association républicaine », afin de recueillir par son réseau de loges les données pertinentes pour nourrir ses fiches. Les francs-maçons furent donc invités à se transformer en agents de renseignement, sinon en délateurs « pour la bonne cause ». L'administration du Grand Orient donna son accord pour mettre en place cette singulière collaboration. Plusieurs milliers de fiches – on a prétendu, sans certitude, qu'il y en eut jusqu'à 20 000 – furent ainsi documentées en deux ans environ. Or, en 1904, la révélation publique de ce qui allait devenir une « affaire » vint d'un employé du secrétariat général du Grand Orient, un certain Joseph Bidegain. Pour des raisons peu claires – un conflit avec certains responsables du Grand Orient, ou son retour inopiné vers la foi de ses ancêtres –, il prit contact avec des groupes catholiques et anti-maçonniques et remit à un député, Gabriel Syveton, plusieurs centaines de fiches. Le reste appartient à l'histoire politique et parlementaire de la France.

La révélation de tout le système devant la Chambre des députés entraîna d'abord un vote de désapprobation dirigé contre le gouvernement – pendant ce temps, les fiches restantes étaient promptement détruites, tant au Grand Orient qu'au ministère. Sur ces entrefaites, Bidegain lui-même prit la fuite en Espagne. Lors d'une séance ultérieure de la chambre, Syveton gifla Louis André qui finit par démissionner. Mais, alors que l'immunité parlementaire du député était levée, il fut retrouvé mort à son domicile. Trente ans plus tard, Léon

Daudet, dans l'*Action française*, affirmerait encore la complicité de la police dont l'enquête avait conclu au suicide. Une sombre histoire de cabinet noir s'achevait en drame sanglant…

Le scandale, largement relayé par la presse, fut immense. Le franc-maçon Paul Doumer, futur président de la République, démissionna de sa loge pour signifier sa réprobation. Finalement, Combes dut lui-même démissionner de ses fonctions de président du Conseil, au moment où s'opérait la mise en œuvre de la loi de séparation des Églises et de l'État[3] qu'il avait voulu porter. Dans cette affaire, la franc-maçonnerie avait-elle des circonstances atténuantes ? En réalité, très peu, car, en dépit de l'objectif affiché de protéger la République, c'était une pratique parfaitement douteuse et une compromission caractérisée de l'appareil d'État. Mais à la vérité, ces fameuses « fiches » n'avaient finalement pas servi à grand-chose, ni véritablement barré la route à qui que ce fût. Une machination somme toute dérisoire et inutile qui avait abouti à un désastre public.

Pourtant, certains s'en souviendraient longtemps. Parmi eux Philippe Pétain, qui possédait le grade de commandant en 1905 et se plaignit longtemps d'avoir été retardé dans sa carrière par l'hostilité des francs-maçons envers lui, considéré comme un officier catholique et donc peu sûr. Sa biographe la plus récente, Bénédicte Vergez-Chaignon (*Pétain*, 2014) a cependant clairement établi que cette plainte était sans fondement : Pétain avait progressé sur le tableau d'avancement au même rythme que la plupart de ses camarades. Colonel en avril 1914, il avait connu la carrière lente mais régulière, en

3. Voir la question 26, « La franc-maçonnerie a-t-elle décidé la séparation des Églises et de l'État ? », p. 104.

temps de paix, d'un officier n'ayant jamais quitté la métropole, tandis que certains de ses camarades étaient allés prendre part à des opérations dans nos colonies, ce qui permettait alors d'accélérer les promotions.

Mais la rancune aveugle du Maréchal serait néanmoins tenace. Dans le déferlement d'antimaçonnisme persécuteur qui eut lieu sous Vichy[4], il se montra plus que favorable à la proscription générale des maçons alors que Laval, qui avait fait des conférences dans les loges avant la guerre, était plus réticent. C'était en toute connaissance de cause, selon Pétain, que les francs-maçons avaient entravé son parcours dans l'armée. À la différence du statut des Juifs, la loi supprimant la franc-maçonnerie dès août 1940 n'avait pas eu pour raison principale la pression allemande jouant sur un vieux fond français d'antisémitisme : dans le cas des francs-maçons, c'était aussi le règlement d'un compte personnel vieux de trente-cinq ans...

4. Voir la question 29, « Quel fut le sort des francs-maçons français sous l'Occupation ? », p. 114.

26

La franc-maçonnerie a-t-elle décidé la séparation des Églises et de l'État ?

Dans l'opinion des catholiques du début du XXe siècle, pour nombre de francs-maçons de cette époque – et pour pas mal de leurs héritiers contemporains –, la « loi de 1905 » sur la séparation des Églises et de l'État, instaurant en France un régime de laïcité, bien que ce dernier mot ne figure nulle part dans la loi, pour succéder au régime concordataire qui remontait à 1802, fut notamment l'œuvre des loges. De nos jours, certains milieux maçonniques français se considèrent même encore comme les gardiens d'une loi dont, peu ou prou, ils revendiquent la paternité. Tout n'est pas faux dans cette affirmation, mais en réalité les choses furent bien plus complexes. Il faut en premier lieu distinguer l'état d'esprit qui régnait dans les loges, à ce sujet, depuis 1848, et préciser ensuite la part concrète qu'ont pu prendre les francs-maçons dans l'élaboration finale de la loi de 1905.

En 1848, si l'on ne s'en tient qu'au Grand Orient de France, ce dernier exprime dans l'article Ier de sa Constitution une profession de foi déiste caractérisée. Si, l'année précédente, Proudhon avait déclaré, lors de son initiation à

Besançon, que nous « devions la guerre » à Dieu, il restait assez isolé pour défendre ouvertement ce point de vue dans les loges. C'est donc sous le Second Empire[1], notamment sous l'Empire libéral, après 1860, qu'une évolution anticléricale et « laïque » se manifestera de plus en plus dans les milieux maçonniques. Toutefois, jusqu'en 1870, cette sensibilité s'exprime encore peu. En parcourant le *Bulletin du Grand Orient*, on constate qu'entre 1848 et 1870, environ une dizaine de textes font référence à la nécessaire évolution laïque de l'enseignement ; entre 1871 et 1885 il y en aura près d'une trentaine. Pendant la même période, l'état d'esprit des loges s'est clairement modifié, et depuis le déisme vague de 1848, le renoncement du Grand Orient à toute référence à Dieu[2], en 1877, clôturera donc un cycle. Pendant toutes ces années, la revendication majeure qui se fait entendre dans les loges est surtout de libérer l'instruction publique du joug de l'Église. Quant au principe de la séparation d'avec l'État, c'est Gambetta qui l'évoquera clairement le premier, en 1869, lors de sa campagne de Belleville. L'année où, à Marseille, il fut initié : parlait-il comme franc-maçon ou en tant qu'homme politique ?

C'est Émile Combes, radical-socialiste, qui lancera enfin le combat, à partir de 1902, à la suite de la victoire du Bloc des gauches – et à l'arrivée d'environ 150 francs-maçons à la Chambre des députés. Ses premières actions furent dirigées, de 1902 à 1904, contre les congrégations qui avaient poursuivi leur enseignement sans se déclarer selon la loi de 1901. Il ira même jusqu'à la rupture des relations diplomatiques avec

1. Voir la question 20, « Le Second Empire fut-il une période faste pour la franc-maçonnerie ? », p. 82.
2. Voir la question 70, « Peut-on être franc-maçon et athée ? », p. 265.

le Vatican en 1904. Mais en 1904 précisément, l'Affaire des fiches[3], dénoncée par certains républicains eux-mêmes, et dont la finalité était d'écarter les officiers cléricaux de tout avancement, provoquera aussi dès janvier 1905 la chute de Combes, lui-même anticlérical déclaré et maçon sincère, quoique sans grande influence au sein du Grand Orient.

Après l'offensive de Combes contre les congrégations, c'est donc à d'autres que revint la tâche de construire la loi de séparation, de la porter et de la faire adopter : Aristide Briand en premier lieu – épaulé par Ferdinand Buisson, un protestant libéral –, s'efforçant de convaincre une partie de la droite catholique que ce n'était pas une loi de persécution de l'Église ; Jean Jaurès ensuite, professant qu'en l'espèce la France devait être « révolutionnaire et non schismatique » ; Francis de Pressensé, favorable à « une loi de compromis qui donne des garanties de l'État aux Églises », pour la forme juridique. Ce sont là, finalement, les vrais pères de la loi de 1905 : tous étaient socialistes – et non radicaux comme les émules anticléricaux du « petit père Combes » – et aucun n'était franc-maçon…

La loi de 1905 a clairement réjoui les loges, nombre de maçons l'avaient souhaitée et plusieurs d'entre eux, élus au Parlement notamment, l'ont soutenue de leurs votes, c'est indéniable. Depuis alors une bonne trentaine d'années, on voyait monter en puissance, au sein du Grand Orient, un discours non seulement anticlérical et anticatholique mais clairement opposé à toute forme de religion, dénoncée comme une aliénation de l'esprit, au profit d'un credo positiviste revendiqué comme la philosophie maçonnique par excellence.

3. Voir la question 25, « Qu'est-ce que l'Affaire des fiches ? », p. 100.

Pour autant, la loi de séparation a été une entreprise politique, venue d'assez loin dans l'histoire de France, réclamée par des responsables politiques de gauche depuis de nombreuses années, et finalement promue par des élus républicains qui, pour beaucoup, n'étaient pas eux-mêmes francs-maçons.

27

La franc-maçonnerie a-t-elle tenté d'empêcher la Première Guerre mondiale ?

Lorsque le premier conflit mondial éclate, à l'été 1914, diverses autorités vont s'efforcer d'empêcher l'irrémédiable : des politiques, comme Jaurès en France, qui y perdra la vie ; le pape Benoît XV, qui publiera à la Toussaint 1914 une encyclique demandant « aux Princes et aux gouvernants de rendre à leurs peuples les précieux avantages de la paix » ; en décembre 1916, le président Woodrow Wilson, alors encore neutre, proposant la médiation américaine entre les belligérants. Tous échoueront. À quel titre, et dans quelle mesure la franc-maçonnerie européenne aurait-elle pu intervenir ?

Il faut ici se souvenir que la franc-maçonnerie avait été très répandue dans les régiments de tous les pays d'Europe, dès le milieu du XVIIIe siècle et jusqu'au milieu du XIXe siècle en France, voire bien plus tard encore, tant au Royaume-Uni qu'en Allemagne. Chaque régiment comptait au moins une loge, parfois deux, itinérantes par nécessité, y compris pendant les campagnes de guerre. Au siècle des Lumières et encore sous le Premier Empire, alors que d'incessants conflits opposaient Anglais, Allemands et Français, on avait rapporté plus d'une fois des manifestations de fraternité maçonnique au cœur des combats : un officier reconnaissant un frère chez l'ennemi et l'épargnant pour cette raison ou, sur un mode plus léger mais non moins surprenant, une bataille s'interrompant pour que les objets maçonniques laissés dans un des deux camps soient récupérés, sous la protection temporaire des francs-maçons de l'autre camp ! Ces comportements s'éclairaient de la morale maçonnique de cette époque, pénétrée de cosmopolitisme, proclamant que, pour un franc-maçon, « nul n'est plus étranger ». Allait-il en être de même dans l'embrasement qui s'annonçait en juillet 1914 ?

En fait, dès le début du conflit, la Grande Loge unie d'Angleterre rompit ses liens avec les obédiences des pays ennemis – malgré l'ancienneté de leurs relations maçonniques et les nombreuses parentés entre les familles royales anglaise et allemande notamment, dont plusieurs membres éminents étaient francs-maçons. De même, le Grand Orient de France, alors grande voix du pacifisme humanitaire depuis des années, affirma une ligne patriotique et dénonça en décembre 1914 le bellicisme austro-allemand – mais les liens maçonniques étaient alors très ténus entre les maçons français et ceux de langue allemande, ces derniers étant surtout en relation avec la maçonnerie anglaise « régulière[1] ». Enfin, dès le mois de septembre 1914, le Grand Orient de Belgique avait écrit aux obédiences germaniques pour stigmatiser l'attitude de leur pays.

Le déclenchement de la Première Guerre mondiale avait donc rudement mis à l'épreuve les principes mêmes de la

1. Voir la question 51, « Quelle est la différence entre la franc-maçonnerie "régulière" et la franc-maçonnerie "libérale et adogmatique" ? », p. 200.

fraternité maçonnique et fait voler en éclats l'illusion cosmopolite que la franc-maçonnerie avait portée au siècle des Lumières. Les particularismes nationaux, qui s'étaient imposés à l'universalisme proclamé de la maçonnerie, mais aussi les fractures qui s'étaient constituées depuis des décennies au sein même de cette dernière, avaient eu raison des plus nobles sentiments.

Après la guerre, en 1922, des francs-maçons anglais et français créèrent à Saint-Omer, dans le département du Nord, une loge vouée à l'entretien des cimetières militaires anglais en France, la fondation d'une loge à cet effet étant apparue comme naturelle aux yeux des Anglais pour souligner le fait qu'une telle œuvre était indépendante de tout parti politique et de toute confession religieuse particulière – deux sujets de querelle que la franc-maçonnerie britannique ignore. Son titre : *The Builders of the Silent Cities* – Les Bâtisseurs des cités silencieuses. L'un de ses cofondateurs les plus prestigieux : Rudyard Kipling, initié en Inde en 1886, et dont le fils John – dédicataire du célèbre poème « Tu seras un homme, mon fils » – était tombé lors de la bataille de Loos, en octobre 1915.

La franc-maçonnerie n'avait pu empêcher la guerre ; elle enterrait du moins ses morts…

28

Des francs-maçons étaient-ils impliqués dans l'affaire Stavisky ?

L'un des derniers scandales de l'avant-guerre, l'affaire Stavisky, qui eut pour conséquence politique immédiate de déclencher le soulèvement du 6 février 1934, lequel faillit en une nuit emporter la IIIe République, ne fut pas non plus sans effet sur l'antimaçonnisme ambiant qu'elle attisa de nouveau – et pour cause : des francs-maçons étaient impliqués dans l'affaire…

Alexandre Stavisky, le « beau Sacha », était un escroc actif à Paris depuis les années 1920. Sévissant dans les milieux les plus divers, il avait su nouer un réseau de relations dans le monde politique et dans celui des affaires. Inquiété à de multiples reprises pour diverses indélicatesses, il avait presque toujours bénéficié d'une relaxe ou d'un classement sans suite. En décembre 1933, toutefois, le directeur du Crédit municipal de Bayonne fut arrêté et l'on mit au jour un système de fraude de type pyramide de Ponzi qui avait permis à l'intéressé et à ses complices de détourner 200 millions de francs. On découvrit surtout que le principal instigateur de cette gigantesque escroquerie n'était autre que Stavisky.

Le conseiller Albert Prince, chef du parquet financier de Paris, chargé de l'enquête judiciaire, établit alors de nombreuses compromissions réalisées par Stavisky, lequel avait bénéficié de l'appui ou de la complicité de plusieurs personnes dans le monde de la police et de la justice – d'où, sans doute, l'impunité dont il avait joui jusque-là. Parmi ceux qui l'avaient protégé, on relevait le nom du procureur général de Paris, alors beau-frère du président du Conseil, Camille Chautemps – membre de la loge Les Démophiles, à Tours. De purement crapuleuse, l'affaire devint aussitôt politique.

Le 8 janvier 1934, on découvrit le corps sans vie du beau Sacha, une balle dans la tête. L'enquête conclut au suicide mais cette thèse fut immédiatement contestée. La droite et l'extrême droite, l'Action française notamment, s'en emparèrent et l'on commença à publier des listes de « chéquards » – infamant rappel du scandale de Panama – ayant été soudoyés par Stavisky : tous des députés, des ministres, des magistrats, des avocats et des policiers. Pour couronner le tout, le 20 février, le conseiller Prince était également retrouvé déchiqueté sur une voie de chemin de fer.

Bien que ni Stavisky, ni le conseiller Prince, malgré des rumeurs, n'aient appartenu à une loge, parmi les complices du beau Sacha, il y avait incontestablement une inquiétante proportion de francs-maçons. La franc-maçonnerie n'avait évidemment pas agi en corps, n'ayant aucun intérêt dans cette affaire mafieuse, mais le réseau des complicités avait utilisé le canal maçonnique en toute quiétude. La solidarité entre les frères les plus douteux avait servi d'instrument à la constitution d'un vaste réseau criminel. Du pain bénit pour les mouvements et la presse d'extrême droite : naturellement, la mort du conseiller Prince, dont la cause fut d'ailleurs discutée entre les experts, fut immédiatement requalifiée en crime maçonnique…

Le 6 février 1934, lorsque des milliers de militants des « ligues fascistes » envahirent les rues de Paris et menacèrent le Palais-Bourbon – il y eut 14 morts et 650 blessés –, pour beaucoup de ces manifestants, c'est aux francs-maçons qu'ils songeaient en criant : « À bas les voleurs ! » Aux francs-maçons fantasmés, sans doute, systématiquement crédités par eux de toutes les turpitudes, mais aussi aux francs-maçons malheureusement bien réels dont l'enquête avait révélé l'implication dans l'affaire Stavisky.

Une confusion qui ne devait plus cesser et que les hommes de l'État de Vichy[1], six ans plus tard, n'auront pas oubliée.

---

1. Voir la question 29, « Quel fut le sort des francs-maçons français sous l'Occupation ? », p. 114.

29

Quel fut le sort des francs-maçons français sous l'Occupation ?

La défaite de juin 1940 ne fut pas seulement une défaite militaire mais aussi une défaite idéologique : à la faveur des pleins pouvoirs accordés au maréchal Pétain, outre un certain nombre de politiciens de droite et gauche recyclés dans le nouvel État français, ce furent aussi les militants les plus réactionnaires, issus de l'Action française ou des ligues fascistes d'avant-guerre, qui purent s'infiltrer dans tous les rouages de la machine gouvernementale en zone « libre », et tenir le haut du pavé sous la bienveillante protection des Allemands en zone occupée. Le Maréchal lui-même, sans être réputé extrémiste politique ni catholique intégriste, avait en tout cas toujours détesté la maçonnerie qu'il avait, à tort, rendue responsable de son avancement trop tardif selon lui, à la suite de l'Affaire des fiches[1]. Son antimaçonnisme dépassait même son antisémitisme. Il avait un jour confié à l'un de ses proches : « Un Juif n'est jamais responsable de ses origines, un franc-maçon l'est toujours de son choix. »

1. Voir la question 25, « Qu'est-ce que l'Affaire des fiches ? », p. 100.

En quelques mois, toute une organisation antimaçonnique chapeautée par l'État se mit en place, à commencer par la loi du 13 août 1940, prononçant la dissolution des principales obédiences françaises et la confiscation de leurs biens – d'autres obédiences plus modestes seront visées par d'autres textes, jusqu'en mars 1941.

Divers services, parfois concurrents, les uns purement français, d'autres contrôlés par les Allemands, s'installèrent dans les locaux maçonniques parisiens réquisitionnés. Parmi eux, le Service des sociétés secrètes dont la direction fut confiée à Bernard Faÿ. Cet universitaire, américaniste distingué, royaliste et catholique traditionaliste, était devenu dès le 7 août 1940 administrateur général de la Bibliothèque nationale. Sous son égide parut, d'octobre 1941 à juin 1944, une revue soigneusement rédigée et réalisée, *Les Documents maçonniques*. Financée par les services de Vichy mais soumise à la censure préalable des autorités allemandes à Paris, elle connut initialement un tirage aux alentours de 80 000 exemplaires pour chaque livraison mensuelle, qui décrut ensuite aux alentours de 15 000. Ce fut, pendant toute l'Occupation, l'organe central de la propagande antimaçonnique en France.

Divers autres moyens furent mis en œuvre. Notamment l'exposition maçonnique, commanditée par les Allemands et inaugurée en octobre 1940 au Petit Palais à Paris, avant d'aller à Rouen, Bordeaux et Lille. Présentant, à travers des mises en scène macabres, les documents et les objets volés dans les loges, elle avait pour ambition de dénoncer au public la mainmise supposée de la maçonnerie sur tout l'appareil d'État avant la guerre, et de stigmatiser l'esprit de lucre des maçons et les privilèges qu'ils s'étaient prétendument arrogés, ayant tous partie liée avec « la fortune anonyme et vagabonde ». Point de jonction avec la propagande antisémite, c'était le vieux thème de la « judéo-maçonnerie » qui était mis en avant. Également, le film *Forces occultes*, commandé par la Propaganda-Abteilung Frankreich, coordonnant la propagande nazie en France, et qui fut projeté pour la première fois à Paris le 9 mars 1943. Le réalisateur, du nom de Paul Riche (pseudonyme de Jean Mamy, fusillé en 1949), avait lui-même été, entre 1931 et 1939, membre puis vénérable de la loge Ernest-Renan du Grand Orient de France. Assez médiocrement filmé, ce moyen-métrage présentait la maçonnerie sous un jour grimaçant, comme une association de malfaiteurs cyniques et de profiteurs sans foi ni loi, et ne reculant pas, au besoin, devant le meurtre : le souvenir de l'affaire Stavisky[2] était toujours bien présent...

À Paris comme en province, de nombreux locaux maçonniques furent saccagés. Les pillages de documents qui eurent lieu à l'initiative des Allemands permirent surtout d'enrichir les collections de la SS, le *Reichsführer* SS, Himmler, ayant la conviction qu'un « secret » se trouvait dans ces documents qui, pour beaucoup, finirent dans un repaire SS en Silésie. Ce fut la source de ce qu'il est désormais convenu de nommer les « archives russes », emportées par les Soviétiques lors de l'invasion de l'Allemagne à la fin de la guerre et rétrocédées à la France en 2000.

Pendant toute la période de la guerre, alors que la France comptait près de 50 000 maçons à la veille du conflit, les services antimaçonniques constituèrent des fichiers contenant au total environ 170 000 noms – chiffre impressionnant qui

2. Voir la question 28, « Des francs-maçons étaient-ils impliqués dans l'affaire Stavisky ? », p. 111.

comprenait manifestement un grand nombre de morts et de personnes qui en fait n'avaient jamais été francs-maçons. On publia jusqu'à 17 000 noms de « dignitaires » au *Journal officiel*, 6 000 personnes furent inquiétées par l'administration ou la police – d'autres le furent indépendamment des listes publiées, soit à peu près 8 000 en tout – et 3 500 furent révoquées de la fonction publique. Enfin, un millier de francs-maçons subirent la déportation et 600 y moururent ou furent fusillés dans des circonstances variées. Certains noms sont restés célèbres, comme ceux de Pierre Brossolette ou Jean Zay, mais la plupart furent des inconnus, des héros de l'ombre dont les noms subsistent aujourd'hui sur des plaques commémoratives au siège de quelques obédiences françaises. Ils avaient défendu leurs valeurs au prix de leur vie.

30

Comment la franc-maçonnerie a-t-elle contribué à la Résistance ?

Pour la première fois de son histoire, à partir d'août 1940, la maçonnerie française fut interdite et durement persécutée[1]. Le premier moment de sidération passé, des contacts individuels se nouèrent de nouveau, et quelques rencontres fugitives dans des lieux publics ou privés se déroulèrent dès l'été 1940. Les francs-maçons agirent souvent à titre individuel par des actions diverses, au gré des circonstances qui se présentaient et des réseaux locaux de Résistance auxquels ils pouvaient prendre part, et l'on estime que 10 à 15 % d'entre eux contribuèrent, à un titre ou à un autre, à des faits de résistance, dans plus de 200 villes et 60 départements.

Il ne faut pas non plus méconnaître qu'après le débarquement des Alliés de novembre 1942 en Afrique du Nord, les travaux maçonniques purent y reprendre. Un conseil provisoire fut créé pour administrer quelque 70 loges désormais libres. De la même manière, les maçons français installés à

1. Voir la question 29, « Quel fut le sort des francs-maçons français sous l'Occupation ? », p. 114.

Londres, notamment dans la loge Hiram du Grand Orient de France, se tinrent régulièrement en relation avec leurs frères français. Enfin, renouant avec ce que l'on n'avait plus connu depuis les guerres de l'Empire, des loges ou des réunions informelles de maçons se tinrent dans des *Offlags* et des *Stalags* – et même dans des camps de concentration, comme à Buchenwald ou Auschwitz : dans la détresse absolue, la solidarité fraternelle des maçons trouva, plus que jamais, matière à s'exercer.

Les frères se retrouvèrent assez naturellement dans des réseaux de Résistance générale qui s'organisèrent peu à peu. Ils ont ainsi fourni 1 à 2 % des ressources humaines des principaux réseaux de Résistance non communistes, soit environ 2 000 à 3 000 combattants de l'ombre. Un de ces réseaux doit cependant recevoir une mention particulière car il fut, de bout en bout, un réseau essentiellement maçonnique. À l'automne 1940, quelques frères, autour d'Albert Kirchmeyer, initié en 1932 dans la loge du Grand Orient Les Travailleurs, de Clichy, mais aussi du colonel Gustave Eychène, un héros de la Grande Guerre, et de Victor Bassot, à l'époque directeur commercial des éditions Tallandier, créèrent une loge clandestine dénommée L'Atelier de la Bastille. Parmi les premiers membres, on notera encore Marcel Cerbu, de la Grande Loge de France où il devait jouer un grand rôle après-guerre, ou Joannis Corneloup, membre du Grand Orient et plus tard grand commandeur *ad vitam* de son Grand Collège des Rites.

De ce premier ensemble sortira une sorte de réseau unifié appelé « Liberté Égalité Fraternité » qui se réunissait au siège de la société de contentieux fiscal gérée par Kirchmeyer, 123 rue Saint-Antoine, à Paris, mais pouvait aussi s'assembler en d'autres lieux de la capitale. Né sur une base maçonnique, le groupe LEF constituait ainsi un véritable réseau de Résistance qui avait notamment pour particularité de comprendre de nombreux fonctionnaires de la Préfecture de police. C'est en janvier 1941 que fut constitué le Grand Conseil provisoire de la maçonnerie française, principalement à l'initiative de Kirchmeyer et Eychène, auxquels d'autres vinrent se joindre, comme Marc Rucart, grand maître du Droit humain, mais aussi Louis Bonard qui devait être plus tard grand maître adjoint du Grand Orient, ou encore le médecin général Ambroise Peloquin, et surtout le professeur Louis Lapicque, physiologiste de renom au Collège de France et membre de l'Académie des sciences, qui leur ouvrit son laboratoire pour s'y réunir.

Lorsque Michel Dumesnil de Gramont, grand maître de la Grande Loge de France, parvint à Alger en novembre 1943, au titre du mouvement de Libération Sud, il y trouva une administration du Gouvernement provisoire peu empressée de déclarer officiellement la cessation des lois antimaçonniques sur le territoire libéré, même si les loges avaient en fait recouvré le droit de se réunir sans entrave. Il entreprit alors d'obtenir cette déclaration de la part du général de Gaulle, avec notamment le concours de trois proches de ce dernier, Yvon Morandat, Georges Gorse et Jacques Soustelle – tous étant profanes, même si le premier devait devenir maçon après la guerre. Le chef de la France Libre déclara enfin, du haut de l'Assemblée consultative :

> Nous n'avons jamais reconnu les lois d'exception de Vichy, en conséquence la Franc-Maçonnerie n'a jamais cessé d'exister en France.

Une ordonnance publiée le 22 décembre allait annuler toutes les lois de Vichy en la matière, prescrivant en outre la restitution future de leurs biens aux associations dissoutes.

Sur le plan des principes, à tout le moins, un chapitre se refermait. Encore fallait-il attendre, pour en apprécier les effets, la libération effective du territoire national : le 22 août 1944, les FFI investirent à Paris les locaux du Grand Orient de France, rue Cadet et, dans le même temps, le siège de la Grande Loge, rue Puteaux, était également libéré.

31

Quel fut le sort de la franc-maçonnerie dans les États fascistes ?

Lorsque les mouvements fascistes européens commencèrent à se structurer, au cours des années 1920, en Italie ou en Allemagne par exemple, empruntant leurs références à l'extrême gauche comme à l'extrême droite, ils avaient quelques points communs, au-delà des particularités nationales, dont l'antimaçonnisme[1] le plus virulent. Leur arrivée au pouvoir, quelques années plus tard, ne pouvait donc que sonner le glas de la franc-maçonnerie dans les pays concernés.

En Italie, la franc-maçonnerie, globalement républicaine, de gauche et anticatholique, très liée à la légende de Garibaldi, fut interdite par une loi de janvier 1925. Nombre de ses membres furent arrêtés, emprisonnés et torturés ou envoyés en déportation aux îles Lipari. Un certain nombre d'entre eux furent massacrés par les Chemises noires à Florence et des locaux maçonniques furent saccagés, pillés, incendiés.

1. Voir la question 93, « Quels sont les fondements de l'antimaçonnisme ? », p. 342.

En Allemagne, dès l'avènement d'Hitler en 1933, les loges dites « humanitaires », c'est-à-dire se rattachant au courant libéral[2] de la franc-maçonnerie internationale, préférèrent se dissoudre plutôt que de composer avec le nouveau pouvoir dont l'hostilité à leur égard était évidente. En revanche, une branche « prussienne » de la maçonnerie allemande, remontant loin dans le XVIIIe siècle, d'inspiration chrétienne et conservatrice, tenta de collaborer en se restructurant sous la forme d'un « ordre allemand » qui avait abandonné la plupart des standards maçonniques, révisé son rituel en en retirant tout ce qui était lié à l'Ancien Testament et en excluant les Juifs. Cette malheureuse tentative, qui laissa des traces dans la franc-maçonnerie allemande après la défaite de 1945, se solda pourtant par un échec : cette maçonnerie réformée à la manière aryenne dut elle-même disparaître en 1935.

Dans deux pays neutres bien qu'idéologiquement proches des États fascistes, le Portugal et l'Espagne, des mesures comparables furent mises en œuvre. Le régime de Salazar mit fin à la franc-maçonnerie en 1935, tandis que Franco, dès septembre 1936, prononça son interdiction, pourchassant brutalement les francs-maçons dont plusieurs périrent dans des conditions souvent dramatiques.

La franc-maçonnerie put renaître en Italie et en Allemagne dès 1945. Au Portugal et en Espagne, il fallut attendre la disparition des deux régimes de dictature, respectivement en 1974 et en 1975, pour que les loges y reprennent force et vigueur.

Les bases idéologiques de cette proscription violente de la maçonnerie dans les États fascistes étaient celles de l'anti-

2. Voir la question 51, « Quelle est la différence entre la franc-maçonnerie "régulière" et la franc-maçonnerie "libérale et adogmatique" ? », p. 200.

maçonnisme en général, surtout développé et théorisé en France dès le début du XIXe siècle, et parvenu à un degré de violence considérable dans les années 1880. Si les composantes religieuses de cette hostilité avaient compté en Italie, au Portugal ou en Espagne – c'est-à-dire dans des pays profondément catholiques –, elles étaient en revanche peu déterminantes en Allemagne, où le thème de la « judéo-maçonnerie » avait surtout prévalu.

Comme pour les États communistes[3], lesquels proscrivirent pareillement les francs-maçons, l'existence d'une franc-maçonnerie libre a été de tout temps un marqueur assez sûr du respect des libertés publiques fondamentales dans un pays donné.

3. Voir la question 32, « Quels ont été les rapports de la franc-maçonnerie avec les communistes ? », p. 125.

32

Quels ont été les rapports de la franc-maçonnerie avec les communistes ?

L'une des caractéristiques paradoxales du socialisme français de la fin du XIXe siècle et du début du XXe était sa liaison forte avec une partie de la bourgeoisie – le milieu même où la franc-maçonnerie avait toujours préférentiellement recruté ses membres. Tout allait changer avec le bolchevisme venu de Russie à partir de 1917. Le premier État communiste au monde, instituant la « dictature du prolétariat », entendit très tôt régir, à travers toute l'Europe, tous les partis qui se réclamaient de la même philosophie politique que lui. À commencer par l'un des plus anciens partis socialistes : la SFIO (Section française de l'Internationale ouvrière), créée en 1905 et dont le chef effectif, avant la Première Guerre mondiale, n'était autre que Jean Jaurès, tandis que Léon Blum, vers 1919, en était devenu l'un des principaux dirigeants. Lors du fameux congrès de Tours, en 1920, la majorité de la SFIO se soumit aux « 21 conditions » dictées par le Komintern soviétique, donnant naissance au Parti communiste français – la minorité, conduite notamment par Blum, « maintenant » la SFIO qui ne disparut qu'en 1969.

Dans le cadre de la mainmise du Parti communiste soviétique sur la société en général, la question de la franc-maçonnerie ne s'était pas posée en Russie, car elle avait été interdite dès 1826 par le pouvoir tsariste. Elle ne vint en discussion que lors du IVe congrès du Komintern, en 1922, après que ses dirigeants se furent aperçus que d'assez nombreux cadres du jeune Parti communiste français, dans la tradition socialiste française, étaient francs-maçons. Dans les *Izvestia*, Trotsky publia en novembre 1922 un long texte qui condamnait en des termes très violents toute relation entre les communistes et la franc-maçonnerie. On y lisait notamment cette formule sans appel : « La franc-maçonnerie est une plaie mauvaise sur le corps du communisme français. Il faut la brûler au fer rouge. »

Le Congrès de 1922 mit en œuvre les demandes de Trotsky en adoptant la résolution de « liquider avant le 1er janvier 1923 toutes les liaisons du parti [communiste français], en la personne de certains de ses membres et de ses groupes, avec la franc-maçonnerie ». Cette position, qu'on a parfois qualifiée de « 22e condition », entraîna pour certains quelques choix déchirants. Malgré cela, l'hostilité des communistes français à l'égard des francs-maçons demeura inchangée jusqu'en 1945. À la même époque, tous les pays de l'Europe de l'Est qui virent s'étendre sur eux le glacis soviétique durent renoncer à la franc-maçonnerie qui fut partout persécutée et interdite.

En France, toutefois, une évolution se dessina après la Libération. Dans la lutte de la Résistance, des Français de droite et de gauche, des chrétiens, des francs-maçons et des communistes – ces derniers s'étant engagés résolument après la rupture du pacte germano-soviétique en 1941 – s'étaient souvent retrouvés dans les mêmes réseaux. La paix revenue, le souvenir de cette fraternité d'armes avait laissé des traces. En novembre 1945, le secrétaire général du Parti communiste français reçut une lettre du Grand Orient de France – sans doute la première du genre :

> Monsieur,
>
> Nous avons par-devers nous une lettre nous faisant connaître qu'en réponse à une question posée par un de nos amis à M. Marcel Cachin [alors directeur de *L'Humanité* et lui-même ancien franc-maçon], celui-ci a répondu par écrit « que le bureau politique du parti communiste, en sa séance du 4 octobre, a décidé d'accepter dans son organisation des francs-maçons ».

Quelques jours plus tard, le parti se mit en devoir de répondre :

> En réponse à votre lettre du 21 courant, nous vous informons que le Bureau Politique a décidé d'admettre les francs-maçons qui demanderont leur adhésion au Parti communiste français, en déclarant accepter sa doctrine et vouloir se conformer aux règles d'action, aux formes d'organisation et aux statuts du Parti ; en appliquant sa politique avec discipline, en toutes circonstances et en tous lieux.

Cependant, la présence communiste dans les loges françaises devait jusqu'à nos jours demeurer absolument marginale. Quant aux pays du bloc soviétique, ils durent attendre la chute du mur de Berlin pour que, les États retrouvant une forme de gouvernement pluraliste, la franc-maçonnerie puisse à nouveau y renaître.

De nos jours, la maçonnerie n'existe évidemment pas en Corée du Nord, pas davantage que sous les régimes post-communistes du Cambodge, du Vietnam ou du Laos. En Chine non plus, mais récemment des expatriés européens ont été autorisés à constituer exclusivement entre eux des loges placées sous la responsabilité d'obédiences françaises. Pour l'instant les loges anglophones de Hong Kong, dépendant de la Grande Loge unie d'Angleterre, se réunissent toujours. Enfin, il faut signaler l'exception de Cuba où la maçonnerie a toujours été autorisée, bien que sous la surveillance étroite du pouvoir, sans doute parce que José Marti, l'un des pères de la révolution cubaine au XIXe siècle, en avait été membre.

33

Quelle est l'image de la franc-maçonnerie en Grande-Bretagne et aux États-Unis ?

Il est souvent difficile, pour un observateur français, de comprendre la différence profonde de statut qui existe pour la franc-maçonnerie, en France d'une part, et dans les grands pays anglophones d'autre part. Cette dissemblance considérable des images publiques dans les deux contextes tient à la fois aux cultures nationales et à l'histoire de la franc-maçonnerie elle-même.

Réputée laïciste, anticléricale – sinon même antireligieuse –, nettement orientée à gauche, la franc-maçonnerie française ne répond pourtant plus globalement, de nos jours, à ce portrait déjà ancien mais encore ancré dans certains esprits. D'une diversité sans égale, les nombreuses obédiences[1] du paysage maçonnique français expriment en fait des sensibilités désormais très variées – voire contradictoires et parfois presque conflictuelles.

Il n'en demeure pas moins une image encore répandue dans l'esprit du public, traînant à sa suite toute une série de clichés

1. Voir la question 45, « Quelles sont les principales obédiences maçonniques françaises ? », p. 177.

empruntés à l'antimaçonnisme[2] virulent de la fin du XIXe siècle et de l'entre-deux-guerres : suspicion à l'égard du secret des loges et accusation de compromissions avec l'appareil politique et d'affairisme[3], en tout premier lieu. La longue association d'une partie importante de la maçonnerie avec le pouvoir, sous la IIIe République[4], a ainsi laissé dans les mémoires un héritage contrasté. Il en va tout différemment au Royaume-Uni et aux États-Unis où se trouvent encore les troupes les plus nombreuses de la maçonnerie mondiale.

En Grande-Bretagne, en premier lieu, où la franc-maçonnerie est née[5], d'où elle est partie à la conquête du monde. Religieusement conformiste, politiquement neutre et strictement légitimiste, elle a développé un modèle essentiellement moraliste et caritatif. Très tôt, elle s'est associée aux représentants les plus illustres du pays qui n'ont pas dédaigné de rejoindre ses rangs ni même d'y exercer des dignités : plusieurs fois un prince de Galles a été grand maître en Angleterre, et l'actuel titulaire de cette charge, le duc de Kent, cousin de la reine, la remplit depuis 1967.

Aux États-Unis, la maçonnerie est historiquement liée à la légende de l'Indépendance. Les pères fondateurs de la révolution américaine étaient pour beaucoup des francs-maçons notoires, accomplissant même en tant que tels certains actes

2. Voir la question 93, « Quels sont les fondements de l'antimaçonnisme ? », p. 342.

3. Voir la question 91, « La franc-maçonnerie est-elle un club d'affairistes ? », p. 335.

4. Voir la question 22, « Les francs-maçons ont-ils pris le pouvoir sous la IIIe République ? », p. 89.

5. Voir la question 7, « Quand la première Grande Loge fut-elle créée ? », p. 37. Voir aussi la question 52, « Pourquoi la Grande Loge unie d'Angleterre se qualifie-t-elle de "Loge-Mère du monde" ? », p. 204.

officiels : ainsi de George Washington, posant la première pierre du Capitole en décors maçonniques[6]. Nombre de présidents, de gouverneurs, de célébrités américaines furent ou sont encore francs-maçons : une qualité qu'on assume publiquement outre-Atlantique et qui fait honneur à ses titulaires. Là encore, l'image d'une fraternité essentiellement dédiée à des actions de bienfaisance résume toute la maçonnerie aux yeux du public américain. Aux États-Unis, il s'y ajoute une touche patriotique qui fait de la franc-maçonnerie l'un des conservatoires des « valeurs de l'Amérique ».

En Angleterre comme aux États-Unis, la franc-maçonnerie fait ainsi partie de la culture ambiante. Nombre d'hôpitaux américains, centres de soins pour les enfants ou résidences pour les personnes âgées sont entièrement financés par la franc-maçonnerie, et les établissements concernés portent fièrement sur leur façade des symboles maçonniques. En Angleterre, lors des attentats qui ont récemment endeuillé la capitale, on a pu voir sur les écrans des chaînes d'information en continu des hélicoptères-ambulances portant l'équerre et le compas : ils sont financés par la Grande Loge unie d'Angleterre qui affiche ainsi sa contribution au bien public.

On observe pourtant, depuis quelques décennies, un déclin numérique des loges anglophones de par le monde. Les effectifs ont connu une baisse dramatique au cours des cinquante dernières années, surtout aux États-Unis, et cette tendance ne paraît pas devoir être enrayée prochainement. Après avoir connu un mouvement de même nature, l'Angleterre paraît avoir en revanche stabilisé le déclin qui s'annonçait.

---

6. Voir la question 14, « La révolution américaine fut-elle l'œuvre des francs-maçons ? », p. 61.

Paradoxe d'une institution respectée depuis toujours et dont l'avenir paraît sombre en terre anglophone – aux USA surtout –, ou traînant en France une réputation encore sulfureuse qui ne l'empêche nullement d'avoir triplé ses effectifs en trente ans !

Deux modèles s'opposent ici, indiscutablement. L'avenir seul nous dira si l'un seulement doit survivre, ou si les deux ne cesseront jamais, dans une pacifique confrontation, de se renvoyer mutuellement leur image.

LA VIE INTERNE
DE LA FRANC-MAÇONNERIE

34

Pourquoi devient-on franc-maçon ?

La maçonnerie est multiple, singulièrement en France, et les motivations pour y entrer sont donc variées : elles dépendent du parcours personnel d'un candidat potentiel, du type de maçonnerie qui l'intéresse *a priori* et, dans une certaine mesure, du contexte culturel et social dans lequel il vit. De plus, il n'existe pas de définition univoque de la maçonnerie et, même à l'ère de l'Internet, elle demeure mal connue du grand public qui ne la saisit souvent qu'à travers quelques clichés plus ou moins favorables et quelques articles de presse plus ou moins bien informés.

Une motivation souvent rencontrée est ce que l'on pourrait nommer la « quête de sens ». En effet, le déclin des grands récits traditionnels sur la vie et la mort, le recul considérable de l'attachement à une identité religieuse en particulier – la France est un des pays d'Europe où le taux d'athéisme revendiqué et d'« irréligion » est le plus important – ne permettent plus à nombre d'hommes et de femmes de trouver des réponses satisfaisantes à des interrogations existentielles pourtant toujours présentes : quel est le sens de ma présence sur terre ? Quelle direction donner à ma vie ? Quelles valeurs dois-je défendre ?

La franc-maçonnerie peut alors apparaître comme un lieu intermédiaire entre le monde de tous les jours et le monde intérieur des religions d'antan, une sorte de jardin secret où, avec d'autres mais en toute liberté, sans subir de *diktat* intellectuel ou moral, on peut s'abandonner au monde des rituels et des symboles qui ont déserté le quotidien des sociétés occidentales modernes, pour laisser libre cours à une sorte de réflexion à la fois méditative et partagée, tout en professant des valeurs consensuelles, comme la tolérance et la fraternité. Du reste, ceux qui ont encore une appartenance et une pratique religieuses y ont naturellement aussi leur place car la sociabilité maçonnique et la méthode qu'elle exploite – préservant toujours la liberté de l'esprit – leur paraîtront, très souvent, sans incohérence ni contradiction avec leur foi. Tout au plus devront-ils être attentifs au genre de maçonnerie vers lequel ils se dirigent, certaines sensibilités maçonniques étant plutôt réticentes à l'égard des préoccupations spiritualistes ou religieuses, tandis que d'autres en font au contraire un prérequis à l'admission dans une loge.

La dimension fraternelle et communautaire est une autre motivation souvent exprimée. En un temps où les grandes solidarités de jadis – familiales, villageoises, corporatives – ont perdu de leur force ou même totalement disparu, le besoin de se rattacher à nouveau à ce que le sociologue Michel Maffesoli (*Le Temps des tribus*, 1988) a nommé les « nouvelles tribus » se fait souvent sentir. La franc-maçonnerie fournit un exemple typique de ces groupements qui évoquent les communautés évanouies, sans toutefois en reprendre les inconvénients : l'appartenance y est libre, la contrainte du groupe sur l'individu n'y existe pas, mais le sentiment d'appartenance à une famille librement choisie s'y manifeste nettement, comme le plaisir d'être « avec des frères ou des sœurs », la satisfaction réconfortante d'être de quelque part, d'enrichir son identité, d'être « des nôtres ».

Souvent déçus par les partis politiques classiques, méfiants à l'égard des personnalités qui les animent, certains candidats voient dans la franc-maçonnerie une troisième voie possible entre l'abstention citoyenne et le militantisme classique : un travail pour les autres qui commence par un travail sur soi-même, espérant ainsi, par une sorte d'action de proximité, en donnant autour d'eux un autre exemple de discours et de comportement, faire changer les mentalités et les pratiques sociales.

À l'autre extrémité du spectre maçonnique, certains cherchent encore dans une loge un accès aux mystères de l'ésotérisme[1], voire à une sorte de gnose qui serait renfermée dans les rituels parfois déconcertants et les multiples symboles qui peuplent l'univers maçonnique. On comprend que de telles motivations trouveront difficilement leur aboutissement dans une maçonnerie plaçant la préoccupation sociétale au premier plan de ses travaux. Du fait de la grande diversité maçonnique française, on pourrait parler dans notre pays « des francs-maçonneries » plutôt que de « la franc-maçonnerie » ; il est donc essentiel qu'au cours du processus d'enquête on s'assure, de part et d'autre, qu'il n'existe aucun malentendu à ce propos.

Enfin, il ne faut pas méconnaître les motivations troubles qui peuvent parfois animer certains candidats. La plus com-

1. Voir la question 65, « Quelles sont les relations entre la franc-maçonnerie et l'ésotérisme ? », p. 247.

mune résulte d'une vision erronée de l'institution maçonnique où l'on rechercherait avant tout un réseau susceptible de procurer à ses membres des avantages professionnels ou financiers, au détriment du mérite et de la justice. Là encore, il appartient sans doute à ceux qui sont chargés d'examiner les candidatures de déceler ces attentes indésirables et de les décourager sans équivoque, car elles sont incompatibles avec les principes officiellement affichés par la maçonnerie[2].

2. Voir la question 91, « La franc-maçonnerie est-elle un club d'affairistes ? », p. 335. Voir la question 89, « Quelles sont les grandes valeurs morales que soutiennent les francs-maçons ? », p. 329.

35

Comment devient-on franc-maçon ?

Les étapes qu'il faut franchir pour être admis à l'initiation dans une loge maçonnique varient quelque peu d'une obédience[1] à l'autre, mais elles s'inscrivent, en France, dans un schéma d'ensemble assez constant.

Il faut d'abord faire acte de candidature : la « demande d'initiation » doit être un geste volontaire et délibéré. Une lettre en ce sens est soit adressée directement à l'obédience que l'on a choisie, éventuellement de nos jours par l'intermédiaire de son site internet, soit remise à la personne – généralement un parent ou un proche – qui a pu servir d'intermédiaire et a parfois pris l'initiative de solliciter un candidat pour lui proposer cette démarche.

Généralement, un premier contact est pris par le vénérable maître, c'est-à-dire le président de la loge qui a reçu la demande. Un entretien initial, au domicile du candidat ou en tout autre lieu, permet une rapide approche de sa personnalité et de ses motivations. Le vénérable rend compte à la loge de cette rencontre et lui propose – ou non – de poursuivre la

1. Voir la question 44, « Qu'est-ce qu'une obédience ? », p. 174.

procédure. Le candidat est alors prié de fournir un *curriculum vitae* et de produire un extrait de casier judiciaire. Le plus souvent, trois « enquêteurs » sont désignés. Les enquêtes sont simplement des entretiens plus approfondis que chacun des enquêteurs doit avoir avec le candidat, orientant parfois plus volontiers la discussion sur des aspects personnels, moraux ou philosophiques. L'ensemble de ces entretiens peut s'étaler sur quelques semaines.

Les rapports d'enquête sont alors lus – anonymement quant à leurs auteurs – devant la loge et une discussion s'engage. Un vote intervient : soit pour le rejet pur et simple, soit pour obtenir des compléments d'information, soit pour passer à l'étape suivante : le passage sous le bandeau est généralement pratiqué en France, mais pas constamment ; il est en revanche inconnu en Grande-Bretagne ou aux États-Unis et ne s'est imposé dans la pratique maçonnique française qu'au cours du XIXe siècle. Le candidat est convoqué un soir de réunion de la loge. Il est admis dans les salles extérieures à celle de réunion elle-même, puis on lui bande les yeux. Il est alors introduit dans cet état au sein de la loge où des questions vont lui être posées. Elles ont parfois pour but de lever certaines incertitudes apparues au cours des enquêtes, ou portent sur des sujets philosophiques ou moraux de caractère général. Aucun débat n'est engagé avec lui ; on se borne à le remercier sans aucun commentaire à l'issue de chacune de ses réponses.

Le passage sous le bandeau, pour tous ceux qui ont subi cette épreuve – car c'en est souvent une – est un moment très particulier dont il existe peu d'autres exemples dans la vie en général. Il n'est pas rare que certains, par ailleurs plutôt sûrs d'eux et volontiers brillants à l'oral dans les circonstances habituelles de la vie, perdent alors une partie de leurs moyens.

À l'issue de cette séance, qui peut durer une demi-heure à une heure environ, le candidat est remercié par le vénérable maître, reconduit à l'extérieur et libéré. La loge reprend alors ses travaux et, après un ultime débat, procède au vote final : le candidat sera-t-il admis à l'initiation ? Sera-t-il ajourné ? Sera-t-il définitivement rejeté ?

Le vote se fait en règle ordinaire par boules blanches et noires : chaque membre de la loge reçoit une boule blanche et une boule noire. Puis une urne de vote à deux compartiments circule : si l'on est favorable à l'admission, on place la boule de chaque couleur dans la case correspondante ; si l'on est pour le rejet, on inverse les boules. Le décompte est fait et, le plus souvent, deux ou trois boules noires parmi les blanches suffisent à rejeter le candidat – on dit qu'il est « blackboulé ». Dans ce dernier cas, un vote d'interprétation est généralement effectué : le rejet est-il définitif ou bien le candidat est-il simplement ajourné avant un nouvel examen de son dossier ? Le résultat de ce vote lui sera communiqué dans les jours suivants.

L'ensemble de la procédure prend en général quelques mois. Pendant ce temps, d'autres vérifications sont effectuées. En particulier, si le candidat a déjà été refusé dans une autre loge, même dans une autre obédience, des informations sont demandées. Elles peuvent être de nature à faire obstacle à la poursuite de la procédure. Il en est de même pour ceux ou celles qui ont déjà été radiés de la franc-maçonnerie pour des motifs sérieux et légitimes. En revanche, si tout le processus s'est déroulé en sa faveur, le candidat sera enfin convoqué pour prendre part à la cérémonie de son initiation[2].

---

2. Voir la question 36, « Qu'est-ce que l'initiation maçonnique ? », p. 142.

36

Qu'est-ce que l'initiation maçonnique ?

La franc-maçonnerie, lorsqu'elle veut donner d'elle-même une définition simple, se présente avant tout comme un « ordre initiatique ». Elle désigne donc l'initiation comme son objet essentiel – sans pour autant effacer ses autres dimensions : communauté fraternelle, société philosophique, cercle de solidarité.

Les rites initiatiques, comme l'avait bien mis en évidence Arnold von Gennep dans son fameux livre sur *Les Rites de passage* (1909), comprennent toujours une première phase de séparation et de rupture par rapport au monde « ordinaire » de l'existence précédente, avec des séquences évoquant sinon la mort du moins la *regressio ad uterum*, c'est-à-dire la vie avant la vie, conduisant logiquement à une re-naissance. Puis viennent des rites « de marge » où des sévices, réels ou figurés, des mutilations physiques ou symboliques signifient la transmutation qui s'opère chez le néophyte. Des rites d'agrégation enfin, c'est-à-dire de retour à un nouveau monde sous un nouveau statut, marqué par un nouveau vêtement, un nouveau nom, etc. Par ailleurs, presque toujours, ou au moins dans l'une des étapes à franchir si l'initiation – comme celles de confrérie – comprend plusieurs volets, l'initié a dû « vaincre le monstre », subir des épreuves et mener des combats qui l'ont conduit à proximité des Anciens, au contact d'objets ou de symboles se référant à un récit des origines, à la naissance du monde et/ou de la race humaine : ainsi, le rite rejoint le mythe qu'il illustre et réactualise – puisque tout mythe est, par nature, un récit intemporel de fondation situé non pas spécifiquement dans une époque lointaine mais, plus précisément, dans une autre dimension du temps, ce que l'on nomme, chez les anciens Australiens par exemple, le « temps du rêve ».

L'initiation apparaît ainsi comme une des institutions les plus constantes des communautés humaines quand il s'agit, pour les êtres qui les composent – hommes ou femmes –, de mieux comprendre le sens de leur existence dans la collectivité, de leur place dans le monde, de leur destin personnel. Véritable invariant anthropologique, elle s'inscrit, plus largement, dans le débat de la raison qui s'interroge sur l'ordre des choses et de l'inquiétude – ou de la préoccupation – religieuse qui questionne l'opposition, ou la dialectique, du sacré et du profane.

Mais en quoi la maçonnerie, telle qu'elle existe de par le monde, se rattache-t-elle à ces pratiques traditionnelles ? Le mot « initiation », la concernant, a-t-il bien le même sens que celui qu'a défini l'anthropologie culturelle ? Quel regard les maçons portent-ils sur cette initiation, qu'en attendent-ils ?

Il est clair qu'en examinant les rituels maçonniques tels qu'ils existent depuis le début du XVIIIe siècle, on y retrouve sans peine les trois phases de l'initiation repérées précédemment. Il ne pouvait en l'occurrence s'agir d'un emprunt délibéré à des sciences, l'anthropologie culturelle ou l'ethnographie, qui n'étaient alors pas constituées. Pour autant, les premiers francs-maçons n'utilisaient pas le mot « initiation », lequel ne fera son apparition dans les textes maçonniques qu'en 1730 : il avait alors, du reste, la simple valeur sémantique de « commencement », « entrée dans une voie » – on parlait couramment du baptême comme du « sacrement de l'initiation chrétienne ». Ce n'est pas avant la deuxième moitié du XVIIIe siècle que des références croissantes – mais plus ou moins pertinentes – seront faites aux « initiations antiques », aux mystères d'Isis et d'Éleusis, la documentation fournie à ce propos par les auteurs classiques étant alors parfaitement disponible. Ce renvoi aux rituels païens prendra d'autant plus d'importance, au fil du temps, en France du moins, que le recul des identités religieuses et la prise de distance à l'égard du christianisme y seront plus sensibles.

À la fin du XIXe siècle et dans la première moitié du XXe, des auteurs vont codifier, pour les francs-maçons français en tout cas, une certaine vision de l'initiation : Oswald Wirth (1860-1943), dont les volumes publiés sous le titre général *La Franc-maçonnerie rendue intelligible à ses adeptes*, constamment réédités, allaient rencontrer jusqu'à nos jours un immense succès ; puis René Guénon (1886-1951), penseur d'une ampleur considérable et traduit dans le monde entier, auteur d'une théorie très personnelle de l'initiation et de la « Tradition primordiale », dont les livres comme *Aperçus sur l'initiation* et surtout ses copieuses *Études sur la franc-maçonnerie et le compagnonnage* ont accompagné et parfois suscité le parcours de nombreux maçons français.

Au carrefour de toutes ces influences, il serait malaisé de formuler une conception de l'initiation susceptible de rassembler tous les francs-maçons : c'est assurément une aventure intime de l'esprit et du cœur qui, très souvent, et même lorsqu'ils s'en détournent finalement, ce qui est toujours possible, aura marqué d'une pierre blanche un moment de leur vie. La franc-maçonnerie a une formule : « Maçon un jour, maçon toujours. » En dépit des déceptions de certains et des reniements de quelques autres, l'expérience montre qu'elle est souvent vraie.

37

Qu’est-ce que la « maçonnerie bleue » ?

Ce qu’on nomme « maçonnerie bleue » – ou « maçonnerie symbolique » – correspond à la partie de la franc-maçonnerie la plus connue du grand public (en fait, la seule connue de lui), à travers ce qu’il peut apprendre des loges maçonniques et des obédiences qui les regroupent, dans les médias notamment. Ces expressions sont du reste problématiques et peu informatives pour ceux qui n’appartiennent pas au sérail maçonnique qui se demandent ce que vient faire ici la couleur bleue, et croyaient aussi avoir compris que toute la maçonnerie (qu’elle soit « bleue » ou non) repose sur des symboles…

En fait, par « maçonnerie bleue », on désigne les loges[1] des trois premiers grades hérités de la tradition opérative[2], transmis de nos jours encore dans les loges « ordinaires » dont la fédération forme des entités nationales comme la Grande Loge de France, le Grand Orient de France, la Fédération française du Droit humain, etc.

---

1. Voir la question 43, « Qu’est-ce qu’une loge maçonnique ? », p. 170.
2. Voir la question 3, « Quelle différence y a-t-il entre la franc-maçonnerie “opérative” et la franc-maçonnerie “spéculative” ? », p. 20.

Un maçon commence toujours sa carrière par la maçonnerie bleue qui est, en quelque sorte, la plate-forme de base de tout l'édifice maçonnique. C'est auprès d'une loge bleue qu'il candidate et en son sein qu'il sera initié en tant qu'apprenti, si le processus de recrutement lui est favorable ; c'est là qu'il montera, en temps voulu, les deux échelons suivants de compagnon puis de maître, à travers des cérémonies spécifiques, avant de pouvoir exercer comme l'un des officiers de sa loge et, un jour peut-être, si le cœur lui en dit et que les membres de sa loge l'en jugent digne, d'en devenir le vénérable maître, c'est-à-dire le président. Toute sa vie, si la passion de la franc-maçonnerie ne le quitte pas, il sera membre de cette loge qui sera sa « Loge-Mère », à moins qu'une mutation ou toute autre raison ne le conduise à changer de loge bleue – mais il devra obligatoirement appartenir à une telle loge.

Il pourra aussi être conduit à représenter sa loge symbolique au convent de l'obédience, c'est-à-dire à son assemblée générale annuelle, qui décide de la gestion d'ensemble des loges. Ce *cursus honorum* peut même le mener à prendre des responsabilités obédientielles de grand officier, voire de grand maître : il n'en demeurera pas moins, dans sa loge bleue, un maçon comme les autres. C'est, maçonniquement, son port d'attache.

La maçonnerie bleue se distingue de – et pour certains « s'oppose » à – celle des hauts grades[3] qui recrute nécessairement ses membres dans les loges symboliques, sans que ces derniers, bien sûr, cessent d'y appartenir. Si ces hauts grades se sont souvent éloignés, par les thématiques qui les

3. Voir la question 38, « Que signifient les "hauts grades maçonniques" ? », p. 149.

structurent, de la tradition du métier de maçon pour explorer des univers chevaleresques, alchimiques ou kabbalistiques, la maçonnerie bleue est, quant à elle, à travers ses trois grades, un décalque pur de la hiérarchie élémentaire des maçons des chantiers médiévaux : une hiérarchie dont il subsiste encore des bribes dans l'organisation actuelle de certains métiers. Mais, en adoptant cette tripartition opérative, la maçonnerie spéculative en a significativement modifié le sens.

La qualification « bleue » est liée au fait que, très tôt, les tabliers maçonniques, ceux des maîtres en tout cas, furent bordés d'un galon de cette couleur. Par métonymie, les loges où l'on portait des tabliers bleus devinrent les loges bleues. Par contraste, les tabliers et les décors[4] des hauts grades exploitèrent toutes les ressources du nuancier des autres couleurs ! Mais comme rien n'est simple, en France en particulier, dans un des Rites[5] de la maçonnerie symbolique, le Rite écossais ancien et accepté, la bordure des tabliers du grade de maître est rouge : les loges des trois premiers grades de ce Rite n'en sont pas moins restées des « loges bleues ».

4. Voir la question 40, « À quoi servent les “décors maçonniques” ? », p. 157.

5. Voir la question 50, « Qu'est-ce qu'un Rite en franc-maçonnerie ? », p. 196.

38

Que signifient les « hauts grades maçonniques » ?

Les hauts grades sont un phénomène qui apparut très tôt dans l'évolution de la franc-maçonnerie moderne, en Angleterre au début des années 1730, pour se poursuivre en France dès le début des années 1740 et y connaître un développement considérable. Nul ne sait au juste qui eut l'idée de surmonter l'édifice des trois premiers grades, constituant ce que l'on devait appeler la « maçonnerie bleue[1] », de grades supplémentaires. Toujours est-il que cette initiative fut largement suivie par le corps maçonnique dans son ensemble. En une vingtaine d'années, d'autres grades firent leur apparition : au nombre d'une trentaine au début des années 1760, on en comptera bien plus de cent, trente ans plus tard.

Certains de ces hauts grades prolongeaient ou poursuivaient le thème central du troisième grade, du grade de maître, à savoir la légende d'Hiram[2] – celle du maître d'œuvre du Temple de Salomon à Jérusalem, lâchement assassiné par trois mauvais

---

1. Voir la question 37, « Qu'est-ce que la "maçonnerie bleue" ? », p. 146.

2. Voir la question 63, « Qui était maître Hiram ? », p. 241.

compagnons qui voulaient lui arracher les secrets de la maîtrise. Brodant sur ce thème légendaire, l'enrichissant de nombreux thèmes secondaires, introduisant de nouveaux personnages, ces grades développèrent des rituels centrés sur ces récits nouveaux et parfois échevelés ou fantastiques. Ainsi naquirent les grades d'élu, de maître parfait, de maître écossais, etc.

Un nouveau tournant fut pris dès le milieu des années 1740 avec la diffusion du premier grade de la chevalerie maçonnique, le chevalier d'Orient. Pour les maçons qui, à cette époque, se recrutaient de plus en plus parmi la bonne bourgeoisie, dans des loges où ils côtoyaient des aristocrates, ce grade – comme d'autres grades chevaleresques qui suivirent – pouvait donner l'illusion d'une sorte de noblesse symbolique. Noblesse illusoire au demeurant, qui excitera même l'ironie d'un franc-maçon illustre et lui-même authentique aristocrate, Joseph de Maistre, constatant non sans une certaine cruauté : « Qu'est-ce qu'un chevalier, créé à la bougie dans le fond d'un appartement, et dont la dignité s'évapore dès qu'on ouvre la porte ? » Mais les sarcasmes de Maistre n'y firent rien : le mouvement des hauts grades se poursuivit sans trêve, abordant des thématiques alchimiques[3] – l'or recherché étant davantage moral et spirituel que purement métallique – ou kabbalistiques[4], et introduisant ainsi dans les loges, qui ignoraient initialement cette préoccupation, des questions d'ordre ésotérique[5]. D'autres encore travaillèrent

3. Voir la question 10, « Les francs-maçons ont-ils pratiqué l'alchimie ? », p. 46.

4. Voir la question 9, « Quel rapport entre la kabbale et la franc-maçonnerie ? », p. 43.

5. Voir la question 65, « Quelles sont les relations entre la franc-maçonnerie et l'ésotérisme ? », p. 247.

une veine empruntée à la mystique chrétienne, avec notamment le grade de Rose-Croix, longtemps considéré en France, et au début du XIXe siècle encore, comme le *nec plus ultra* du parcours maçonnique.

Les hauts grades, s'ils ont pu flatter la vanité de certains, furent aussi des instruments de pouvoir car les titulaires de ces grades nouveaux se qualifiaient de « supérieurs » et entendaient donc dicter leur loi au « peuple maçon », celui des loges bleues, celui des trois premiers grades. Pour autant, on ne peut réduire à ces considérations très humaines un phénomène aussi important et aussi durable. L'examen attentif des multiples rituels qui peuplent les fonds d'archives maçonniques montre, très souvent, une indéniable habileté à inscrire dans un processus « initiatique » quelques grandes questions philosophiques ou spirituelles qui ne sont donc pas abordées de façon académique ou livresque, mais d'une manière qu'on pourrait dire existentielle. On peut évidemment adhérer ou non à cette approche, mais elle ne fait qu'exploiter toute la méthode maçonnique dans son ensemble.

Aujourd'hui, les hauts grades font généralement partie de la vie d'un grand nombre de francs-maçons qui, un jour ou l'autre, après quelques années d'appartenance, sont appelés à y accéder – en général on ne fait pas acte de candidature à ces grades, on y est coopté. Ils y trouvent un prolongement ou un approfondissement du travail intellectuel et moral qu'ils ont amorcé et poursuivront de toute façon au sein de leur loge bleue, sans y voir de concurrence ni de contradiction. D'autres maçons, à l'inverse, refusent de les aborder, soit parce qu'ils leur reprochent de s'éloigner du symbolisme opératif de métier des trois premiers grades en introduisant des préoccupations étrangères et parasites, soit parce qu'ils y voient une prétention de supériorité peu compatible, à leurs yeux, avec la modestie souhaitable d'une démarche initiatique sincère et profonde.

Les maçons anglais, habiles à trouver des compromis intellectuels satisfaisants pour tous, pratiquent aussi les hauts grades. Mais ils ont pris l'habitude de leur donner un autre nom : les *side degrees*, c'est-à-dire les « grades d'à côté », les « grades latéraux ». Ni supérieurs ni complètement à la même place que les grades bleus : simplement différents et situés ailleurs…

39

Pourquoi des rituels ?

L'oubli des rituels, dans le monde occidental en particulier, est sans doute l'un des traits les plus marquants de la mentalité moderne. Pourtant, si l'on replace les rituels dans l'histoire des mœurs et des pratiques sociales, leur singularité apparente est moins évidente qu'on le croit de nos jours.

La rupture culturelle a sans doute commencé vers la fin du XVIIIe siècle, avec le mouvement des Lumières et surtout la déchristianisation progressive de la société française. Toutefois, cela n'empêchera pas la Révolution de célébrer l'Être suprême, et sous le Consulat on verra fleurir le culte « philosophique » des théophilanthropes. La laïcisation définitive de l'État, à la fin du XIXe siècle, devait accompagner en revanche une sécularisation progressive et irréversible de toute la société, et le recul parallèle des grands rituels publics ou privés. Pourtant, inscrit dans le fond de la nature humaine, véritable invariant anthropologique, le rituel a resurgi à de nombreuses reprises et sous diverses formes pour constituer ce que l'on nomme parfois la « religion civile de la République ».

Les sources du rituel maçonnique empruntent donc avant tout à un fonds culturel très ancien en Europe et renvoient à une époque où toutes les conduites sociales et tous les grands moments de la vie civile étaient plus ou moins ritualisés. Les métiers n'y échappaient pas : en France, il n'en subsiste guère, de nos jours, que la prestation solennelle de serment propre à certaines professions, comme les médecins ou les avocats. En revanche, dans les pays anglo-saxons, et singulièrement en Grande-Bretagne, ces rituels publics sont souvent demeurés bien vivants, qu'il s'agisse du sacre d'un souverain ou de l'installation d'un nouveau Lord-Maire de Londres. On conçoit ainsi que dans ces pays, le rituel maçonnique semble moins déconcertant, y compris aux yeux de ceux qui n'y adhèrent pas, qu'il ne l'est en France. Il faut ajouter que les processions publiques de francs-maçons, défilant dans les rues avec leurs tabliers et leurs écharpes, bannières au vent, sont un spectacle familier en Angleterre, en Écosse ou aux États-Unis, et suscitent de la part du public qui y assiste, sinon l'adhésion, du moins une sorte de bienveillance amusée mais toujours respectueuse : le rituel, y compris quand il est maçonnique, s'y inscrit dans une culture largement partagée.

Les rituels maçonniques ont évolué au cours du temps – rien n'a été moins figé en trois siècles d'histoire. Les plus anciens textes dont on dispose pour en juger sont écossais et remontent à la fin du XVIIe siècle. Ils décrivent, pour les deux premiers grades, des cérémonies encore simples mais très signifiantes : on « donne la lumière » à l'apprenti, on communique au compagnon du métier une étreinte spécifique, et tous reçoivent des « secrets[1] » qui consistent en des « signes, attouchements et mots ». D'abord très proches d'un

1. Voir la question 64, « Quels “secrets” les maçons s'engagent-ils à protéger par serment ? », p. 243.

symbolisme opératif[2] proprement dit, les rituels maçonniques se sont peu à peu ouverts, avec plus ou moins de bonheur, à des influences alchimiques, kabbalistiques ou chevaleresques. Leur déroulement a pu parfois aboutir à de véritables jeux de scène initiatiques. C'est sous cet aspect qu'ils ont pu volontiers donner lieu à des commentaires ironiques ou dévalorisants.

Au quotidien, les rituels sont le ciment de la sociabilité maçonnique, la clé d'un sentiment d'appartenance à une communauté fraternelle, intellectuelle, morale et spirituelle. Il ne peut y avoir de franc-maçonnerie sans rituel. C'est bien davantage qu'un protocole : c'est ici une remise en ordre momentanée du monde, la création virtuelle d'un temps et d'un espace différents où les relations entre les présents se colorent de significations et d'intentions nouvelles, pour les extraire provisoirement de la réalité de chaque jour – « du monde profane », disent les maçons – et tendre les esprits et les cœurs vers des préoccupations d'un autre ordre, vers des questions moins urgentes mais plus essentielles. Pour nombre de ceux qui s'y adonnent, ces rituels fournissent ainsi une porte d'entrée vers un « jardin secret » – du reste, il a aussi existé une « franc-jardinerie[3] » – en marge de la vie ordinaire.

Dans la société de la transparence, de l'éphémère et du jeu qu'a produite la mentalité occidentale moderne, le rituel d'un groupe, non pas secret mais discret, non pas fermé mais entrouvert, rétablit pour le citoyen d'un monde en perpétuelle mouvance un espace de stabilité, de quiétude et de pérennité qui lui offre la possibilité de ne pas se perdre – ou de se retrouver. Toutefois, il ne s'agit là, cela va sans dire, que d'un idéal.

---

2. Voir la question 3, « Quelle différence y a-t-il entre la franc-maçonnerie "opérative" et la franc-maçonnerie "spéculative" ? », p. 20.
3. Voir la question 80, « Y a-t-il des "francs-jardiniers" ? », p. 301.

La réalité humaine et quotidienne de la franc-maçonnerie est plus contrastée. Selon les cultures locales et, en France, la sensibilité particulière de la frange maçonnique à laquelle on appartient, la place du rituel peut varier sensiblement, de même que peuvent s'envisager de manière différenciée le rôle et la signification qu'on lui attribue.

Il reste que, quelle que soit son orientation, chaque obédience[4] maçonnique édite à l'intention de ses loges des cahiers qu'on nomme des « rituels » et que, même réduite à sa plus simple expression, la ritualisation des travaux maçonniques est ce qui, en définitive, caractérise le mieux et rassemble, en dépit de sa diversité, toute la franc-maçonnerie.

4. Voir la question 44, « Qu'est-ce qu'une obédience ? », p. 174.

40

À quoi servent les « décors maçonniques » ?

Le terme « décors », dans le contexte maçonnique, désigne seulement les éléments vestimentaires et insignes divers dont chaque maçon se « décore », le temps d'une tenue, pour signifier son grade, sa qualité éventuelle d'officier de la loge, et les possibles dignités dont il est pourvu dans l'ordre maçonnique en général – en particulier dans son Rite ou dans son obédience. Les décors maçonniques se décomposent en : pièces de vêtement (tablier, collier ou sautoir, et cordon ou écharpe) ; bijoux (insignes métalliques suspendus le plus souvent à des colliers, mais parfois aussi à des écharpes) ; médailles, épinglées sur la veste, à gauche, comme le sont les distinctions honorifiques civiles et militaires. Dans les hauts grades de certains Rites, on porte aussi des manteaux (on entend par là une grande cape agrafée au cou) ou des robes (pourvues de manches et ouvertes sur le devant). Le tablier est l'insigne fondamental des maçons ; c'est le plus ancien de tous les décors. Au début du XVIIIe siècle encore, en Angleterre, il se rapprochait beaucoup des tabliers portés par les opératifs : toujours taillé dans une peau d'agneau, il était long, descendant au-dessous des genoux, attaché à la ceinture par une simple cordelette, sans aucune inscription.

À mesure que la maçonnerie se répandit en Europe, et surtout que les hauts grades firent leur apparition et se multiplièrent, la variété et la diversité des tabliers s'accrurent dans des proportions considérables. Tout un art de la passementerie et de la broderie fut mis à contribution pour réaliser des pièces parfois très élaborées, richement décorées, lesquelles sont de nos jours encore des objets de collection avidement recherchées par des collectionneurs passionnés.

Habituellement, en France, l'apprenti reçoit un simple petit tablier de peau blanche à l'issue de la cérémonie d'initiation. Il est fréquent que les maçons conservent précieusement – on n'ose dire pieusement – ce tablier tout au long de leur vie, comme le symbole absolu du moment où ils sont « entrés en maçonnerie » comme on le dit communément dans les loges. Les compagnons (deuxième grade) possèdent le plus souvent le même tablier dont la bavette – pièce triangulaire placée au sommet du tablier – est abaissée, alors qu'elle est relevée au premier grade. Dans d'autres Rites, c'est un tablier différent, avec deux rosettes – des pièces de tissu en forme de disque plein, généralement bleu clair, fixées sur le tablier. Le tablier du maître, celui qu'il portera désormais toute la vie dans sa loge bleue, est plus grand. Les rubans qui bordent le tablier varient selon le Rite que suit la loge. C'est souvent, en France, le bleu clair qu'on nommait, au XVIIIe siècle, « bleu du Saint-Esprit », par référence à la couleur du décor des chevaliers de l'ordre du Saint-Esprit, le premier des ordres de chevalerie alors décernés par le roi. Dans certains autres Rites (comme le Rite écossais ancien et accepté) c'est le rouge ; dans les Rites dits « égyptiens », c'est une double bordure, bleue et violette. L'écharpe, ou cordon, se porte de l'épaule droite à la hanche gauche. Elle est de la couleur du Rite de la loge et on y suspend souvent un « bijou de maître », en l'occurrence un compas et une équerre entrecroisés, car seul un maître peut porter ce décor. Enfin les colliers, ou sautoirs, sont des insignes réservés aux officiers mais aussi aux anciens vénérables maîtres de loge. C'est à ces sautoirs que sont suspendus les bijoux indicatifs d'une fonction au sein de la loge. Ajoutons que, la plupart du temps, les maçons enfilent des gants blancs pendant toute la durée des travaux de la loge. Enfin, certains officiers de loge sont munis, pour effectuer les déplacements en loge exigés par leurs fonctions dans le rituel, d'une canne de cérémonie, diversement ornementée.

L'existence de ces décors si élaborés suscite souvent l'étonnement ou la perplexité des nouveaux arrivants, tandis qu'elle excite volontiers la verve et la dérision des critiques extérieurs. Mais ces décors se justifient, du moins aux yeux des francs-maçons, par le simple fait que la maçonnerie n'est précisément pas une quelconque association philosophique, une banale « société de pensée », un cercle de réflexion – encore moins une amicale de quartier ou un club de loisirs. Sans les symboles, comme sans les rituels – et donc sans les décors –, il n'y aurait plus de maçonnerie à proprement parler.

Les usages actuels de la franc-maçonnerie se sont fixés au cours du XVIIIe et encore au XIXe siècle, quand les rituels sociaux et politiques occupaient une place importante dans la vie publique. L'oubli, notamment en France, de ces grandes démonstrations symboliques, des grands moments de ce qu'on a pu appeler la « religion civile », renforce la singularité apparente de la maçonnerie. Et pourtant : qui n'a jamais ressenti, dans une enceinte de justice, que les manteaux et les coiffes du président du tribunal, de ses assesseurs et du procureur, la robe de l'avocat, la disposition très réglementée des différents acteurs du procès – pour ne pas parler des coups frappés, comme dans une loge, à l'aide d'un maillet sur le bureau du président de la cour – comptaient énormément dans la solennité des débats, et faisaient sentir à tous l'importance et la gravité de ce qui se passe quand on rend la justice ? Ce rapprochement est sans doute l'un des plus simples et des plus pertinents pour tenter de faire comprendre le sens des décors dans une loge maçonnique.

Pour autant, les francs-maçons ne sont pas dupes des égarements que peut engendrer chez certains la multiplication des décors – surtout quand ils sont indicatifs d'un grade élevé ou d'une dignité particulièrement flatteuse au sein de la maçonnerie. On a même forgé un mot pour désigner cette illusion enivrante : la « cordonnite ». On n'est jamais si bien moqué que par soi-même…

41

Que représentent les *Constitutions* d'Anderson pour les francs-maçons ?

Les maçons opératifs anglais, dès le début du XVe siècle, nous ont laissé des documents dont plus de 120 versions plus ou moins différentes ont fait leur apparition jusqu'au début du XVIIIe siècle, formant dans leur ensemble ce qu'on nomme les *Anciens Devoirs* (*Old Charges*). Ces textes, que plus tard on appellera les *Constitutions gothiques*, comprenaient toujours deux grandes parties. La première était une histoire légendaire, fabuleuse et mythique, rapportant comment le métier des maçons s'était transmis d'âge en âge depuis l'origine des temps. La deuxième partie, qui donnait son nom à l'ensemble, énumérait les « devoirs » proprement dits, c'est-à-dire les obligations morales et professionnelles que les maçons étaient tenus de respecter, aussi bien à l'égard de leurs compagnons de travail et de leurs maîtres qu'envers les commanditaires des travaux. Il s'agissait en quelque sorte d'un code d'éthique professionnelle mais également de recommandations pour conduire sa vie en général.

On sait que dans le courant du XVIIe siècle, les rares loges non opératives[1] connues en Angleterre à cette époque avaient placé la lecture de ces textes au centre de la cérémonie très simple par laquelle elles agrégeaient en leur sein les « maçons acceptés ». Lorsque la première Grande Loge fut créée à Londres, entre 1717 et 1721[2], le souci de cette structure sans précédent dans l'histoire du métier – car les loges anciennes avaient toujours été indépendantes les unes des autres –, l'ambition de cette Grande Loge étant désormais d'imposer son autorité aux loges de Londres et des environs, fut de rédiger un document qui réglementerait leur fonctionnement sous la houlette du grand maître – une profonde innovation – et de ses grands officiers. Ce furent, en 1723, les *Constitutions des Francs-maçons, contenant l'histoire, les devoirs, les règlements, etc. de cette très ancienne et très respectable fraternité, pour l'usage des loges*. Cet ouvrage de 92 pages devait se substituer, dans l'esprit de ses auteurs, à toutes les versions antérieures des *Old Charges* dont il s'inspirait beaucoup, tout en les remaniant sur plusieurs points.

La première caractéristique nouvelle tenait au rôle attribué, dans la partie historique, à la « Grande Loge », réputée avoir existé depuis presque l'origine du monde ! L'ouvrage révélait alors qu'elle venait à peine de « renaître », entre 1717 et 1721. C'était évidemment un formidable tour de passe-passe historique et politique, visant à doter une institution entièrement nouvelle mais soucieuse d'hégémonie, d'une ancienneté respectable, bien sûr tout à fait illusoire. On rapporte du reste

1. Voir la question 3, « Quelle différence y a-t-il entre la franc-maçonnerie "opérative" et la franc-maçonnerie "spéculative" ? », p. 20.
2. Voir la question 7, « Quand la première Grande Loge fut-elle créée ? », p. 37.

que nombre d'« anciens maçons » avaient contesté ces prétentions. Le second point nouveau portait sur les « Devoirs ». Dans le « Titre Ier concernant Dieu et la religion », le rédacteur du texte, le pasteur James Anderson (1679-1739), un presbytérien d'origine écossaise installé à Londres et commissionné par la Grande Loge pour ce travail, s'efforçait de confirmer la paix religieuse qui s'était établie en Angleterre depuis la glorieuse révolution de 1688 et surtout depuis l'avènement de la nouvelle dynastie de Hanovre, en 1714. Dans une formulation qui, en France, a fait couler beaucoup d'encre, Anderson, après avoir rappelé qu'« un maçon, s'il comprend bien l'art, ne sera jamais athée, stupide ni libertin irréligieux », ce qui semble assez clair, poursuivait ainsi :

> Mais quoique dans les temps anciens les maçons fussent tenus, dans chaque pays, d'être de la religion, quelle qu'elle fût, de ce pays ou de cette nation, il est maintenant considéré plus expédient de seulement les astreindre à cette religion sur laquelle tous les hommes sont d'accord, laissant à chacun ses propres opinions, à savoir d'être des hommes bons et loyaux, ou hommes d'honneur et de probité, quelles que soient les dénominations [c'est-à-dire les « Églises particulières »] ou confessions qui aident à les distinguer.

Pour l'immense majorité des maçons anglo-saxons, il semble évident qu'Anderson voulait simplement dire que les loges étaient maintenant ouvertes à tous les chrétiens. Timidement, dans le courant des années 1730, quelques Juifs seront admis dans les loges anglaises, mais le caractère *non denominational* de la maçonnerie britannique ne sera consacré qu'en 1813 : il suffira désormais de croire en Dieu, quelle que soit sa religion, même non chrétienne, pour être éligible à la maçonnerie – le préalable nécessaire de cette croyance n'étant jamais remis en question[3].

En France, en revanche, un long débat oppose les auteurs maçonniques depuis plus d'un siècle, c'est-à-dire depuis que la franc-maçonnerie a opéré, dans ce pays, une mutation intellectuelle majeure dans la seconde moitié du XIXe siècle, conduisant à l'émergence de ce que l'on appelle de nos jours la « maçonnerie libérale et adogmatique[4] » – laquelle ignore l'obligation de croire en Dieu et s'est historiquement distinguée par un anticléricalisme souvent virulent. On a maintes fois tenté de démontrer que le texte d'Anderson était parfaitement compatible avec cette position. Si on le contextualise, si l'on considère que son auteur était un pasteur outrageusement anti-unitarien et anticatholique, on peut néanmoins penser qu'admettre toutes les confessions chrétiennes représentait déjà pour lui un effort considérable. Mais au-delà de sa vision personnelle, on ne peut pas non plus ignorer que tous les serments maçonniques, en Grande-Bretagne, à cette époque comme à la nôtre, n'ont jamais cessé de s'achever par la formule « *So help me God !* » – « Que Dieu me soit en aide ! ». Des mots difficilement conciliables, semble-t-il, avec une forme quelconque d'agnosticisme.

3. Voir la question 70, « Peut-on être franc-maçon et athée ? », p. 265.
4. Voir la question 51, « Quelle est la différence entre la franc-maçonnerie "régulière" et la franc-maçonnerie "libérale et adogmatique" ? », p. 200.

42

Y a-t-il des femmes dans la franc-maçonnerie ?

Lorsque la franc-maçonnerie spéculative[1] moderne s'est organisée, en Angleterre, au début du XVIIIe siècle, la condition des femmes avait paradoxalement reculé depuis le Moyen Âge. En France comme en Angleterre, les femmes étaient désormais de perpétuelles mineures, passant du joug de leur père à celui de leur mari. On n'est donc pas surpris que dans les règlements de la première Grande Loge, les *Constitutions*[2] publiées en 1723 à Londres, les femmes soient déclarées indésirables dans les loges. La formulation, propre à l'époque, est souvent tenue pour particulièrement choquante de nos jours :

> Les personnes admises comme membres d'une loge doivent être des hommes bons et loyaux, nés libres, d'âge mûr et réfléchi, ni des esclaves, ni des femmes, ni des hommes scandaleux ou immoraux, mais de bon renom.

1. Voir la question 3, « Quelle différence y a-t-il entre la franc-maçonnerie "opérative" et la franc-maçonnerie "spéculative" ? », p. 20.
2. Voir la question 41, « Que représentent les *Constitutions* d'Anderson pour les francs-maçons ? », p. 161.

Pour autant, comme toujours, cette phraséologie doit être contextualisée. Si nous surmontons notre réserve initiale, nous pouvons apercevoir que les trois catégories de personnes rejetées dans ce texte ont, curieusement, un point commun : elles ne sont pas « libres ». Or, le point culminant de l'initiation maçonnique étant le serment, l'« obligation » qui fait d'un profane un franc-maçon, on avait jugé que les femmes n'étaient pas en capacité juridique de s'y soumettre.

Pourtant, même à cette époque, une exception célèbre est documentée. Elle se produisit en Irlande vers 1710. À cette époque, une loge de caractère plutôt familial, rassemblant les hommes d'une maison aristocratique d'Irlande, les Saint-Leger, se réunissait dans le manoir du vicomte Doneraile, le chef de famille, qui la présidait en qualité de vénérable maître au milieu de ses fils, de ses neveux et de quelques amis. La chronique rapporte qu'un jour, alors que la loge s'était réunie au rez-de-chaussée de la demeure, la jeune fille de la maison, la jeune Elizabeth, âgée de dix-sept ans, s'était endormie dans la bibliothèque mitoyenne. Soudain, réveillée par les bruits qui traversaient le mur alors en réfection, où des trous avaient été provisoirement ménagés, elle jeta un coup d'œil interdit sur le spectacle qui se déroulait dans la grande salle attenante. Puis, comprenant qu'elle transgressait un tabou qui lui avait été plusieurs fois rappelé, elle fut prise de frayeur et chercha à s'enfuir. En débouchant dans le hall d'entrée, elle tomba nez à nez avec celui qui gardait la porte de la loge et qui n'était autre que le régisseur du domaine. La coupable fut aussitôt déférée à son père. Ce dernier jugea que le seul moyen de préserver les secrets que sa fille avait indûment découverts était de lui faire prêter, à son tour, le serment des maçons[3] ! Or, son état de père – et accessoirement de vénérable maître de la loge – lui permettait d'autoriser sa fille à prendre, en sa présence, la fameuse obligation. Cela montre qu'il n'y avait pas d'obstacle ontologique, aux yeux des francs-maçons de cette époque, à l'initiation d'une femme, mais seulement un empêchement juridique – et sans doute aussi une préoccupation de « convenance ». Toujours est-il que la faveur accordée à Elizabeth demeura isolée.

Lorsque la franc-maçonnerie s'installa en France, vers 1725, dans un milieu d'aristocrates puis de bons bourgeois, la mise à l'écart des femmes fut confirmée – mais la « galanterie » française y mit des formes. L'esprit français fit preuve de créativité, dans le monde maçonnique comme ailleurs. Les francs-maçons créèrent en France une « maçonnerie androgyne » – c'était l'expression utilisée. On la nomma « maçonnerie d'adoption ». L'allure générale des lieux de réunion était clairement maçonnique mais le rituel et les symboles de l'« adoption » différaient complètement de ceux des loges masculines. On n'y initiait que des femmes – en présence des hommes – tandis que les femmes n'accédaient jamais aux loges masculines. Cette « maçonnerie-*bis* », asymétrique, permettait néanmoins aux femmes et aux hommes de maçonner de concert. Tenant à la fois de l'esprit des salons littéraires, alors très en vogue, et des cercles mondains, la maçonnerie d'adoption connut pendant plusieurs décennies un réel succès. Elle fut notamment brillante par son recrutement social

3. Voir la question 64, « Quels "secrets" les maçons s'engagent-ils à protéger par serment ? », p. 243.

et connut son apogée sous l'Empire quand Joséphine devint grande maîtresse des loges d'adoption. Elle devait cependant décliner au cours du XIXe siècle, pour disparaître sous le Second Empire.

C'est dans des conditions très différentes que, vers la fin du XIXe siècle, les femmes conquirent à nouveau leur place dans la franc-maçonnerie. Notamment avec Maria Deraismes, grande bourgeoise républicaine, pionnière du droit des femmes, qui devait susciter, entre 1882 et 1893, la création de la première obédience mixte, le Droit humain[4]. De son côté, en 1901, la Grande Loge de France réveilla en son sein des loges d'adoption qui permirent la création, entre 1945 et 1952, de la Grande Loge féminine de France, première obédience purement féminine au monde, qui allait ensuite essaimer dans le monde entier. Enfin le Grand Orient de France, pourtant fortement engagé depuis le début des années 1870 dans un combat politique et social, progressiste et républicain mais aussi nettement anticlérical à l'époque, refusa longtemps d'admettre les femmes, jugées comme trop souvent soumises à l'influence du « parti prêtre » ! Après un long débat, il ne les reçut finalement comme membres de ses loges qu'en 2010.

De nos jours, sur environ 160 000 maçons en France, les femmes sont environ 30 000, dont la moitié dans des loges exclusivement féminines. En Angleterre, un pays connu généralement pour son conservatisme maçonnique, des loges mixtes et féminines ont néanmoins été créées au cours du XXe siècle, en dehors de la Grande Loge unie d'Angleterre,

---

4. Voir la question 45, « Quelles sont les principales obédiences maçonniques françaises ? », p. 177.

bien sûr. Si les frères anglais de la « Loge-Mère du monde » sont aujourd'hui un peu plus de 200 000, les sœurs maçonnes sont environ 6 000 en Angleterre : pour l'essentiel, le fait féminin en maçonnerie demeure donc bien, de nos jours, un phénomène principalement français.

43

Qu'est-ce qu'une loge maçonnique ?

L'unité fondamentale de la vie maçonnique, c'est la loge. Il n'y a pas de franc-maçon isolé, on n'entre pas dans la maçonnerie comme on adhère à une association : on n'est véritablement un franc-maçon reconnu comme tel par ses frères et sœurs que si l'on est membre actif d'une loge.

Au Moyen Âge, le temps mythique et fondateur de nombre d'usages et de traits symboliques de la franc-maçonnerie, la loge est un mot, attesté dès le XIIIe siècle, qui désigne une bâtisse provisoire le plus souvent en bois et parfois adossée à l'édifice en cours de construction. C'est un lieu de réunion et de repos où les maçons du chantier se retrouvent pour se restaurer, se mettre à l'abri tant du soleil que de la pluie, mais aussi pour préparer le travail du lendemain, échanger des informations, réparer leurs outils. C'est peut-être aussi à l'abri de son toit et des murs que se déroulent les cérémonies très simples qui consacrent alors l'entrée sur le chantier d'un nouveau et souvent jeune apprenti. Les nombreuses images qui nous sont parvenues des chantiers médiévaux montrent du reste qu'il y avait plusieurs loges sur un chantier d'une certaine importance. Elles vivaient le temps que durait ce chantier, puis elles étaient naturellement détruites lorsqu'il était achevé et que les ouvriers se dispersaient pour aller ailleurs gagner leur pain.

Le sens ancien du mot « loge » était d'ailleurs très général. À la fin du XVIIe siècle, le mot désignait toutes sortes d'abris provisoires, quelle qu'en fût la nature. Il faudra même attendre 1835 pour que l'Académie signale le sens maçonnique : « Se dit figurément d'une assemblée, d'une réunion de francs-maçons. *Aller en loge. Être en loge. Tenir une loge.* » À cette époque, la franc-maçonnerie avait pourtant une existence publique en France depuis plus d'un siècle ! Mais c'est au XVIIe que la loge prend un sens et un statut nouveaux. Dès 1598, en Écosse exclusivement, une réorganisation du métier de maçon à l'initiative de la Couronne assigne à chaque maçon une loge à laquelle il est rattaché. Ce n'est plus un local précaire mais c'est devenu une entité juridique, établie dans ses murs, propre à un territoire défini et au sein de laquelle, par des cérémonies déjà beaucoup plus élaborées et dont nous connaissons l'essentiel, les jeunes ouvriers sont reçus « apprentis-entrés », puis « compagnons du métier ». Certaines existent encore, mais elles ont perdu tout caractère professionnel. À la même époque, mais cette fois en Angleterre, on signale aussi quelques loges éparses dont la caractéristique est d'être essentiellement composées de personnes n'appartenant plus au métier de la pierre – des artisans, des boutiquiers, des bourgeois, parfois des militaires et quelques érudits –, mais se qualifiant elles-mêmes de francs-maçons. La plupart d'entre elles ne laisseront plus aucune trace à la fin du XVIIe siècle.

Le sens moderne et définitif du mot « loge » apparaît enfin dans les vingt premières années du XVIIIe siècle car des structures portant ce nom sont alors connues, singulièrement à

Londres puis rapidement dans quelques autres localités anglaises. Depuis lors, dans la franc-maçonnerie moderne, dite spéculative, les francs-maçons s'assemblent et travaillent dans la loge à laquelle ils appartiennent et où, généralement, ils ont été initiés – c'est alors leur « Loge-Mère », ce que Rudyard Kipling a célébré dans son fameux poème maçonnique, *The Mother-Lodge*. On peut aussi, pour des raisons diverses, changer de loge : on dit alors qu'on est « affilié » à une nouvelle loge.

L'effectif d'une loge est très variable, pouvant aller d'une dizaine de membres à peine à plus d'une centaine. L'assiduité, qui est théoriquement un devoir du maçon, y est cependant d'autant plus fluctuante que la loge est théoriquement plus nombreuse. En pratique, une assemblée ordinaire de maçons – on parle de « tenue maçonnique » – réunit en moyenne vingt à quarante personnes environ, dont quelques « visiteurs », c'est-à-dire des francs-maçons qui viennent assister à ses travaux mais appartiennent à une autre loge. Bien entendu, nul « profane » n'est admis quand les travaux sont ouverts.

À l'origine, les loges se réunissaient souvent dans des tavernes, mais aussi dans des demeures privées. Plus tard, elles ont migré vers des « hôtels maçonniques » (dans les pays maçonniques : *masonic halls*), c'est-à-dire des locaux dédiés à l'usage maçonnique. C'est de nos jours le cas le plus fréquent, notamment pour des raisons de confort et de discrétion[1]. Les sièges parisiens des grandes organisations maçonniques françaises sont les exemples les plus connus et les plus visibles de ces bâtiments abritant des loges – ce sont parfois des demeures

1. Voir la question 64, « Quels "secrets" les maçons s'engagent-ils à protéger par serment ? », p. 243.

historiques – mais des locaux plus modestes, généralement anonymes, existent un peu partout dans le pays.

Habituellement, une loge appartient à une obédience[2], qui est une fédération de loges, exerçant sur chacune d'entre elles une autorité administrative. Le statut juridique des loges, comme celui des obédiences, est associatif, régi par la loi de 1901. La loge porte un nom – un « titre distinctif » – dont les sources d'inspiration sont très nombreuses, et un numéro en rapport avec son ancienneté chronologique. Il existe aussi des loges indépendantes, également appelées « loges sauvages », souvent issues d'obédiences connues qu'elles ont quittées pour diverses raisons ; leurs rapports avec les loges obédientielles se heurtent parfois à quelques obstacles.

2. Voir la question 44, « Qu'est-ce qu'une obédience ? », p. 174.

44

Qu'est-ce qu'une obédience ?

L'immense majorité des loges maçonniques sont regroupées au sein de ce que l'on nomme les obédiences. Ce sont des structures qui ont évolué au cours de l'histoire. Leur nombre, leur organisation et l'étendue de leurs prérogatives sur les loges se sont accrus à mesure que la franc-maçonnerie se répandait un peu partout, pour répondre à plusieurs préoccupations qui sont d'ailleurs, pour certaines d'entre elles, toujours actuelles.

On ne peut être franc-maçon que parce qu'on a été initié dans une loge maçonnique. Une nouvelle loge ne peut être créée que par des maçons reçus, eux aussi, dans les mêmes conditions. C'est alors à l'obédience, qui conserve des archives, échange des courriers, détient des listes, de délivrer à ses membres des diplômes attestant de leurs grades maçonniques, et d'attribuer à ses loges des patentes – c'est-à-dire des documents certifiant l'authenticité d'une loge et lui donnant officiellement le droit de fonctionner et de faire de nouveaux maçons. Dans le mot « obédience » on retrouve le verbe latin *obedire*, qui signifie simplement « obéir, se soumettre ». Une obédience, hier comme aujourd'hui, demande donc à ses loges d'obéir aux règles qu'elle a fixées pour leur fonctionnement, et elle peut même sanctionner leurs manquements.

Qui dit obédience dit inévitablement administration, paperasse maçonnique, formulaires et donc aussi, du moins dans les grandes structures, personnel dédié pour gérer archives et fichiers – et le cas échéant un parc immobilier parfois important. Les obédiences, pour y faire face, réclament donc à chacune de leurs loges une participation financière annuelle, au prorata du nombre de ses membres : c'est la « capitation ». En France, cet impôt obédientiel « par tête de franc-maçon » (d'où son nom) est de l'ordre de 100 à 400 euros environ selon la taille des obédiences – et de lourdeur proportionnelle de leurs charges.

Les obédiences jouent en outre un rôle de représentation de la franc-maçonnerie auprès des pouvoirs publics. Il arrive en effet que des groupes de travail parlementaires – notamment lorsque sont envisagées des questions de bioéthique –, des ministres, voire le président de la République lui-même, reçoivent dans un palais officiel quelques grands maîtres dont ils recueillent les avis, qu'ils affectent de consulter. La franc-maçonnerie, à travers ses obédiences, est vue par les autorités politiques, du moins dans notre pays, comme une des « grandes familles spirituelles et morales de la France ». La situation est très différente dans les pays anglo-saxons, où elle est estimée mais nullement identifiée à une force de proposition politique ou sociétale : en Angleterre la reine « protège » la Grande Loge que son propre père a présidée et à laquelle elle a parfois rendu visite. Quant au grand maître actuel, en poste depuis 1967 sans interruption, il n'est autre que son cousin, le duc de Kent !

Le rôle des obédiences, qui a été considérable dans toute l'histoire de la franc-maçonnerie depuis ses origines, est parfois remis en cause, en France, pour diverses raisons. Si l'on met de côté les défaillances individuelles de certains dignitaires, voire les petits scandales qui ont pu se voir ici ou là à propos de leur gestion ou de leur gouvernance, le phénomène est assez général et semble posséder des racines assez profondes. En un temps où tous les pouvoirs sont plus ou moins tenus en suspicion et souvent mal tolérés, simplement parce que ce sont des pouvoirs, où la subsidiarité et la gestion des affaires au plus près du terrain sont réclamées de toutes parts, les obédiences n'échappent pas à ce mouvement critique. L'une des conséquences est la prolifération, surtout depuis le début des années 1990, de micro-obédiences, jugées de taille plus humaine, et de loges indépendantes – que les obédiences classiques qualifient souvent de sauvages. Mais ces structures de plus en plus nombreuses, parfois confidentielles, si elles peuvent répondre à une partie des reproches adressés aux grandes obédiences, peuvent aussi présenter d'autres défauts et générer de nouveaux travers : la dérive sectaire[1] en est une. Seul l'avenir dira si les grandes structures historiques qui ont porté la maçonnerie depuis trois siècles devront changer radicalement ou dépérir, afin de laisser place à un nouveau modèle : depuis sa naissance, la franc-maçonnerie en a vu bien d'autres…

1. Voir la question 68, « Quelles différences entre la franc-maçonnerie et une secte ? », p. 257.

45

Quelles sont les principales obédiences maçonniques françaises ?

Au XVIIIe siècle, une Grande Loge de France s'est constituée peu à peu et deux obédiences en sont issues en 1773 : le Grand Orient de France, et la Grande Loge dite « de Clermont » qui disparut en 1799. Au cours du XIXe siècle, il n'y avait encore que deux obédiences : le Grand Orient de France, et le Suprême Conseil de France qui rassemblait tous les grades du Rite écossais ancien et accepté et gouvernait aussi les loges bleues de ce Rite[1].

Un fait nouveau se produisit en 1893, avec la création d'une obédience mixte, le Droit humain, puis en 1894, avec la prise d'indépendance des loges bleues du Suprême Conseil, pour former la Grande Loge de France – sans rapport de filiation avec la structure homonyme qui avait existé au XVIIIe siècle. En 1913, on fonda la Grande Loge nationale indépendante et régulière pour la France et les colonies françaises (devenue la Grande Loge nationale française en 1948) – une obédience

1. Voir la question 50, « Qu'est-ce qu'un Rite en franc-maçonnerie ? », p. 196.

régulière, c'est-à-dire reconnue par Londres où siégeait déjà celle qui se nomme encore elle-même « la Loge-Mère du monde[2] ». En 1945, les loges d'adoption, c'est-à-dire accueillant des femmes, qui avaient été recréées en 1901 par la Grande Loge de France sur un modèle disparu au milieu du XIXe siècle, assumèrent leur indépendance pour former ce qui prit en 1952 le nom de Grande Loge féminine de France[3]. Le paysage de ce qu'il est convenu d'appeler les « obédiences historiques » en France était pratiquement achevé.

Pendant environ quarante ans, il n'y eut pour tout mouvement qu'une scission de la Grande Loge nationale française en 1958, pour former la Grande Loge traditionnelle et symbolique Opéra, une petite scission de cette dernière en 1968, donnant naissance à la Loge nationale française (dénommée Loges nationales françaises unies depuis 2018), puis l'apparition de deux obédiences mixtes : la Grande Loge mixte universelle, en 1973, venue du Droit humain, et la Grande Loge mixte de France, issue de la précédente, en 1982. Toutes ces structures étaient, lors de leur apparition, de taille très modeste, et certaines le sont restées.

En moins d'un siècle, la scissiparité compulsive de la maçonnerie française avait accompli son œuvre – un record mondial, si l'on songe que dans la plupart des autres grands et vieux pays maçonniques du monde, une ou deux obédiences seulement occupent le terrain. Une manie française ? Disons plutôt : une particularité latine. Une situation comparable, quoiqu'à un moindre degré, se retrouve en effet en Italie, en

---

2. Voir la question 52, « Pourquoi la Grande Loge unie d'Angleterre se qualifie-t-elle de "Loge-Mère du monde" ? », p. 204.
3. Voir la question 42, « Y a-t-il des femmes dans la franc-maçonnerie ? », p. 165.

Espagne ou au Portugal par exemple. Cette multiplicité étourdissante des obédiences françaises n'est pas due au hasard. La création de nouvelles obédiences peut correspondre à des conflits internes, à des contestations portant sur la gestion ou le comportement des dirigeants. C'est ainsi qu'en 2014, une nouvelle et importante obédience naquit de la Grande Loge nationale française, à la suite de la remise en cause violente d'un grand maître dont les initiatives avaient provoqué un scandale public : la Grande Loge de l'Alliance maçonnique française prit alors place dans le paysage. Mais pour l'essentiel, la diversité obédientielle française correspond à des clivages idéologiques ou, pour le dire plus simplement, à un éventail de sensibilités maçonniques nettement différenciées.

Le monde maçonnique dans son ensemble, à l'échelle planétaire, est divisé en deux grands groupes de très inégale importance : la maçonnerie dite « régulière », d'obédience anglo-saxonne, qui représente encore environ 90 % des effectifs mondiaux, et la maçonnerie libérale et adogmatique[4] dont l'essentiel des troupes se trouve en France.

En France, comme dans la plupart des pays du monde, une obédience – et une seule – représente le camp régulier : la Grande Loge nationale française. En face, le camp « libéral », qui est surtout, dans notre pays, « humaniste, laïque et républicain », est dominé historiquement et numériquement par le Grand Orient qui demeure l'obédience la plus fréquentée. Quelques autres structures, beaucoup plus petites, comme la Grande Loge mixte universelle ou la Grande Loge mixte de France, cultivent sur de nombreux points la sensibilité du

4. Voir la question 51, « Quelle est la différence entre la franc-maçonnerie "régulière" et la franc-maçonnerie "libérale et adogmatique" ? », p. 200.

Grand Orient. C'est également le cas du Droit humain, une obédience mixte de plus d'un siècle d'existence et numériquement plus importante que les deux précédentes. D'autres encore, également de taille plus modeste, partagent tout ou partie des principes de la régularité anglo-saxonne sans pour autant s'y rattacher explicitement, comme la Grande Loge traditionnelle Opéra, les Loges nationales françaises unies, la Grande Loge de l'Alliance maçonnique française. La Grande Loge de France, troisième plus ancienne obédience en France, à l'histoire contrastée, occupe une sorte de position moyenne.

Cette diversité – encore plus considérable si l'on y intègre les micro-obédiences qui ont proliféré depuis le début des années 1990 et se comptent par dizaines ! –, l'une des manifestations du génie français (?), rend souvent le paysage maçonnique peu lisible aux yeux du grand public qui a tendance à ne voir la franc-maçonnerie dans son ensemble qu'à travers les obédiences qui font le plus de bruit, du moins celles qui s'expriment le plus volontiers dans les médias. Cet émiettement peut aussi rendre plus malaisée la démarche de candidats potentiels[5] ne sachant littéralement plus, face à une offre aussi étendue, à quel saint se vouer…

---

5. Voir la question 34, « Pourquoi devient-on franc-maçon ? », p. 135.

46

Que se passe-t-il dans une « tenue » maçonnique ?

Une « tenue » est l'assemblée périodique d'une loge, à date fixe. En France, la plupart des loges se réunissent deux fois par mois (par exemple le 2e et le 4e mardi du mois, ou le 1er et le 3e mercredi, etc.). Certaines loges n'ont qu'une tenue par mois. Enfin, quelques loges particulières, comme les loges dites « de recherche », peuvent avoir une périodicité encore moindre. Dans les pays anglo-saxons, les tenues d'une loge sont souvent plus espacées, pouvant varier en moyenne de quatre à six fois par an. Ces tenues sont dites « d'obligation », ce qui veut dire que tous les membres de la loge doivent y prendre part, sauf empêchement sérieux et sous réserve de présenter des excuses préalables : l'assiduité est en effet considérée comme le premier devoir des francs-maçons – une loge n'est pas un club quelconque que l'on fréquente à son gré. La durée moyenne d'une tenue est de deux heures et demie à trois heures environ et commence souvent, en France, vers 20 heures. En Angleterre, la durée est souvent inférieure à deux heures et les loges ouvrent volontiers leurs travaux vers 18 heures.

Le premier travail des membres de la loge est de l'installer matériellement. Il s'agit de disposer les différents symboles, outils et objets qui serviront au rituel maçonnique. Dans les locaux maçonniques qui, le plus souvent, sont utilisés tous les jours par des loges différentes, chacune d'entre elles dispose d'un lieu de stockage et de rangement de son matériel. Ce travail de mise en place, qui répond à des normes précises, est souvent accompli par les plus récemment initiés, les apprentis, sous la surveillance et avec l'aide d'un maçon plus aguerri. Ces moments donnent souvent lieu à des échanges informels et détendus où les plus âgés transmettent aux plus jeunes les connaissances maçonniques les plus diverses, dans une ambiance à la fois sérieuse et souvent joyeuse : un mélange assez caractéristique du monde maçonnique en général.

Puis vient le temps des travaux maçonniques proprement dits. La tenue, qui commence alors vraiment, débute par le « rituel d'ouverture », une séquence au cours de laquelle tous les officiers de la loge ayant revêtu leurs décors, comme tous les autres membres, s'engagent dans un dialogue symbolique rappelant notamment les éléments constitutifs de la loge, sous la direction du vénérable maître. Certains officiers – le plus souvent l'expert, le maître des cérémonies, dans certains Rites les diacres, le passé maître – effectuent des déplacements codifiés, dévoilent certains symboles ou disposent quelques objets emblématiques, le tout étant rythmé par des coups frappés à l'aide d'un maillet par le vénérable et ses deux surveillants, sur le petit bureau – dénommé « plateau » – qui est placé devant eux. Un rituel symétrique (« de fermeture ») permettra de clore les travaux à la fin de la tenue.

Le travail maçonnique peut alors se dérouler, selon l'ordre du jour précisément stipulé par la convocation qui a été adressée à tous les membres quelques jours plus tôt. Il comprend deux types d'activité. En premier lieu, les cérémonies d'initiation[1] – marquant l'entrée d'un « profane » dans le monde maçonnique – ou de progression vers les grades de compagnon et de maître – ce que l'on nomme « augmentation de salaire ». Ces cérémonies, qui peuvent impliquer plusieurs candidats, se déroulent souvent une ou deux fois par an pour chacun des grades. Ce sont donc des événements peu fréquents qui suscitent l'attention et la ferveur des membres de la loge. C'est au cours des cérémonies maçonniques que se transmettent les enseignements traditionnels de la franc-maçonnerie : non seulement les « secrets » propres à chaque grade et les quelques symboles qui lui sont spécialement attachés, les légendes – le plus souvent liées à l'histoire biblique – qui l'illustrent, mais aussi les principes moraux qui sont à la base de la franc-maçonnerie et dont l'exposé et le commentaire sont égrenés tout au long des grades. La deuxième activité d'une loge consiste dans la présentation et la discussion de « planches ». C'est quantitativement l'essentiel des travaux maçonniques[2].

En dehors de ces tenues ordinaires, ou « tenues solennelles », certaines obédiences organisent des « tenues blanches » au cours desquelles, après un cérémonial simplifié, on reçoit des personnes profanes, c'est-à-dire étrangères à la franc-maçonnerie. Parfois un profane est invité à présenter une conférence, on dit alors que la tenue est « blanche fermée » car, en dehors de cet invité unique, toutes les autres personnes présentes sont des francs-maçons. Il existe une autre variété

1. Voir la question 36, « Qu'est-ce que l'initiation maçonnique ? », p. 142.

2. Voir la question 47, « Quels sont les sujets des "planches maçonniques" ? », p. 185.

de tenue blanche : la « tenue blanche ouverte ». Dans ce cas, ce sont les francs-maçons qui ouvrent leur temple aux profanes, leur proposant d'écouter un exposé sur la franc-maçonnerie suivi de questions du public, en plaçant leurs invités du jour en situation, c'est-à-dire dans une vraie loge qui, pour la circonstance, n'a dévoilé qu'une petite partie de ses symboles.

Il est enfin habituel, un soir de tenue, que les francs-maçons d'une même loge se retrouvent pour dîner, généralement après la tenue. On nomme cela les agapes (ou l'agape) : il s'agit d'un simple repas pris en commun ou d'un banquet plus élaboré, parfois plus ou moins ritualisé[3]. Faisant suite à la concentration et au protocole exigeant de la tenue rituelle, c'est l'un des moments les plus informels et les plus libres – également les plus appréciés – de la sociabilité maçonnique.

3. Voir la question 49, « Quelle place occupe le banquet dans la sociabilité maçonnique ? », p. 193.

47

Quels sont les sujets des « planches maçonniques » ?

La « planche » est, en France, un des éléments majeurs du travail maçonnique en loge. En dehors des ouvertures et fermetures rituelles[1] de la loge, et des cérémonies d'initiation[2] ou de progression à travers les grades, l'objet central d'une tenue maçonnique est la lecture et la discussion d'une planche.

Du moins en est-il ainsi en France et dans quelques pays latins ayant subi son influence : dans les pays anglo-saxons, en revanche, la fréquence annuelle des tenues est nettement moindre et l'essentiel des travaux maçonnique est consacré aux cérémonies. Tout au plus se livre-t-on parfois à quelques brèves causeries sur des sujets d'histoire maçonnique, ou à la lecture d'un commentaire traditionnel des symboles[3] de la loge. En Europe continentale, la franc-maçonnerie, au cours du XIXe siècle, à mesure que s'effectuait sa mutation philoso-

---

1. Voir la question 39, « Pourquoi des rituels ? », p. 153.
2. Voir la question 36, « Qu'est-ce que l'initiation maçonnique ? », p. 142.
3. Voir la question 56, « À quoi sert le symbolisme maçonnique ? », p. 221.

phique et « sociétale », a multiplié les sujets de discussion et de débat : ce sont les planches.

Le terme, qui existe aussi dans le monde profane, n'est pas d'origine maçonnique. La « planche » désignait, dans l'argot scolaire de la fin du XIXe siècle, le tableau noir devant lequel on venait subir un examen et sur lequel on pouvait alors écrire ou dessiner. Par extension, « plancher » veut dire « réfléchir par écrit sur un sujet ». Les instituteurs et les professeurs étaient nombreux dans les loges françaises à cette époque fondatrice de l'école « laïque, gratuite et obligatoire » que la franc-maçonnerie avait longtemps appelée de ses vœux. Ils y importèrent assez naturellement ce vocabulaire, d'autant qu'il pouvait avoir une saveur ouvrière : une planche est au charpentier ce que la pierre est au maçon…

Les sujets peuvent varier énormément. Les planches se placent généralement dans l'une des catégories suivantes :

– sujet maçonnique ou symbolique : commentaire d'un symbole de la loge, d'un passage du rituel, afin d'éclairer les membres sur le sens des allégories maçonniques ;

– sujet historique : évocation d'une période ou d'un personnage appartenant au passé réel ou légendaire de la franc-maçonnerie ; c'est parfois aussi l'occasion d'aborder et de faire connaître à des maçons français des coutumes maçonniques empruntées à d'autres pays ;

– sujet philosophique ou moral : présentation d'un thème, d'une problématique qu'on s'efforce de rapprocher de la démarche maçonnique – la justice, l'amour, la solidarité, le temps, la mort… ;

– sujet « sociétal » : examen d'une question d'actualité sociale ou économique, d'un « problème de société » – la pauvreté, l'immigration, le travail, la bioéthique, etc. La frontière avec une interrogation purement politique est alors parfois indiscernable…

En réalité, l'importance des planches dans le programme de la loge, et surtout leurs thèmes de prédilection, dépend essentiellement de la sensibilité maçonnique particulière à laquelle cette loge appartient. Dans certains cas, les planches sociétales seront purement et simplement prohibées car considérées comme étrangères à l'objet de la franc-maçonnerie ; ailleurs, elles seront au contraire presque exclusives ; ailleurs encore, on mêlera les différents thèmes pour satisfaire les attentes différenciées des uns et des autres.

La durée de présentation d'une planche varie d'une demi-heure à une heure. Puis la discussion s'engage selon un protocole bien précis : quiconque souhaite poser une question le demande en se levant ; le vénérable maître lui donne alors la parole ; la question est posée et le questionneur se rassied ; la réponse entendue, aucun débat ne s'engage entre l'orateur, que l'on n'interrompt jamais, et celui qui l'a interrogé, puis on passe à une autre question. Normalement, on ne peut pas poser de question à deux reprises : la parole, dit-on souvent dans les loges, doit « circuler ». Enfin, lorsque tout est terminé, le vénérable maître met un terme au débat et donne souvent la parole à un officier de la loge, que l'on nomme l'orateur, pour qu'il résume la discussion et formule des « conclusions » – un exercice délicat dont il s'acquitte avec plus ou moins de bonheur, il faut l'admettre.

Ces conclusions rappellent une époque où les débats en loge étaient essentiellement de nature politique, toujours en France, notamment avant la dernière guerre. On décidait alors de voter une « résolution », sur la proposition de l'orateur, afin de la transmettre aux pouvoirs publics. Les loges étaient alors souvent vues comme des « laboratoires d'idées » qui devaient inspirer les acteurs politiques – députés, sénateurs, ministres. Ce temps, que certains maçons regrettent parfois, est aujourd'hui bien révolu…

Parfois enfin, la loge se penche sur l'une des « questions à l'étude des loges » formulées chaque année par chaque obédience pour une réflexion collective de toutes ses loges. Les différentes réponses sont rassemblées au niveau régional, puis national, et font l'objet d'un rapport final lors de l'assemblée générale de l'obédience, qu'on nomme habituellement un « convent ». Il arrive que les obédiences les plus intéressées par les questions sociétales fassent parvenir cette synthèse au gouvernement. Il est alors souvent difficile de savoir ce qu'elle devient ensuite.

48

Existe-t-il des cérémonies maçonniques de baptême, de mariage et de funérailles ?

La franc-maçonnerie n'est pas une religion[1] – même quand elle fait référence à la transcendance et à Dieu, le Grand Architecte de l'univers[2]. Elle n'a donc jamais vocation à conférer des sacrements ni à bénir les grands événements de la vie, comme la naissance, la mort ou encore le mariage. C'est pourtant, d'une certaine manière, un peu ce qu'il lui est arrivé de faire, essentiellement en France.

D'abord en concevant la cérémonie d'« adoption maçonnique », une sorte de baptême laïque qui crée des *lowtons* ou « louveteaux ». On peut toutefois n'y voir qu'une sorte de parrainage moral et républicain. Mais la maçonnerie a aussi voulu rendre à ses morts des hommages solennels et donc ritualisés. Les plus anciens témoignages de « pompes funèbres maçonniques » sont connus en Angleterre dès le XIXe siècle. À de nombreuses prières de tonalité biblique, tant au sein

---

1. Voir la question 71, « La franc-maçonnerie est-elle une religion ? », p. 269.

2. Voir la question 69, « Qu'est-ce que le Grand Architecte de l'univers ? », p. 261.

d'une tenue spéciale de la loge qu'au domicile du défunt et jusqu'à sa tombe, s'associait une longue procession de maçons revêtus de leurs décors et de leurs attributs symboliques, précédant et suivant le cercueil. De telles cérémonies ne sont plus communes en Angleterre mais elles s'observent encore dans plusieurs États d'Amérique et donnent lieu à des démonstrations publiques impressionnantes. Il faut préciser que ces funérailles maçonniques s'articulent souvent sans difficulté avec un service spécifiquement religieux, célébré par l'Église ou la confession à laquelle appartenait le mort. Il n'est d'ailleurs pas rare que le chapelain de la partie religieuse de la cérémonie soit lui-même franc-maçon et assume l'entièreté des cérémonies, tant maçonniques que proprement religieuses – c'est aussi une manière de rappeler que, pour les maçons anglo-saxons, si la maçonnerie respecte les valeurs religieuses, à commencer par la référence explicite à Dieu, elle n'est en rien une religion à leurs yeux.

En France, on connaît dès 1825 un singulier ouvrage intitulé *Rituel maçonnique pour tous les Rites*, dû à un franc-maçon strasbourgeois, Chrétien-Guillaume Riebestahl, très inspiré par une sorte de religion de la nature de type post-révolutionnaire – on pense l'éphémère culte des théophilanthropes (1796-1801) conçu par Chemin-Dupontès, qui fut d'ailleurs franc-maçon. Le rituel, assez élaboré, restait de tonalité déiste, faisant encore référence au « Suprême Architecte des mondes », mais sans référence biblique. Toutefois, il ne semble pas que cette cérémonie ait été pratiquée en France au XIXe siècle, en dehors de quelques loges de Strasbourg.

La question des cérémonies paramaçonniques, dont celles des funérailles, prit un tour très nouveau à la fin du XIXe siècle, dans le cadre d'une maçonnerie française devenue presque entièrement laïque, anticléricale et agnostique – pour ne pas dire positiviste militante : à cette époque, nombre de règlements intérieurs des loges stipulaient que les membres devaient s'engager par écrit à refuser pour eux-mêmes des obsèques religieuses ! Pourtant, dans le même esprit que la « cérémonie d'adoption », transparent substitut du baptême catholique, la maçonnerie sentit la nécessité de permettre à la famille et aux amis d'un franc-maçon décédé de « faire leur deuil » grâce à une cérémonie spéciale. Il arrivait également, dans ces années de terrible conflit entre l'Église et les loges, que des conversions *in articulo mortis*, arrachées à la dernière minute, un prêtre promptement appelé venant conférer de justesse l'absolution et l'extrême-onction, ramènent *in extremis* une brebis maçonnique égarée dans le bercail de l'Église. La mise au point de ces pompes funèbres « laïques et républicaines » apparut comme une nécessité. Si les pompes funèbres maçonniques se voient encore en France de temps en temps, les cérémonies collectives et annuelles d'hommage aux francs-maçons décédés dans l'année écoulée sont en revanche plus fréquentes.

Quant au mariage, là encore, nombre de francs-maçons étaient « menacés » dans leurs convictions par une fiancée soucieuse d'une belle cérémonie comme l'Église seule pouvait alors en procurer. Le fait de contracter un mariage religieux était du reste interprété comme une faiblesse coupable envers le cléricalisme chez un candidat potentiel. C'est ainsi que naquit, dans les dernières années du XIXe siècle, la cérémonie « de reconnaissance conjugale ». Point question ici de bénédiction ni d'engagement éternel, mais une cérémonie destinée, pour l'essentiel, à convaincre l'épouse de ne pas dissuader son mari de se livrer aux travaux maçonniques – l'assurant en retour de la solidarité de tous ses frères si quelque malheur venait à frapper la famille. L'Orphelinat maçonnique, créé dès 1862, en était du reste la preuve tangible. Certainement pas une cérémonie religieuse – et encore moins un sacrement ! – et pourtant un doublon équivoque du mariage civil, ce dernier étant une cérémonie républicaine par excellence, la « reconnaissance conjugale » a traversé le temps et, bien qu'elle soit de nos jours plus rare, elle est encore régulièrement pratiquée dans différentes obédiences maçonniques.

Rien de semblable à tout cela, ni de comparable, n'est connu dans la franc-maçonnerie anglo-saxonne qui considérerait même ce genre de rituel comme parfaitement déplacé…

49

Quelle place occupe le banquet dans la sociabilité maçonnique ?

Au XVIIIe siècle, en France comme en Grande-Bretagne, toute assemblée festive, toute rencontre amicale finissait par des chansons. Pour les premières loges spéculatives[1], ce fut d'autant plus facile et naturel qu'elles se réunissaient ordinairement dans des tavernes dont l'ambiance s'y prêtait particulièrement. Toute tenue[2] maçonnique s'achevait en effet par un repas pris en commun sur le lieu même où la loge avait conduit ses travaux. De ces pratiques anciennes est provenu ce qu'il est convenu d'appeler le « banquet maçonnique » – également nommé « agape(s) ». La pratique en est variée d'un pays à l'autre, d'une obédience à l'autre, mais la règle classique est que toute tenue est suivie d'un grand repas qui réunit les membres de la loge. Pour cette raison, les locaux maçonniques, modestes ou imposants, comportent

---

1. Voir la question 3, « Quelle différence y a-t-il entre la franc-maçonnerie "opérative" et la franc-maçonnerie "spéculative" ? », p. 20.
2. Voir la question 46, « Que se passe-t-il dans une "tenue" maçonnique ? », p. 181.

toujours une salle destinée au banquet, qu'on nomme la « salle humide », à laquelle est généralement associé un bar.

Les modalités du banquet maçonnique sont variables : parfois c'est un simple repas informel mais dans d'autres cas, on met en œuvre un rituel plus ou moins complexe, dit « rituel de table », au cours duquel on porte en particulier des toasts – qu'on nomme ici des « santés » –, à la franc-maçonnerie universelle, aux grands maîtres, aux vénérables, aux initiés, mais aussi aux absents et à ceux qui sont dans la détresse. Au cours de ces travaux de table, dont les usages furent fixés dès le XVIIIe siècle dans les loges militaires, on utilise un vocabulaire codé : les verres sont des « canons », le vin rouge de la « poudre forte », l'eau de la « poudre faible », les serviettes des « drapeaux » et le pain du « mortier » ! Il n'est pas rare d'y entonner des chants maçonniques, dont le plus célèbre et le plus ancien, remontant au début des années 1730, commence ainsi :

> Frères et compagnons de la maçonnerie,
> Sans chagrin jouissons des plaisirs de la vie ;
> Munis d'un rouge bord
> Que par trois fois un signal de nos verres
> Soit une preuve que d'accord
> Nous buvons à nos frères !

Ces aimables facéties, qui font sourire les maçons eux-mêmes, ne doivent pas cacher l'essentiel. Les banquets maçonniques sont souvent de joyeuses agapes et de conviviales libations, festives mais toujours sages, qui permettent aux membres de la loge d'échanger librement et sans autre contrainte que celle de la décence et de la bonne éducation, rompant ainsi avec l'exigence du rituel qu'ils ont dû respecter tout au long de la tenue qui a précédé. Mais, au-delà de ce moment de détente et des conversations sans prétention qu'on y tient, ce festin, parfois très soigné et toujours généreux, est généralement ressenti comme un temps privilégié de la sociabilité maçonnique. Autour du banquet, la fraternité maçonnique prend une dimension plus humaine, plus vivante que dans la simple proclamation d'un grand principe maçonnique. C'est pourquoi il est inséparable de la vie maçonnique.

50

Qu'est-ce qu'un Rite en franc-maçonnerie ?

Il faut, dans le cadre maçonnique, distinguer les mots « rituel », « rite » (avec un petit r) et « Rite » (avec un grand R). Pour le dire simplement, le mot « rituel » désigne l'ensemble des procédures, des dialogues, des gestes que comporte une cérémonie maçonnique, qu'il s'agisse de l'ouverture ou de la clôture d'une loge, ou encore de l'accession à l'un des grades de la maçonnerie. Le même mot s'applique aussi familièrement aux cahiers que les principaux officiers de la loge ont sous les yeux et qui leur fournissent les indications nécessaires pour accomplir la cérémonie : « Lisez bien vos rituels ! » demande souvent le vénérable maître. Un rituel[1], ainsi défini, est en quelque sorte l'assemblage d'un certain nombre de « rites » qui sont les éléments constitutifs d'une cérémonie ; par exemple : le « rite du serment ».

Le mot « Rite » – souvent orthographié « Rit » au XVIIIe siècle et encore parfois au siècle suivant – signifie autre chose. Il désigne ordinairement une manière particulière de pratiquer

1. Voir la question 39, « Pourquoi des rituels ? », p. 153.

les rituels d'une loge des trois premiers grades[2] (ou grades bleus) et, corrélativement, la séquence des hauts grades[3] spécifiquement attachés, dans chaque Rite, à ces grades bleus. Concrètement, les rites qui sont observés dans les trois premiers grades sont très largement superposables, d'un Rite à l'autre. La morphologie rituelle de ces trois grades fondamentaux de l'édifice maçonnique est sensiblement la même partout, et ils sont d'ailleurs reconnus en équivalence d'un Rite à l'autre. C'est le premier aspect d'un Rite.

Ainsi, dans certains Rites, la position des trois officiers principaux de la loge est sujette à des variations ; dans la plupart des loges, en France, il existe au centre de la loge un tableau symbolique entouré de colonnes (ou piliers) ou de chandeliers, et leur position peut également varier d'un Rite à l'autre. Le tracé et la composition de ce tableau symbolique sont aussi propres à chaque Rite. On peut encore citer la couleur et la forme des décors[4], c'est-à-dire des tabliers, cordons et sautoirs que revêtent les maçons pendant leurs tenues. Enfin, dans le déroulé des cérémonies des trois premiers grades, si un schéma d'ensemble est commun à tous les Rites, il existe là encore des différences d'exécution parfois assez importantes d'un Rite à l'autre.

La deuxième spécificité de chaque Rite concerne les hauts grades qui suivent les trois premiers. Empruntés au vaste répertoire des hauts grades constitué au cours du XVIIIe siècle,

2. Voir la question 37, « Qu'est-ce que la "maçonnerie bleue" ? », p. 146.

3. Voir la question 38, « Que signifient les "hauts grades maçonniques" ? », p. 149.

4. Voir la question 40, « À quoi servent les "décors maçonniques" ? », p. 157.

leur nombre, leur dénomination, leur contenu rituel varient en fonction du Rite et le caractérisent fortement. Ils matérialisent les échelons du parcours initiatique complet que chaque maçon est invité à effectuer dans le rite auquel il appartient.

Les principaux rites connus en France sont :

– le Rite français (quatre classes de hauts grades dans sa forme classique) ;

– le Rite écossais ancien et accepté (30 hauts grades dont moins d'une dizaine donnent lieu à une cérémonie effective, les autres étant « communiqués », c'est-à-dire transmis sans cérémonie) ;

– le Rite écossais rectifié (un quatrième « grade symbolique » et deux classes de « l'ordre intérieur », qui est un ordre de chevalerie) ;

– les Rites égyptiens (sans rapport avec l'Égypte antique : Rite de Memphis-Misraïm, avec 30 ou 92 hauts grades dont, là encore, seule une partie donne lieu à des cérémonies réelles).

À part, le « Rite émulation », qui est la version française de la maçonnerie pratiquée en Angleterre. Il ne comporte théoriquement que les trois grades « du métier », mais les membres des loges qui suivent ce système accèdent le plus souvent à des grades dénommés *sides degrees* dans la tradition anglo-saxonne, lesquels sont assez nombreux et variés.

La progression dans les grades d'un Rite est l'affaire de plusieurs années ; certains n'atteignent jamais le haut de l'échelle. Mais, au-delà de ces considérations purement rituelles et administratives, un Rite évoque avant tout, dans l'esprit des maçons, une certaine manière de faire de la maçonnerie, un état d'esprit, une orientation, une sensibilité propre à un type de maçonnerie qui a obtenu leur préférence. On distingue, avec plus ou moins de pertinence, les Rites « symboliques », « spiritualistes », « déistes », voire « humanistes ». En fait, on y retrouve les clivages qui existent entre les différences obédiences, reflets en France d'un paysage maçonnique d'une variété parfois problématique.

51

Quelle est la différence entre la franc-maçonnerie « régulière » et la franc-maçonnerie « libérale et adogmatique » ?

C'est donc aussi à partir de la Grande-Bretagne, où elle est née entre le XVIIe et le XVIIIe siècle, que la maçonnerie s'est peu à peu répandue dans le monde, non seulement dans les diverses parties de son Empire, mais également dans les pays européens – dont la France au premier chef –, qui ne possédaient pas la même culture ni la même identité nationale. Pendant tout le XVIIIe siècle et une bonne partie du XIXe, le privilège d'ancienneté et ce primat d'honneur que revendiquait la maçonnerie anglaise – malgré ses propres divisions internes – ne furent guère contestés, y compris par des nations politiquement plus ou moins rivales de l'Angleterre. En tout cas, le type de maçonnerie qu'elle avait fixé dès 1723 dans les *Constitutions* dites d'Anderson et dans ses plus anciens rituels était partagé un peu partout : référence à Dieu, le Grand Architecte de l'univers[1], respect des pouvoirs civils, refus de se mêler des affaires politiques.

1. Voir la question 69, « Qu'est-ce que le Grand Architecte de l'univers ? », p. 261.

C'est en France, vers le milieu du XIXe siècle, qu'une évolution intellectuelle et sociale, propre à la maçonnerie française, éloigna peu à peu la maçonnerie britannique et ses nombreuses filiales de la maçonnerie qui émergea dans notre pays sous la IIIe République, en particulier après la décision prise en 1877 par le Grand Orient de France de renoncer à l'obligation de croire en Dieu – ce qui entraîna peu après l'expulsion du Grand Architecte : depuis cette époque, on reconnaît dans le monde maçonnique deux familles assez inconciliables – la maçonnerie qui se dit « régulière » et celle qui se présente comme « libérale et adogmatique ».

La maçonnerie régulière est très largement majoritaire dans le monde : on peut estimer qu'elle représente encore environ 90 % des effectifs mondiaux. Elle demeure donc la norme maçonnique de loin la plus répandue, et c'est ordinairement la Grande Loge unie d'Angleterre qui délivre le brevet à toute Grande Loge qui prétend s'en réclamer, sur la base des *Basic Principles* publiés à Londres en 1929. Dans beaucoup de pays, la maçonnerie régulière ainsi définie est quasi exclusive, notamment dans les pays anglo-saxons et leurs anciennes possessions, mais aussi dans les pays du nord de l'Europe. Dans ces contrées, la maçonnerie est restée, selon ses propres dires, sur le « tracé originel » qui a été le sien depuis l'origine. Elle porte donc une étiquette plutôt conservatrice, insistant sur la dimension essentiellement morale et spirituelle de l'initiation[2] maçonnique, accordant à la référence à Dieu et à la Bible une importance décisive dans le serment[3] maçonnique, insistant

2. Voir la question 36, « Qu'est-ce que l'initiation maçonnique ? », p. 142.

3. Voir la question 64, « Quels "secrets" les maçons s'engagent-ils à protéger par serment ? », p. 243.

sur la nécessité d'une exécution rituelle[4] exacte et rigoureuse des cérémonies maçonniques, récusant enfin toute activité dans le champ politique ou sociétal – mais donnant une place majeure aux actions de bienfaisance dans le domaine public et leur consacrant des sommes considérables.

La maçonnerie libérale et adogmatique, née en France, y demeure sans doute majoritaire – mais pas exclusive. Il en est de même dans la plupart des pays latins, c'est-à-dire des pays de culture traditionnellement catholique. Tout en conservant, bien sûr, l'essentiel des formes maçonniques, elle récuse de nombreux préceptes de la maçonnerie régulière : la « liberté absolue de conscience » n'y oblige plus ses membres à croire en Dieu, la Bible a le plus souvent disparu de ses loges, et ces dernières examinent des sujets sociétaux aux frontières – parfois franchies, il faut bien le dire – de la politique pure (bioéthique, écologie, droits sociaux, politique migratoire, sujets économiques, questions constitutionnelles, etc.), avec un discours classiquement marqué à gauche, mais pas constamment. Il est habituel, dans ce milieu maçonnique, de voir dans les loges des « laboratoires d'idées » – d'autres disent « des boîtes à outils de la République ».

La maçonnerie libérale et adogmatique est extrêmement minoritaire dans le monde mais, du fait de son caractère probablement majoritaire en France, et surtout en raison de son extériorisation coutumière – avec notamment des colloques, des conférences publiques, des communiqués de presse, des adresses aux pouvoirs publics –, elle représente, dans notre pays, la face de la maçonnerie de loin la plus connue du public, qui ne soupçonne parfois nullement qu'elle n'en est qu'une expression parmi d'autres possibles.

---

4. Vois question 39, « Pourquoi des rituels ? », p. 153.

Le paysage maçonnique français est donc d'une diversité et d'une hétérogénéité extrêmes, à peu près sans équivalent dans aucun autre pays du monde. On y trouve une obédience régulière – il n'y en a d'ordinaire qu'une par pays –, plusieurs obédiences libérales et adogmatiques revendiquées comme telles, mais aussi plusieurs autres Grandes Loges qui partagent tout ou partie des principes de la régularité mais n'ont pas sollicité – ou pas pu obtenir ! – la reconnaissance de la Grande Loge unie d'Angleterre. Les frontières de la régularité maçonnique, en France, sont donc parfois assez floues. On a ainsi le sentiment qu'il conviendrait ici de parler « des francs-maçonneries » plutôt que de « la franc-maçonnerie ».

Mais les francs-maçons s'en gardent bien car ils n'ont jamais oublié que, dans les heures sombres[5], leurs ennemis communs n'ont jamais fait de différence entre eux. Ils font donc en sorte que leurs querelles internes demeurent des affaires de famille…

5. Voir la question 29, « Quel fut le sort des francs-maçons français sous l'Occupation ? », p. 114.

52

Pourquoi la Grande Loge unie d'Angleterre se qualifie-t-elle de « Loge-Mère du monde » ?

La franc-maçonnerie spéculative moderne, organisée en Grandes Loges, gouvernant tout un système de loges subordonnées, est née et s'est structurée en quelques années en Angleterre, au début du XVIIIe siècle. Tout a commencé par la Grande Loge de Londres et de Westminster, formée à Londres entre 1717 et 1721[1]. On avait ainsi créé un modèle qui ne serait plus jamais dépassé, mais au contraire répété dans tous les pays du monde.

Ce fut d'abord en Irlande, en 1725, puis en Écosse, en 1736, que de nouvelles Grandes Loges furent constituées. En France, des francs-maçons venus d'outre-Manche installèrent la franc-maçonnerie au plus tard en 1725 à Paris[2]. On peut considérer qu'en 1735, une Grande Loge existait de fait dans notre pays. C'est du reste ce que reconnaissait James Anderson, auteur des *Constitutions du métier* publiées

1. Voir la question 7, « Quand la première Grande Loge fut-elle créée ? », p. 37.

2. Voir la question 8, « Qui introduisit la franc-maçonnerie en France ? », p. 40.

à Londres en 1723[3], dans la deuxième édition de ce même ouvrage, en 1738. Il y écrit en effet : « Les loges d'Irlande, d'Écosse, de France et d'Italie, assumant leur indépendance, ont leurs propres Grands Maîtres. »

À partir de cette époque, la Grande Loge de Londres, qui connut une rivalité, entre 1751 et 1813, avec une autre Grande Loge anglaise, ne cessa plus d'accorder des « patentes » – c'est-à-dire des autorisations faites à des loges de se livrer aux travaux maçonniques – quand on les lui demandait, non seulement dans le ressort de son Empire mais aussi dans différents pays d'Europe, à mesure que des francs-maçons s'y installaient et que des loges y prenaient naissance. Devenue à nouveau unique et toute-puissante en Angleterre en 1813, celle qui se nommait désormais la « Grande Loge unie d'Angleterre » en vint ainsi à considérer que son privilège d'ancienneté lui donnait le droit d'occuper le rang de « Loge-Mère du monde » (*Mother Lodge of the World*), estimant que toute la maçonnerie spéculative moderne procédait d'elle, directement ou indirectement.

Il faut admettre que, pendant cette période de développement de la franc-maçonnerie à travers le monde, et de nos jours encore, très nombreuses furent les loges et les Grandes Loges à demander la « reconnaissance » de Londres, comme un brevet d'authenticité maçonnique. La France, toutefois, sans nier l'antériorité chronologique de l'Angleterre, refusa toujours, au XVIIIe comme au XIXe siècle, de se placer d'aucune façon sous la domination, même symbolique, de Londres : l'antagonisme des cultures nationales s'exprimait aussi dans le

3. Voir la question 41, « Que représentent les *Constitutions* d'Anderson pour les francs-maçons ? », p. 161.

cadre maçonnique – bien qu'il n'y eût pas, à cette époque, de différence sensible entre les deux pays, quant à la conception générale de la maçonnerie.

Les choses prirent un tour différent lorsque, vers la fin du XIXe siècle, naquit en France une autre sensibilité maçonnique surtout incarnée par le Grand Orient, aboutissant à ce que l'on devait nommer plus tard la « maçonnerie libérale et adogmatique[4] ». L'Angleterre fit alors de la reconnaissance qu'elle accordait aux Grandes Loges en relation avec elle la marque de leur « régularité », c'est-à-dire de leur conformité à ce que Londres appelait le « tracé originel de la franc-maçonnerie » : en clair, la référence à Dieu, le Grand Architecte de l'univers[5], la présence de la Bible comme support sacré du serment des maçons, le refus de toute ingérence de la maçonnerie dans le domaine politique ou sociétal. Cette division subsiste de nos jours – le camp « régulier » représentant encore 90 % environ des effectifs mondiaux de la franc-maçonnerie, tandis que la France fournit le plus gros des troupes de la maçonnerie « libérale ».

En 1929, c'est en sa qualité de *Mother Lodge of the World*[6] que la Grande Loge unie d'Angleterre édicta les *Basic Principles* – « Principes fondamentaux » – auxquels ses Grandes Loges affiliées devaient désormais souscrire pour obtenir la fameuse reconnaissance anglaise et mériter, du moins à ses yeux, le droit de se dire « régulières ».

---

4. Voir la question 51, « Quelle est la différence entre la franc-maçonnerie “régulière” et la franc-maçonnerie “libérale et adogmatique” ? », p. 200.

5. Voir la question 69, « Qu'est-ce que le Grand Architecte de l'univers ? », p. 261.

6. Voir la question 52, « Pourquoi la Grande Loge unie d'Angleterre se qualifie-t-elle de “Loge-Mère du monde” ? », p. 204.

53

Combien y a-t-il de francs-maçons en France et dans le monde ?

À l'échelon mondial, tout d'abord. Il ne fait aucun doute que le nombre des francs-maçons a considérablement chuté depuis quelques décennies, dans à peu près tous les pays, et notamment dans les bastions traditionnels de la maçonnerie comme les États-Unis, les îles britanniques ou encore l'Australie et le Canada. Cette décrue a commencé à la fin des années 1960 où les effectifs globaux avaient atteint des records historiques – de l'ordre de 6 millions sans doute. De nos jours, le nombre total de francs-maçons dans le monde est sans doute inférieur à 2,5 millions, dont encore 1,2 million aux USA, également moins de 300 000 pour toutes les îles britanniques. Parmi les pays anglo-saxons encore très « maçonnisés », le Canada et l'Australie, avec à peu près 70 000 francs-maçons chacun. En Amérique du Sud, les loges du Brésil compteraient 200 000 membres. Pour toutes les autres nations traditionnellement liées à la sphère maçonnique anglo-saxonne, les chiffres varient de 2 000 à environ 20 000 par pays. Observons au passage que l'Afrique, le Moyen-Orient et l'Extrême-Orient comptent pour presque rien dans ce bilan chiffré : la franc-maçonnerie est à 90 % un phénomène européen et américain.

En Europe continentale, la situation est assez différente mais surtout contrastée. En Europe du Nord, la maçonnerie est déclinante avec sans doute environ 70 000 membres pour toute la Scandinavie. En Europe centrale et surtout du Sud, au contraire, la franc-maçonnerie demeure assez florissante : à peu près 250 000 francs-maçons, en additionnant les pays latins et germaniques.

Et en France ? Détenant le record mondial du nombre des Grandes Loges sur un même territoire, l'Hexagone maçonnique connaît surtout des sensibilités très différentes, notamment entre la maçonnerie régulière et la maçonnerie dite libérale et adogmatique[1], lesquelles, derrière une fraternité qui n'est d'ailleurs pas que de façade, ne s'en livrent pas moins à une concurrence assez vive. D'où la distorsion parfois considérable des chiffres, chaque organisation s'efforçant de laisser entendre qu'elle tient la tête du peloton, ou connaît une tendance haussière enviable, ou parvient à se maintenir quand d'autres s'affaibliraient.

On peut donc, à ces réserves près, estimer avec assez de vraisemblance que la France comptait, en 2020, environ 160 000 maçons. Au moins trois obédiences dépassent les 30 000 membres – le Grand Orient de France (GODF), pendant longtemps la puissance maçonnique absolument dominante dans notre pays, et sans doute encore la première en effectifs, mais de peu ; la Grande Loge nationale française (GLNF) et la Grande Loge de France (GLDF). Vient ensuite

1. Voir la question 51, « Quelle est la différence entre la franc-maçonnerie “régulière” et la franc-maçonnerie “libérale et adogmatique” ? », p. 200.

un groupe dont les effectifs se tiennent entre 15 000 et 20 000 membres par obédience : la Fédération française du Droit humain (DH), la plus ancienne obédience mixte du monde ; la Grande Loge de l'Alliance maçonnique française (GL-AMF), née en 2014 d'une scission de la GLNF ; la Grande Loge féminine de France (GLFF), la plus ancienne obédience féminine au monde. On trouve encore quelques Grandes Loges dont les effectifs se situent entre 1 000 et 5 000 membres : la Grande Loge mixte de France (GLMF), la Grande Loge traditionnelle et symbolique Opéra (GLTSO), et un peu plus loin la Grande Loge mixte universelle (GLMU) ou l'Ordre initiatique et traditionnel de l'Art royal (OITAR). Mais le paysage maçonnique français, d'une complexité sans égale, connaît encore bien d'autres « petites Grandes Loges » qu'il serait vain de citer et dont les effectifs réels, de l'ordre de quelques centaines ou encore moins, sont souvent très spéculatifs – la plus ancienne et la plus respectée de ces petites est la Loge nationale française, fondée en 1968, ayant adopté en 2018 le nom de « Loges nationales françaises unies » (LNFU).

Mais ces chiffres ne donnent pas un tableau complet de la réalité maçonnique, ni en France ni dans le monde. À l'échelle de la planète, les troupes de la maçonnerie anglo-saxonne n'ont pas cessé de fondre depuis environ soixante-dix ans, on l'a dit. Si l'hémorragie semble actuellement stoppée en Grande-Bretagne, la progression y est en revanche pratiquement inexistante, mais aux États-Unis l'état d'urgence a été déclaré depuis plusieurs années : on y observe une perte constante de 3 % par an, avec en outre une moyenne d'âge très élevée ! À ce rythme, on ne sait si la maçonnerie existera encore outre-Atlantique dans trois ou quatre décennies – des temples maçonniques américains sont d'ailleurs régulièrement mis en vente sur eBay. Si l'on garde présente à l'esprit l'idée que la maçonnerie des pays anglo-saxons représente le camp « régulier » de la maçonnerie, tandis que l'Europe continentale est majoritairement « libérale et adogmatique », l'excellente résistance de cette dernière, en termes d'effectifs, laisse présager, aux yeux de certains, un basculement de l'équilibre entre les deux blocs dans les décennies à venir. Quelques-uns, en France notamment, s'en félicitent, d'autres le déplorent : le temps tranchera...

Sur un plan plus spécifiquement français, la progression du nombre des francs-maçons a été constante depuis environ quarante ans : il a presque triplé pendant cette période – un phénomène unique au monde ! Mais ce n'est peut-être que la partie émergée d'un iceberg, car deux problèmes pointent à l'horizon : le premier est le *turn-over* important des membres, environ 30 % des initiés quittant la franc-maçonnerie dans les cinq ans suivant leur admission – le plus souvent par simple lassitude, ou par désir de « voir autre chose » ; le second concerne l'assiduité en loge, un marqueur indéniable d'attachement, qui n'est pas toujours supérieure à 50 %.

Qu'elle lutte pour sa survie à moyen terme, comme dans les pays anglophones, ou pour trouver son équilibre et sa stabilité, comme en France singulièrement, la franc-maçonnerie affrontera donc certainement au XXIe siècle les défis les plus importants de ses trois derniers siècles d'histoire...

54

Y a-t-il une presse maçonnique ?

L'histoire de la presse maçonnique, au sens large, est à la fois riche et complexe. Il faut, avant tout, distinguer la presse réservée aux francs-maçons et celle, plus rare, qui est accessible à tous les publics mais ne parle que de franc-maçonnerie.

Au cours du XIXe siècle, aussi bien en France qu'en Angleterre, des revues ont été destinées aux maçons. Elles furent même parfois le lieu de débats internes que le cadre des obédiences, avec leurs règlements et leurs pouvoirs institués, rendait parfois difficiles, voire impossibles. On peut notamment citer dès 1793 *The Freemasons' Magazine*, tandis que plus d'une douzaine d'autres titres verront le jour en Angleterre au XIXe, certains ayant eu une existence continue pendant plus de trente ou quarante ans. De nos jours, la revue maçonnique la plus largement diffusée en Angleterre est *Freemasonry Today*, une parution au format magazine, à la maquette très moderne, riche en illustrations, et apportant toutes sortes d'informations sur la vie quotidienne et notamment sur les actions de bienfaisance de la Grande Loge unie d'Angleterre.

S'éloignant de la presse maçonnique destinée à un large public, mais publication maçonnique périodique néanmoins, la revue *Ars Quatuor Coronatorum* (*AQC*) est un véritable monument. Son numéro annuel compile les travaux de la loge de recherches *Quatuor Coronati 2076* de Londres qui, depuis 1886, s'est imposée comme une sorte d'académie de l'érudition maçonnique internationale.

Dans le même ordre d'idées, mais en France cette fois, la revue *Le Symbolisme*, fondée en 1912 par un célèbre maçon, Oswald Wirth (1860-1943), et qui a paru jusqu'en 1971, a été pendant une soixantaine d'années le support d'articles d'histoire et de philosophie maçonnique d'un excellent niveau. On peut en rapprocher *Renaissance traditionnelle*, revue trimestrielle d'études maçonniques et symboliques de très grande qualité rédactionnelle, fondée en 1970 par le grand érudit maçonnique René Guilly (1921-1992), et reconnue en 2007 par des membres de la loge anglaise *Quatuor Coronati* comme la meilleure revue maçonnologique[1] de langue française. La revue *Critica Masonica*, qui publie régulièrement des études historiques, philosophiques ou sociologiques sur la franc-maçonnerie, dans une optique pluraliste, est également indépendante de toute obédience.

Viennent enfin les revues obédientielles, destinées prioritairement aux membres de la Grande Loge qui les édite. Sans être exhaustif, citons notamment : *Humanisme*, édité par le Grand Orient de France – mais aussi diffusé en kiosque –, cette obédience publiant aussi *La Chaîne d'union* et *Chroniques d'histoire maçonnique* ; *Points de vue initiatiques* (Grande Loge de France) ; *Villard de Honnecourt* (Grande Loge nationale

1. Voir la question 55, « Qu'est-ce que la maçonnologie ? », p. 214.

française) ; *Les Cahiers de l'Alliance* (Grande Loge de l'Alliance maçonnique française). À noter la revue indépendante *Franc-maçonnerie magazine*, diffusée en kiosque et par abonnement, manifestement inspirée du modèle anglais de *Freemasonry Today*, visant à la fois le public maçonnique et un plus public plus large, désireux de découvrir l'univers complexe et varié de la franc-maçonnerie française.

55

Qu'est-ce que la maçonnologie ?

La maçonnologie fait le pari d'une approche de la franc-maçonnerie de type *etic* et non plus seulement *emic*. Cette terminologie initialement empruntée à la linguistique distingue, pour simplifier à l'extrême, l'étude distanciée d'un savoir ou d'une activité, c'est-à-dire l'analyse objective de sa structure, la caractérisation théorique qu'on peut en faire (*etic*), de la simple pratique de ce savoir ou de cette activité (*emic*). Le maître mot est ici « distance », et plus précisément « distance critique ». On pourrait ajouter « impartialité », « neutralité académique ». L'étude de la franc-maçonnerie, particulièrement en France où le sujet est volontiers polémique – quoique moins nettement qu'autrefois –, a en effet souffert d'avoir été longtemps l'apanage soit d'adversaires résolus qui voulaient démontrer sa malfaisance, soit de maçons engagés dans la défense d'une institution à leurs yeux injustement attaquée.

Le champ clos de ces affrontements a surtout été l'histoire de la franc-maçonnerie, où s'opposaient les partisans d'une théorie du complot et ceux qui la présentaient comme le berceau des Lumières. Dans le cas particulier de la Révolution française et de la recherche de ses causes proches ou lointaines, des historiens – le plus souvent étrangers au monde universitaire –, partant de présupposés exactement opposés, étaient ainsi paradoxalement parvenus, dans la première moitié du XXe siècle, à s'accorder pour attribuer à la franc-maçonnerie un rôle important dans le déclenchement et la conduite de ce grand événement de l'histoire de France : les uns pour le flétrir, les autres pour le célébrer. Cet accord même entretenait leur polémique sans fin. L'avènement d'une historiographie dégagée de ces *a priori* idéologiques a permis de renvoyer dos à dos les deux camps en montrant que la Révolution française avait partagé la maçonnerie comme toute la société de son temps, et que la thèse d'un complot maçonnique révolutionnaire ne tenait pas un instant[1].

On doit à quelques auteurs étrangers à la sphère maçonnique mais issus du monde universitaire, comme Pierre Chevallier, d'avoir été les premiers à défricher ce terrain miné dans une perspective purement scientifique et factuelle (*Histoire de la franc-maçonnerie française*, 3 vol., 1974). D'autres supports d'érudition, comme la revue *Renaissance traditionnelle*, fondée en 1970 par l'érudit René Guilly-Désaguliers – celle-ci étant pourtant clairement liée à la franc-maçonnerie –, ont également permis la publication d'articles de recherche, de documents originaux, de sources, ouvrant à une connaissance toujours plus précise et plus fine d'une historiographie bien plus complexe qu'on ne l'avait cru. Depuis lors, d'autres revues, officiellement liées à des obédiences maçonniques, ont tenté de poursuivre dans cette voie en produisant des travaux de qualité mais sans toujours parvenir à s'affranchir

1. Voir la question 12, « La franc-maçonnerie est-elle à l'origine de la Révolution française ? », p. 53.

d'une certaine orientation, ce qui est assez compréhensible (*Chroniques d'histoire maçonnique* – Grand Orient de France ; *Villard de Honnecourt* – Grande Loge nationale française).

Des travaux universitaires (mémoires, thèses), de plus en plus nombreux, ont été réalisés au cours des vingt dernières années, accréditant le sujet maçonnique comme un domaine désormais acceptable de l'exploration académique. Dans cette entreprise, le monde anglo-saxon, et singulièrement l'Angleterre, dès la fin du XIXe siècle, avait donné le coup d'envoi avec la création en 1886 de la loge de recherches *Quatuor Coronati 2076* de Londres, devenue le modèle de nombreuses structures du même ordre dans pratiquement toutes les obédiences maçonniques du monde. La revue annuelle de ses travaux, *Ars Quatuor Coronatorum* s'est imposée comme le Thesaurus de l'érudition maçonnique internationale en langue anglaise – et dont la revue *Renaissance traditionnelle*, précédemment citée, est l'équivalent en langue française.

La maçonnologie ainsi envisagée couvre des champs extrêmement variés : outre l'histoire et la sociologie, comme on l'a signalé, elle fait également appel aux arts (peinture, sculpture, gravure, musique, arts de la table, ébénisterie, broderie, etc.) et aux disciplines auxiliaires de l'histoire, comme la sigillographie, la numismatique, la diplomatique ou l'héraldique par exemple. Il s'agit, en définitive, d'aborder la franc-maçonnerie comme un phénomène historique, social, économique et culturel complexe, se déclinant selon des modalités variées en fonction du contexte national, politique ou religieux dans lequel les hasards de son destin l'ont conduite à se manifester. Cette étude globale est aujourd'hui souvent le fait de chercheurs qui ne sont pas liés à la franc-maçonnerie elle-même.

Des lieux universitaires dédiés ont fait leur apparition, aux États-Unis, en Grande-Bretagne, aux Pays-Bas, en Belgique, en Allemagne en Italie ou en Espagne. En France, des travaux maçonnologiques ont été poursuivis dans différentes universités, notamment sous la direction de Pierre-Yves Beaurepaire à Nice-Sophia Antipolis ou de Cécile Révauger à Bordeaux, mais surtout au sein de la Ve section de l'École pratique des hautes études à Paris, dans la direction d'étude « Histoire des courants ésotériques dans l'Europe moderne », l'approche scientifique du fait maçonnique allant ici de pair avec une approche académique également renouvelée de l'ésotérisme[2], sous l'impulsion fondatrice d'Antoine Faivre (*Accès de l'ésotérisme occidental*, 1986-1996) et de son successeur, Jean-Pierre Brach.

2. Voir la question 65, « Quelles sont les relations entre la franc-maçonnerie et l'ésotérisme ? », p. 247.

SYMBOLES ET MYTHES

56

À quoi sert le symbolisme maçonnique ?

De même que le rituel maçonnique[1] – une composante essentielle du monde de la franc-maçonnerie – génère souvent de l'incompréhension, voire de l'ironie de la part d'un public non averti, de même le symbolisme qui l'accompagne imprègne le discours des francs-maçons et caractérise leur environnement de travail, se présente parfois aux yeux des « profanes » à la fois comme naïf et inutile, voire désuet et un peu grotesque. Rituel et symbolisme sont en effet étroitement liés : le premier n'est, en quelque sorte, que la mise en actes du second.

Pour ne s'en tenir qu'aux symboles à proprement parler, ceux qui peuplent l'univers maçonnique (équerre, compas, fil à plomb, étoile à cinq branches, soleil, lune, etc.) renvoient, dans le cadre des cérémonies et des instructions traditionnelles de la franc-maçonnerie, à des notions morales et à des perspectives philosophiques ou spirituelles. Si l'on admet généralement sans trop de difficulté que telles peuvent être les préoccupations des francs-maçons – quand on a du

1. Voir la question 39, « Pourquoi des rituels ? », p. 153.

moins repoussé l'idée que seuls de noirs desseins les inspirent, comme l'affirme l'antimaçonnisme –, on s'interroge souvent sur la nécessité de les aborder à travers des outils, des tracés géométriques ou des compositions graphiques bizarres. Bref, le recours à l'intermédiaire des symboles, quand on poursuit un but intellectuel, résulte-t-il d'une méthode sérieuse, respectable et fructueuse, ou n'est-il que le reliquat d'un autre âge, d'une culture révolue et désormais simpliste ou puérile ?

Selon un auteur profondément révéré par les francs-maçons anglais, William Preston (1742-1818), qui contribua dans le dernier quart du XVIIIe siècle, notamment à travers son maître ouvrage *Illustrations of Masonry*, à la fixation des rituels et des instructions encore en vigueur de nos jours dans les loges britanniques, la franc-maçonnerie est « un système particulier de morale, exprimé sous le voile des allégories et illustré par des symboles ». À l'époque de Preston, tout au long du XIXe siècle et jusqu'à nous, la franc-maçonnerie britannique n'a cessé de voir dans les symboles maçonniques de simples emblèmes rappelant sur un mode graphique les enseignements fondamentaux de la morale judéo-chrétienne dont les bases se trouvent dans les Écritures saintes, lesquelles, toujours pour citer les rituels anglais, sont le « critère infaillible de la justice et de la vérité ».

À la fin du XIXe siècle, en France singulièrement, dans la mouvance du courant occultiste initié par Alphonse-Louis Constant (dit Éliphas Lévi – 1810-1875) et qui va flirter avec les marges de la franc-maçonnerie, elle-même majoritairement positiviste à cette époque, un courant herméneutique bien particulier va peu à peu prendre de l'ampleur et finir par occuper, au décours des années 1950, une place incontournable dans la pensée maçonnique en général. Ce mouvement a incontestablement été lancé par un élève de l'ésotériste et quelque peu sulfureux Stanislas de Guaïta (1861-1897), Oswald Wirth (1860-1943), initié au Grand Orient avant de rejoindre la Grande Loge symbolique écossaise puis la Grande Loge de France.

À travers ses ouvrages, rédigés dans une langue classique et limpide, véritables « bréviaires maçonniques » selon les termes mêmes de leur auteur, Wirth impose sa vision résumée en quelques formules lapidaires :

> La science profane s'enseigne à l'aide de mots, alors que le savoir initiatique ne peut s'acquérir qu'à la lumière de symboles. C'est en lui-même que l'Initié puise sa connaissance (*gnosis* en grec), en discernant de subtiles allusions, il lui faut deviner ce qui se cache dans les profondeurs de son esprit. [...]
>
> Mis en présence d'un signe muet, l'adepte est tenu de le faire parler : *penser par soi-même* est le grand art des Initiés[2].

Renvoyant à des questionnements métaphysiques bien plus que simplement moraux, à la différence du symbolisme finalement assez simple de la tradition anglaise, ce symbolisme maçonnique français s'en distingue aussi par sa réticence extrême à évoquer toute référence trop directement religieuse.

Le symbolisme maçonnique dans sa conception française est donc d'apparition assez tardive dans l'histoire de la franc-maçonnerie – même s'il trouve des racines dans certains Rites minoritaires de la fin du XVIIIe siècle. Le mot « symbolisme », en contexte maçonnique, s'est ainsi trouvé plongé dans un certain flou sémantique, au point qu'il est devenu, dans la bouche de quelques défenseurs et de ses contempteurs au sein

2. Oswald Wirth, *Les Mystères de l'art royal*, 1932.

des loges, un équivalent euphémique de « spiritualisme », voire de « déisme » : on est un « maçon symboliste » et tout est dit.

Même dans ce cas pourtant, et selon une acception également très commune dans les milieux maçonniques français, le caractère « symbolique » renvoie toujours au libre jeu de l'imagination et de la conscience, sans référence obligatoire à quelque affirmation « dogmatique » que ce soit. Cet entre-deux typiquement français montre à quel point le contexte culturel peut influencer la réception et le traitement d'un corpus de symboles dont la morphologie générale est pourtant partout la même.

57

À quoi correspond le « Volume de la Loi sacrée » ?

La franc-maçonnerie est née et a fixé ses usages dans un pays non seulement chrétien mais encore, depuis le milieu du XVIe siècle, spécifiquement protestant : la Grande-Bretagne. Dans un tel contexte culturel, la Bible ne pouvait qu'y jouer un rôle central. C'est sur ce livre sacré depuis des siècles que les chrétiens avaient prêté les multiples serments qui émaillaient la vie des peuples européens en ce temps-là : prendre un engagement sur la Bible, c'était le prendre devant Dieu. Avant l'imprimerie, les exemplaires manuscrits de la Bible étaient rares et précieux, au point qu'on leur substituait souvent des reliques. Après l'invention de l'imprimerie – dont la première production fut une Bible ! –, la diffusion de l'ouvrage fut facilitée : de nombreux protestants ont été imprimeurs…

Dès lors, la Bible ne pouvait que se situer au cœur des coutumes maçonniques – parce qu'elles étaient issues d'une tradition artisanale née à l'ombre des cathédrales, parce que ses symboles fondamentaux (comme le Temple de Salomon) et ses légendes (par exemple la légende d'Hiram[1], fondatrice de nombreuses autres légendes maçonniques) en provenaient tous. Enfin, l'initiation maçonnique culminant avec un serment[2] – pour préserver les « secrets » –, celui-ci nécessitait la présence d'une Bible. C'est plus spécifiquement sur l'évangile de Jean, en Angleterre comme en France, que « l'obligation » était prise, moins en raison de quelque ésotérisme supposé de cet évangile, comme on a pu le croire, que parce que les confréries de maçons, en Grande-Bretagne, avaient coutume de voir en Jean leur saint patron – et d'en célébrer les deux fêtes, l'une en été, l'autre en hiver, par des banquets festifs.

En 1813, pour des raisons ni maçonniques ni religieuses, mais essentiellement culturelles et politiques, la Grande Loge unie d'Angleterre décida de « déchristianiser » ses rituels, non pas en vertu d'une préoccupation laïcisante qui lui est toujours restée étrangère, mais pour ouvrir définitivement ses portes à d'autres confessions. La Bible demeura au centre de ses loges, mais désormais rebaptisée « Volume de la Loi sacrée » (*Volume of the Sacred Law*), et considérée comme l'une des « Trois Grandes Lumières de la franc-maçonnerie ». Dans l'ensemble de l'Empire britannique, et notamment en Inde, des profanes de toutes les religions purent alors être initiés : sur l'autel des serments, dans ces loges, à côté de la Bible figuraient désormais d'autres volumes sacrés, comme le Coran, la *Bhagavad Gita* ou le *Zend Avesta*. Une situation comparable existe aux États-Unis où nul ne peut imaginer prêter un serment en loge sur autre chose que sur un livre rattaché explicitement à une tradition religieuse – nombre de

1. Voir la question 63, « Qui était maître Hiram ? », p. 241.
2. Voir la question 64, « Quels "secrets" les maçons s'engagent-ils à protéger par serment ? », p. 243.

serments, dans l'administration, dans les cours de justice ou dans la vie civile, s'y prêtent encore sur la Bible.

En France, l'histoire a été plus complexe. Dès le début du XIXe siècle, aussi bien au sein du Grand Orient, la principale obédience historique du pays, qu'au Suprême Conseil, alors minoritaire et dont devait sortir, en 1894, la Grande Loge de France, la Bible disparut, généralement remplacée par les *Statuts de l'ordre* – le règlement général de l'obédience. Cette substitution est à envisager dans le cadre plus général de l'évolution agnostique et rationaliste d'une grande partie de la maçonnerie française à cette époque, aboutissant en 1877, au Grand Orient de France, à la suppression de l'obligation de croire en Dieu, puis à l'expulsion du Grand Architecte de l'univers dont la mention disparaîtra dans les rituels de cette obédience en 1887. Dans la mesure où Dieu n'était plus pris comme témoin du serment, on avait estimé, assez logiquement, que le prêter sur la Bible n'avait plus guère de sens. Ce fut la nouvelle norme en France pendant une grande partie du XIXe siècle et la première moitié du XXe.

Hormis dans les quelques obédiences et loges attachées à la « régularité maçonnique » et fidèles aux normes anglo-saxonnes, la question de la Bible ne s'est posée à nouveau en France que dans les années 1950. C'est alors, notamment, que la Grande Loge de France en a rétabli l'usage obligatoire dans ses loges – en maintenant une position moyenne sur le plan des conceptions religieuses, autorisant toutes les sensibilités philosophiques, y compris l'athéisme, et ne voyant dans la Bible que le « symbole de la tradition ». Dans d'autres obédiences ou d'autres loges, on a préféré un « livre blanc » où chacun peut projeter l'idéal supérieur qui lui convient le mieux. On le voit, et c'est aisément compréhensible, ces débats recoupent en grande partie ceux qui touchent au Grand Architecte de l'univers[3], tant en ce qui concerne la référence explicite qu'on doit ou non y faire qu'en ce qui concerne le sens religieux, philosophique ou simplement moral, qu'on peut lui attribuer.

---

3. Voir la question 69, « Qu'est-ce que le Grand Architecte de l'univers ? », p. 261.

58

Quels sont les principaux symboles maçonniques ?

Le symbolisme maçonnique[1] n'est souvent que la reprise d'un symbolisme universel, principalement emprunté à la tradition judéo-chrétienne, et adapté au cadre particulier de la franc-maçonnerie qui ne l'a pas créé. Le triangle en est un bon exemple. Présent sur de nombreux tableaux, et notamment sur la clé de voûte de bien des édifices religieux, il fait évidemment allusion, dans le monde chrétien, à la Trinité. De nombreux autels d'église sont surmontés de cette figure au centre de laquelle on peut parfois trouver le nom de Dieu, évoqué par un *iod*, ou même par les quatre lettres hébraïques du Tétragramme divin (*iod-hé-vav-hé*), c'est-à-dire le nom Yahvé. C'est donc, dans la tradition maçonnique originelle, le symbole du Grand Architecte de l'univers, qui est Dieu[2].

La croix, sous ses innombrables formes, ou l'étoile à cinq branches (le « pentagramme »), illustre aussi ce principe de l'emprunt à un patrimoine culturel bien plus ancien que la

1. Voir la question 56, « À quoi sert le symbolisme maçonnique ? », p. 221.

2. Voir la question 70, « Peut-on être franc-maçon et athée ? », p. 265.

franc-maçonnerie : là encore, on les retrouve sans peine dans le répertoire symbolique du judéo-christianisme, même si la maçonnerie les réinterprète dans le cadre qui est le sien.

Le compas et l'équerre semblent en revanche échapper à cette règle : on peut raisonnablement penser qu'ils proviennent directement d'un héritage opératif[3] propre à la franc-maçonnerie. Et c'est sans doute vrai. À quelques réserves près : on sait qu'ils existent en bonne place dans la tradition symbolique de l'ancienne Chine, sous la forme du couple mythique Fuxi et Nuwa, entrelacés par leurs corps de serpent et tenant en main, lui l'équerre, et elle le compas. On ne peut toutefois supposer ici la moindre influence extrême-orientale sur la franc-maçonnerie européenne, mais la tradition chinoise comme la maçonnerie, dans des contextes civilisationnels bien distincts, ont l'une et l'autre emprunté des objets de métier pour en faire des symboles philosophiques.

On trouve encore dans l'univers maçonnique des symboles bien plus divers :

– *des objets directement liés à la pratique du métier de maçon :* maillet, ciseau, niveau, perpendiculaire, truelle ;

– *des matériaux de l'art de bâtir :* pierre brute, pierre cubique ;

– *des éléments de l'architecture :* plans, ordres d'architecture, arcs et voûtes de différentes sortes ;

– *des symboles astronomiques :* soleil, lune, étoiles ;

– *des symboles alchimiques :* sel, mercure, soufre ;

– *des éléments empruntés à la Bible, notamment au Temple de Salomon :* les colonnes J et B, le pavé mosaïque, le chandelier à

3. Voir la question 3, « Quelle différence y a-t-il entre la franc-maçonnerie "opérative" et la franc-maçonnerie "spéculative" ? », p. 20.

sept branches (mais aussi à trois, cinq ou neuf), voire l'arche d'Alliance et même la tour de Babel ;

– *des symboles qui, par leur nom, sinon leur forme, sont propres à la franc-maçonnerie :* la houppe dentelée, la pierre cubique à pointe – ce sont du reste les moins nombreux.

Enfin, l'univers sonore n'échappe pas à cet usage symbolique : coups frappés du maillet, « batteries » données avec les mains, mots prononcés, devises proclamées sont autant de symboles entendus et non plus seulement contemplés.

Cet environnement symbolique est consubstantiel à la franc-maçonnerie et, sans lui, elle perdrait toute sa spécificité si ce n'est tout son sens et le principe même de son existence. Plus précisément, dépourvue de ses symboles et du dynamisme qu'elle en tire, la franc-maçonnerie ne serait plus, selon les endroits et les époques, qu'une simple association d'entraide, un cercle philosophique, une communauté fraternelle, voire un *club service*, un lobby politique ou un réseau d'influence. Il lui est du reste arrivé d'être aussi un peu tout cela, ensemble ou séparément.

59

Que veut dire la lettre G pour les francs-maçons ?

La lettre G est un bon exemple pour illustrer la fécondité tout autant que l'ambiguïté coutumière du symbolisme maçonnique[1]. Souvent placée au centre de l'« étoile flamboyante » à cinq branches dont elle est désormais indissociable, cette lettre apparaît clairement dans les années 1720 pour désigner Dieu en anglais : *God*. Mais presque aussitôt, elle se charge d'une signification, sinon supplémentaire, du moins complémentaire : « géométrie ». Il est clair que le Dieu des maçons, le Grand Architecte de l'univers, après avoir été celui de la Bible, est devenu une entité aux contours plus flous et finalement un principe moral ou intellectuel. C'est surtout dans sa fonction de *logos* organisateur, de « Grand Géomètre », que Dieu a été envisagé dans le symbolisme maçonnique. *God* ou *Geometry* apparaissent dès lors comme des expressions équivalentes ou mutuellement éclairantes. Lorsque le passage de la franc-maçonnerie en France fut accompli dans le courant des

1. Voir la question 56, « À quoi sert le symbolisme maçonnique ? », p. 221.

années 1730, la lettre G ne pouvait plus signifier, en langue française, que « Géométrie » et la référence directe à Dieu devint ainsi moins évidente. Plus récemment, nombre de mots dont l'initiale est un G ont été intégrés pour cette raison dans les cérémonies maçonniques : gnose, génie, gravitation, etc. Ces innovations ne sont pas toujours d'une grande richesse et, aux yeux de nombre de francs-maçons, leur intérêt demeure à démontrer. Dans la tradition maçonnique anglo-saxonne, cette lettre évoque aussi les *Ghibblim*, mot hébreu désignant une catégorie de maçons experts évoqués dans la Bible lors de la construction du Temple de Jérusalem.

On le voit, un symbole maçonnique n'est jamais absolument univoque, malgré le sens immédiat auquel il renvoie souvent (par exemple, l'équerre et la droiture, le compas et la largeur de la conscience, etc.). C'est précisément dans le libre jeu de toutes les nuances sémantiques qu'il peut contenir qu'un symbole, dans la méthode maçonnique, n'enferme pas dans une signification exclusive mais révèle, jusque dans son imprécision, toute sa créativité et sa fécondité.

60

Y a-t-il des symboles maçonniques dans les cathédrales ?

L'un des passe-temps favoris de nombreux francs-maçons – comme de personnes étrangères à la franc-maçonnerie mais qui en voient les traces partout – est de rechercher des « signes maçonniques » dans les édifices anciens qu'ils visitent : dans les cathédrales au premier chef, mais aussi dans toutes les églises en général. Cette innocente distraction pose néanmoins plusieurs problèmes.

Le premier concerne la confusion entre la maçonnerie opérative et la franc-maçonnerie spéculative[1]. Cette dernière, celle que nous connaissons de nos jours, utilise des symboles empruntés aux métiers de la pierre, et si on les retrouve en effet – et pour cause ! – sur des bâtiments anciens, ce n'est pas de signes « franc-maçonniques » qu'il convient alors de parler, mais de témoignages matériels des pratiques anciennes des métiers du bâtiment, dont les francs-maçons ont fait bien plus tard des symboles « maçonniques » au sens moderne du

1. Voir la question 3, « Quelle différence y a-t-il entre la franc-maçonnerie "opérative" et la franc-maçonnerie "spéculative" ? », p. 20.

terme. Le meilleur exemple, pour illustrer ce point, est celui des marques lapidaires. Il s'agit de tracés géométriques plus ou moins complexes, gravés sur les pierres d'un édifice et qui servaient, au Moyen Âge, à identifier l'ouvrage des ouvriers d'un chantier – d'autres marques ayant un caractère plus technique, pour guider le travail de pose des pierres. C'était donc des signes purement utilitaires. Il n'est d'ailleurs pas impossible que leurs auteurs leur aient conféré des significations qui leur étaient personnelles, mais la mémoire ne nous en est pas parvenue. Du reste, ces marques recoupaient des figures universelles : croix, triangles, cercles, carrés, lettres, etc.

Or, bien plus tard, à partir du XVIIe siècle, en Écosse notamment, des maçons spéculatifs, en tout cas des personnes étrangères au métier de maçon, ont repris de telles marques pour en faire des symboles de leur propre recherche, en les faisant notamment figurer à côté de leur signature, comme pour témoigner d'une identité secrète. Les marques que l'on peut donc trouver sur un édifice médiéval n'ont rien à voir avec l'usage qu'en ont fait très postérieurement certains francs-maçons qui ne savaient plus depuis longtemps poser la moindre pierre…

Le second problème concerne l'interprétation biaisée, ou carrément erronée, que l'on peut faire de ces symboles supposés maçonniques. Une théorie apparue au cours du XIXe siècle chez certains auteurs principalement français était que les « francs-maçons du Moyen Âge » – mais de qui parlaient-ils au juste ? – auraient disséminé dans les édifices religieux qu'ils bâtissaient des signes plus ou moins ésotériques mais surtout hérétiques, témoins discrets de leur opposition présumée à la hiérarchie officielle de l'Église où se recrutaient en fait tous leurs commanditaires. Ces signes maçonniques seraient alors la preuve d'une hostilité secrète de la « confrérie des bâtisseurs » à l'encontre de l'Église officielle. Cette idée avait surgi dans la seconde moitié du XIXe siècle, au moment où une partie importante de la maçonnerie française entrait en conflit frontal avec l'Église catholique.

Mais tout cela relève en réalité du conte de fées. Aucune source ne vient corroborer un tel roman et c'est surtout oublier, comme le rappelait encore au début du XXe siècle le grand Émile Mâle, dans ses célèbres études sur le symbolisme religieux dans l'art médiéval, qu'à cette époque lointaine, le programme iconographique des façades d'églises et de cathédrales, jusque dans les moindres détails, était fixé en étroite relation avec les clercs qui finançaient et dirigeaient le chantier. L'exemple le plus parlant est celui du triangle que l'on voit souvent sculpté sur la clé d'une voûte : on sait que ce symbole est central chez les francs-maçons modernes, mais il appartient en fait au vaste répertoire des symboles chrétiens depuis très longtemps et, dans les temps médiévaux, il rappelait simplement que la Trinité divine était l'aspiration suprême de toutes les âmes : il était donc normal de la figurer au plus haut point d'une chapelle, d'une église ou d'une cathédrale. On pourrait faire des remarques comparables à propos du prétendu symbolisme alchimique de certaines parties de la façade de Notre-Dame de Paris : c'est le fruit de l'imagination vagabonde de deux ou trois auteurs fantaisistes du XIXe siècle.

61

Le billet d'un dollar américain contient-il des symboles maçonniques ?

Certains détails du billet américain de 1 dollar ont permis à quelques auteurs d'affirmer que ce billet était truffé de signes maçonniques et trahissait le « complot » que les maçons auraient tramé depuis toujours au sein de l'État américain fédéral, lui-même fondé par George Washington, qui est l'effigie de ce billet et l'un des francs-maçons les plus célèbres et les plus emblématiques du XVIIIe siècle américain[1]. En réalité, cette thèse ne repose sur rien.

Le Grand Sceau des États-Unis d'Amérique (*Great Seal of the United States of America*) a servi de base à la symbolique du billet américain. Il a été utilisé publiquement en 1782 pour la première fois et comporte un aigle à tête blanche aux ailes déployées, tenant un rameau d'olivier dans une serre et treize flèches dans l'autre. L'aigle est surmonté par treize étoiles rappelant simplement les treize États originaux. La bannière *E Pluribus Unum* (littéralement : « De plusieurs, un

---

1. Voir la question 14, « La révolution américaine fut-elle l'œuvre des francs-maçons ? », p. 61.

seul ») rappelle ainsi la formation des États-Unis. Les États d'origine sont d'ailleurs aussi évoqués par les treize étoiles au-dessus de l'aigle, les treize rayures du blason, les treize flèches, les treize feuilles et treize olives du rameau d'olivier. Aucune autre signification n'est à rechercher ici à ce nombre mystérieux.

C'est ce Grand Sceau qui figure sur le verso du billet d'un dollar américain. Les mots *Annuit Cœptis* forment l'une des deux devises du Grand Sceau des États-Unis d'Amérique. Cela veut littéralement dire que quelqu'un ou quelque chose « approuve les choses qui ont été commencées ». Le 20 juin 1782, le Congrès avait approuvé le projet pour les deux parties du Grand Sceau officiel dont la description indique, pour le revers : « Sur la base de la pyramide est inscrit MDCCLXXVI en chiffres romains ». C'est-à-dire 1776, date de la fondation des États-Unis. « Et en dessous la devise suivante : "*Novus Ordo Seclorum*" ». « Un nouvel ordre dans l'histoire ». Cette phrase, seconde devise figurant sur le Sceau, et donc sur le billet, est inspirée par la quatrième églogue des *Bucoliques* de l'auteur latin Virgile. Elle évoquait le début d'une nouvelle ère pour l'Amérique, qui commence à compter de la date de la Déclaration d'indépendance. Cette devise était du reste très connue dans la littérature américaine du XVIIIe siècle.

Le Sceau comporte aussi des symboles que l'on peut retrouver en franc-maçonnerie, comme la pyramide et l'œil au centre d'un triangle, et ces emprunts prétendus ont souvent alimenté les théories du complot. Soulignons simplement que si nombre des pères fondateurs – et parmi eux des concepteurs du Grand Sceau – étaient effectivement francs-maçons, ces symboles ne sont pas spécifiquement maçonniques[2] et avaient déjà, à cette époque, une large diffusion dans des milieux très divers. Le communiqué de presse officiel du Département du Trésor d'août 1935, commentant le format du nouveau billet, précise très clairement : « L'œil symbolise une divinité qui voit tout et sait tout [...]. La pyramide est le symbole de la puissance et le fait qu'elle ne soit pas complètement achevée signifie qu'il reste encore du travail à accomplir. » Des allégories très classiques, en somme, et surtout rien de très ésotérique.

2. Voir la question 58, « Quels sont les principaux symboles maçonniques ? », p. 229.

62

Y a-t-il un calendrier maçonnique ?

Les francs-maçons ont très tôt constitué un corpus légendaire et mythique qui faisait remonter leur origine à l'aube du monde. L'habitude leur est ensuite venue de dater leurs documents internes à l'aide d'un comput particulier qui, en ajoutant 4 000 à l'année chrétienne – dite « Ère vulgaire » (E.V.) –, donne l'« An de la vraie lumière » (A.V.L.). On pensait alors que la création du monde avait eu lieu environ 4 000 ans avant Jésus-Christ (James Ussher, un évêque anglican du XVIIe siècle, avait fixé la création du monde en – 4004 !). En outre, l'année maçonnique courante commence au mois de mars, celui de l'équinoxe de printemps, de la renaissance de la nature. Ainsi, le 10 avril 2020 devient le 10e jour du 2e mois de l'A.V.L. 6020. Il existe d'autres variantes, pour certains Rites ou certains hauts grades.

Au-delà du folklore, le calendrier maçonnique suggère que la maçonnerie s'établit dans un autre temps et se situe en un autre lieu que le temps et le monde profanes. Il faut sans doute en rapprocher l'usage rituel qui veut que, lorsque les travaux d'une loge sont ouverts, on dise qu'il est « midi » et qu'on les ferme à « minuit » – même si la tenue, comme c'est généralement le cas, s'est déroulée entre 20 heures et 23 heures !

63

Qui était maître Hiram ?

Hiram Abif est un personnage de la Bible et illustre bien comment la franc-maçonnerie, en s'enracinant dans le légendaire biblique, l'enrichit et le réinterprète pour son propre usage. Il est fait mention d'Hiram, en des termes un peu différents, dans deux passages de la Bible : I Rois 7, 13 et II Chroniques 2, 13-14. Dans tous les cas, c'est un bronzier – ou un fondeur d'airain – qui a coulé la mer d'Airain, vaste bassin d'ablution placé dans le parvis du Temple de Salomon, et surtout les deux colonnes Jakhin et Boaz qui ornaient l'entrée de cet édifice dressé à Jérusalem au xe siècle avant notre ère. Le texte biblique lui prête aussi d'autres qualités : il est réputé avoir été capable de travailler tous les métaux, la pierre et le bois, les étoffes, « pour toute espèce de sculptures et d'objets d'art qu'on lui donne à exécuter ».

En aucun endroit il n'est présenté comme un architecte. C'est pourtant bien à ce titre qu'il devait se faire un nom illustre dans la tradition maçonnique. Dès 1723, dans l'histoire du métier contenue dans les *Constitutions* d'Anderson[1], on le

1. Voir la question 41, « Que représentent les *Constitutions* d'Anderson pour les francs-maçons ? », p. 161.

présente comme le maître d'œuvre du Temple de Jérusalem. Surtout, entre 1725 et 1730 apparaît puis se répand un nouveau grade, celui de maître maçon, se superposant aux deux grades classiques d'apprenti et de compagnon[2]. Or, ce nouveau grade est fondé sur une légende, dite « légende d'Hiram ».

On rapporte que celui qu'on allait désormais appeler « maître Hiram », sage et respectable architecte et maître d'œuvre du Temple de Salomon – titres que la Bible ne lui accorde nulle part – détenait seul le « mot de maître », communiqué exclusivement à ceux qui, par leurs mérites, avaient pu parvenir à ce grade, et leur en garantissait le salaire. Un beau jour, trois mauvais compagnons, par goût du lucre et par jalousie, tendirent un piège à Hiram qui était seul à ce moment-là, pour obtenir de lui par la force ce fameux mot. Fidèle à son éthique et à son exigence, Hiram refusa et, remplis de fureur, les mauvais compagnons le tuèrent. On ne devait retrouver que quelques jours plus tard son cadavre, hâtivement enfoui sous un peu de terre. L'emplacement en était signalé par une branche d'acacia.

Ainsi se construisit la cérémonie du grade de maître, adoptant la structure d'une sorte de mythodrame au cours duquel le candidat revit symboliquement le martyre d'Hiram mais se relève ensuite de la tombe pour remplacer le maître disparu. De là découle toute une méditation sur la continuité de la tradition et le caractère ininterrompu, malgré toutes les vicissitudes, de l'œuvre commune. Le thème du grade insiste aussi sur les réflexions que doivent nous inspirer la mort et la finitude de l'existence humaine, et les rituels y consacrent de longs développements.

---

2. Voir la question 37, « Qu'est-ce que la "maçonnerie bleue" ? », p. 146.

64

Quels « secrets » les maçons s'engagent-ils à protéger par serment ?

Depuis trois siècles, la question du secret est au centre de tous les malentendus et de toutes les légendes noires qu'on a pu associer à la franc-maçonnerie – et elle a justifié nombre des persécutions que les francs-maçons ont pu subir à certaines époques.

Lors de la toute première condamnation de la franc-maçonnerie par l'Église catholique, en 1738, dans la bulle *In Eminenti*[1], il était déjà fait allusion au secret :

> Un pacte aussi étroit qu'impénétrable, d'après des lois et des statuts qu'ils se sont faits, et [ils] s'engagent par serment prêté sur la Bible, et sous les peines les plus graves, à couvrir d'un silence inviolable tout ce qu'ils font dans l'obscurité du secret.

L'idée de départ était donc que quiconque promet de garder le secret est nécessairement porteur d'un projet obscur et funeste, dans l'ordre politique comme dans l'ordre religieux :

1. Voir la question 73, « Quelles sont les relations de la franc-maçonnerie avec l'Église catholique ? », p. 276.

tout le programme futur de l'antimaçonnisme[2] était en germe dans cette analyse sommaire.

Sur un mode plus plaisant, dans la première divulgation imprimée des usages maçonniques, *Le Secret des francs-maçons*, un petit ouvrage au titre révélateur publié à Paris en 1744, l'auteur exprimait dès les premières pages la perplexité à la fois inquiète et curieuse du public dans ces quelques vers :

Pour le public un franc-maçon
Sera toujours un vrai problème,
Qu'il ne saurait résoudre à fond
Qu'en devenant maçon lui-même.

Tout repose donc sur le serment maçonnique, celui que doit prêter tout nouvel initié, reçu au grade d'Apprenti et faisant ainsi son entrée solennelle dans la franc-maçonnerie. Il jure, le plus souvent sur la Bible et de toute façon sur son honneur, de ne pas révéler les secrets qui lui ont été confiés. Mais de quels secrets s'agit-il ?

En premier lieu, les secrets auxquels renvoie immédiatement le serment sont les « moyens de reconnaissance », notamment les « mots, signes et attouchements » par lesquels les francs-maçons sont supposés se reconnaître entre eux[3] et attestent des grades qu'ils possèdent dans la franc-maçonnerie. Or ces secrets n'en sont plus depuis des lustres, et dès le milieu du XVIIIe siècle ils étaient devenus des secrets de polichinelle, ayant été publiés maintes fois dans des ouvrages

2. Voir la question 93, « Quels sont les fondements de l'antimaçonnisme ? », p. 342.

3. Voir la question 87, « Comment les francs-maçons se reconnaissent-ils entre eux ? », p. 321.

diffusés largement au grand public. Au demeurant, ce sont là des moyens d'identification auxquels les francs-maçons ne recourent pratiquement jamais car ils ne leur offrent aucune garantie. Ils ne conservent donc qu'une valeur symbolique, que les rituels maçonniques expliquent. Ce ne sont pas ces secrets qui sont les plus problématiques.

Le secret d'appartenance est un autre sujet sur lequel on commet souvent beaucoup de confusions. La franc-maçonnerie n'est en rien une société secrète[4] ; en conséquence, elle ne fait nullement obligation à ses membres de cacher leur appartenance. C'est uniquement parce que, dans certains pays et à certaines époques, les pouvoirs politiques ou religieux ont interdit l'existence de la maçonnerie que certains maçons ont dû se dissimuler, au risque de perdre leur liberté ou même la vie – comme en France sous l'Occupation[5]. Par ailleurs, un certain antimaçonnisme[6] ambiant, mal informé mais encore assez répandu, décourage parfois quelques francs-maçons de se dévoiler à leur entourage, non par souci premier de se dissimuler, mais pour éviter les débats pénibles et parfois sans issue que cela pourrait susciter. En revanche, dans les pays où ces conditions ne s'observent pas, ou très rarement – c'est notamment le cas depuis toujours dans les pays anglo-saxons où la franc-maçonnerie est née et a toujours prospéré –, l'appartenance maçonnique est publique, quand elle n'est pas considérée comme un signe de respectabilité sociale.

4. Voir la question 67, « La franc-maçonnerie est-elle une société secrète ? », p. 254.

5. Voir la question 29, « Quel fut le sort des francs-maçons français sous l'Occupation ? », p. 114.

6. Voir la question 93, « Quels sont les fondements de l'antimaçonnisme ? », p. 342.

Dès lors, nul n'hésite à en faire état. De nouveau, le secret essentiel n'est pas celui-là. En revanche, comme la maçonnerie laisse chacun de ses adeptes libre de décider de sa conduite, il est généralement admis que l'on ne doit pas révéler, sans son consentement exprès, la qualité maçonnique d'une tierce personne. C'est moins une question de secret que de délicatesse.

En fait, le secret que l'antimaçonnisme virulent prête habituellement aux francs-maçons est, en définitive, celui qu'ils ignorent et qu'ils ne se sont jamais engagés à préserver : renverser le « trône et l'autel », assurer l'avènement d'un gouvernement mondial occulte, ou encore noyauter tous les rouages de l'État – en un mot, tous les délires du complotisme. Pour finir, les francs-maçons reconnaissent généralement posséder un secret qu'ils ne peuvent communiquer. Un secret qu'eux-mêmes ont du mal à formuler et qui est différent de l'un à l'autre : le sentiment profond et intime du sens que revêt pour chacun d'eux la démarche initiatique qu'ils ont entamée un jour, en entrant dans la franc-maçonnerie. Ce serait pourtant le secret le plus intéressant...

65

Quelles sont les relations entre la franc-maçonnerie et l'ésotérisme ?

Comme l'a souvent rappelé Antoine Faivre, qui en a accrédité l'approche universitaire (*Accès de l'ésotérisme occidental*, 1986-1996), l'ésotérisme est une notion floue car ce mot est lui-même devenu un mot-valise, souffrant d'une considérable polysémie. Sur les rayons des grandes libraires, on range en effet sous ce titre des ouvrages qui traitent tout autant des boules de cristal, des Ovni ou des phénomènes paranormaux que de l'ésotérisme au sens strict du terme.

L'ésotérisme n'est donc ni une théorie fixe, ni un corps de doctrines bien arrêtées, encore moins un ensemble de pratiques spirituelles. Il se distingue de la magie aussi bien que de la religion, et s'il propose une perspective transcendante, c'est davantage à la fonction symbolique qu'il renvoie plutôt qu'à la mystique. En fait, on peut brièvement définir le champ ésotérique comme celui d'un regard particulier, envisageant l'univers comme un tout vivant, tissé de correspondances subtiles, offrant à l'imagination créatrice un monde d'images et de symboles dont le décryptage conduirait à une expérience transformante. C'est en recherchant ces traits dans une tradition intellectuelle que l'on peut discerner son caractère éventuellement ésotérique.

Plusieurs courants ont historiquement illustré ce mode de pensée, apparu comme tel au cours de la Renaissance : l'hermétisme néo-alexandrin, consécutif à la redécouverte, à la fin du XVe siècle, des textes du *Corpus hermeticum* (IIe-IIIe siècle de notre ère) ; la kabbale chrétienne, inaugurée en Italie à la même époque, avec notamment Pic de la Mirandole (1463-1494) ; la philosophie de Paracelse (1493-1541), médecin et alchimiste, recherchant dans les analogies de la nature le remède des maux humains ; le mouvement de Rose-Croix, surgi en Allemagne au début du XVIIe siècle ; enfin, la théosophie chrétienne de Jakob Boehme (1575-1624), le « savetier de Görlitz ».

La franc-maçonnerie spéculative moderne, sortie du néant documentaire dans le courant du XVIIe siècle en Grande-Bretagne, a parfois participé de cette vision du monde que porte l'ésotérisme, mais le phénomène maçonnique dans son ensemble ne saurait s'y réduire : il recèle aussi un héritage important des traditions populaires de confréries de métier, et a souvent répondu au besoin de sociabilité fraternelle qui s'est exprimé en Europe, sous des formes diverses, depuis le Moyen Âge. Sans doute, la notion même d'initiation[1], le recours aux symboles[2], la mise en œuvre de rituels[3] supposés éveiller chez le récipiendaire une vision nouvelle de lui-même et des autres, peuvent se rattacher au champ ésotérique – ils

1. Voir la question 36, « Qu'est-ce que l'initiation maçonnique ? », p. 142.
2. Voir la question 56, « À quoi sert le symbolisme maçonnique ? », p. 221.
3. Voir la question 39, « Pourquoi des rituels ? », p. 153.

le peuvent aussi à la psychologie des profondeurs, qui est un domaine bien distinct.

En outre, certains courants de la franc-maçonnerie, en particulier certains Rites[4], parfaitement attestés mais minoritaires, ont explicitement exploité cette veine et se sont résolument situés du côté de l'ésotérisme en lui empruntant certaines de ses références et quelques-uns de ses principes ; ce fut notamment le cas avec la kabbale[5], l'alchimie[6] ou la Rose-Croix[7] qui ont pu influencer plus ou moins fortement des rituels maçonniques.

Il faut évidemment soigneusement distinguer cet aspect possiblement ésotérique de la franc-maçonnerie des inepties complotistes, lui attribuant des doctrines secrètes et obscures, quand elles n'y voient pas la marque du satanisme[8] pur et simple…

4. Voir la question 50, « Qu'est-ce qu'un Rite en franc-maçonnerie ? », p. 196.

5. Voir la question 9, « Quel rapport entre la kabbale et la franc-maçonnerie ? », p. 43.

6. Voir la question 10, « Les francs-maçons ont-ils pratiqué l'alchimie ? », p. 46.

7. Voir la question 6, « Les francs-maçons sont-ils les successeurs des Rose-Croix ? », p. 33.

8. Voir la question 72, « Y a-t-il du satanisme dans la franc-maçonnerie ? », p. 272.

66

Que signifie l'expression « fils de la lumière », qui désigne les francs-maçons ?

L'expression « fils de la lumière » est avant tout d'origine néotestamentaire. On la trouve en au moins trois endroits : Luc 16, 8 ; Jean 12, 36, ou encore I Thessaloniciens 5, 4-5 :

> Mais vous, frères, vous n'êtes pas dans les ténèbres, de telle sorte que ce Jour vous surprenne comme un voleur : tous vous êtes des fils de la lumière, des fils du jour. Nous ne sommes pas de la nuit, des ténèbres.

Dans ces passages, l'évangéliste, l'apôtre Paul et Jésus lui-même veulent signifier que ceux qui ont embrassé la loi nouvelle du Christ ont choisi la lumière contre les ténèbres, en écho à cette proclamation centrale de sa prédication :

> Jésus leur parla de nouveau. Il dit : « Je suis la lumière du monde. Celui qui me suit ne marchera pas dans les ténèbres, mais il aura au contraire la lumière de la vie. » (Jean 8, 12.)

Ce thème de la lumière a souvent été utilisé dans l'apologétique chrétienne, mais on trouverait difficilement la trace de l'expression spécifique « fils de la lumière » dans les textes fondateurs de la franc-maçonnerie comme dans les rituels maçonniques anciens eux-mêmes. En particulier, les francs-maçons n'ont jamais eu l'habitude de se désigner ainsi, du moins jusqu'à une époque récente.

Le responsable de la popularisation de cette appellation n'était pas franc-maçon. C'était un écrivain, volontiers sulfureux, ni historien ni même spécialiste de la franc-maçonnerie : il s'agit de Roger Peyrefitte. Ce romancier et essayiste érudit mais controversé, publia en 1961 un livre intitulé *Les Fils de la lumière*, consacré à la franc-maçonnerie. Le clin d'œil biblique du titre n'avait pas été difficile à trouver pour cet ancien élève des lazaristes. Selon une formule que l'auteur avait déjà mise en œuvre en 1955 avec *Les Clés de saint Pierre* et, en 1957, avec *Les Chevaliers de Malte* – tous deux situés dans l'univers clos du Vatican –, *Les Fils de la lumière* est un ouvrage à la fois romancé et remarquablement bien documenté, mêlant fiction et faits authentiques, et faisant parler des personnages réels qui tiennent, sous la plume de Peyrefitte, des propos qu'aucun d'entre eux n'a désavoués. On a pu parler à son propos de « roman-reportage ».

Le thème de la lumière n'avait pas été choisi sans raison. Des expressions comme « recevoir la lumière », « naître à la lumière » sont souvent utilisées par les francs-maçons pour désigner l'instant capital où le bandeau qui couvrait les yeux du nouvel initié tombe enfin, au cours de la cérémonie d'initiation, lui révélant le monde secret de la maçonnerie, désormais offert à lui en pleine… lumière ! Peyrefitte, avec d'autres, avait bien saisi que si des thèmes comme celui de la fraternité ou encore celui de la connaissance – tant philosophique que spirituelle – sont également chers au cœur des maçons, celui de la lumière est assurément le plus émouvant pour eux car il les renvoie à un moment clé de leur entrée dans l'ordre maçonnique. La lumière évoque aussi, dans l'imaginaire maçonnique, l'empire lumineux de la raison s'opposant aux ténèbres du fanatisme et de l'intolérance, et bien entendu le mouvement des Lumières déployé au XVIIIe siècle, le « siècle d'or » de la franc-maçonnerie.

Le livre de Roger Peyrefitte est dans l'ensemble bienveillant envers la maçonnerie, exposant d'une façon assez claire, sans être jamais ennuyeux, les débats qui agitaient l'institution, à une époque où elle sortait à peine de la difficile période de la guerre, traînant encore à sa suite une image brouillée et parfois confuse dans l'esprit du public. Bien que l'initiative ne soit pas venue de la maçonnerie elle-même, *Les Fils de la lumière* a été l'un des premiers ouvrages qui, dans l'après-guerre, ont présenté la franc-maçonnerie de manière impartiale, en tout cas distanciée, et sous un jour nouveau. Pour cette raison sans doute, il fut plutôt bien reçu par les loges, et l'expression « fils de la lumière », jusque-là très peu commune en leur sein, devint de plus en plus fréquente dans les écrits et dans la bouche des maçons, comme un résumé plutôt flatteur de ce qu'ils aspiraient à être – à défaut, peut-être, de toujours y parvenir !

Le livre n'eut toutefois pas l'heur de plaire à tous les francs-maçons. Peu après la publication, dès 1961, l'un d'entre eux fit paraître anonymement un ouvrage qui, sans se référer explicitement au livre de Peyrefitte, n'en paraissait pas moins comme le contrepoint – à tout le moins comme le complément critique. Il s'agissait en fait de Pierre Mariel, un auteur qui, sous ce nom ou sous d'autres pseudonymes, écrivit plusieurs volumes sur le sujet. Cette réponse, qui ne s'en voulait pas une, s'intitulait *Les Authentiques Fils de la lumière* : une manière involontaire de confirmer le choix de Peyrefitte…

67

La franc-maçonnerie est-elle une société secrète ?

Par définition, une société secrète est une société que l'on ne voit pas, dont on ne peut rien dire, dont on ignore même jusqu'à la simple existence si elle mérite bien son nom. Or, depuis trois siècles, à travers toute l'Europe puis dans le monde entier, la franc-maçonnerie a connu une existence notoire et l'on peut documenter jusqu'au moindre détail de son histoire. Des personnalités des arts, des sciences et des lettres, ainsi que des responsables politiques et même des souverains en ont été membres. De nos jours, ses adresses sont dans tous les annuaires, on peut consulter les sites officiels de ses diverses obédiences, les noms de ses dignitaires sont régulièrement donnés dans la presse écrite ou parlée, à laquelle ils accordent du reste volontiers des entretiens. Ces mêmes dignitaires sont de temps en temps reçus par les autorités de l'État. La franc-maçonnerie organise enfin souvent des conférences publiques. Il est donc parfaitement clair qu'elle n'est en rien une société secrète – et ne l'a jamais été.

Cette dénomination qu'on lui a souvent accolée, toujours prise en mauvaise part, a toutefois une double origine. C'est d'abord un *leitmotiv* de l'antimaçonnisme[1] : « La franc-maçonnerie complote dans le secret. » Apparemment tellement mal, du reste, que ses ennemis n'ont cessé de dénoncer ses intrigues, d'écrire des volumes entiers à leur sujet et d'en disséquer interminablement tous les fils ! Le secret n'était donc pas impénétrable... Plus sérieusement, cette première accusation est ancienne et a plusieurs sources. Dès 1738, dans la première condamnation catholique[2] de la franc-maçonnerie, par la bulle *In Eminenti* du pape Clément XII, il était déjà fait mention de ce que les francs-maçons étaient supposés tramer dans l'« obscurité du secret ». Le texte pontifical jugeait ce secret forcément coupable puisque, selon une logique à ses yeux sans doute imparable, « si [les francs-maçons] ne faisaient point de mal, ils ne haïraient pas tant la lumière ». C'est ce que disaient les persécuteurs païens des premiers chrétiens, réfugiés dans leurs demeures...

L'autre source vient d'une confusion, établie dès la fin du XVIIIe siècle dans l'un des classiques de l'antimaçonnisme, *Mémoires pour servir à l'histoire du jacobinisme* (1799-1805), de l'abbé Barruel, qui assimilait la franc-maçonnerie aux Illuminati[3], ou Illuminés de Bavière, une société secrète authentique aux buts politiques avérés qui avait existé en Allemagne, entre 1776 et 1784 – et qui avait tenté en vain d'infiltrer les loges allemandes. Le succès de Barruel avait cependant accrédité dans les cercles antimaçonniques l'idée

1. Voir la question 93, « Quels sont les fondements de l'antimaçonnisme ? », p. 342.
2. Voir la question 73, « Quelles sont les relations de la franc-maçonnerie avec l'Église catholique ? », p. 276.
3. Voir la question 79, « Les Illuminati contrôlent-ils la franc-maçonnerie ? », p. 298.

que la « secte[4] des francs-maçons » était aussi une société secrète. Plus tard, dans le premier quart du XIXe siècle, les rapprochements de certains francs-maçons révolutionnaires, en Italie et à un moindre degré en France, avec les *carbonari* – formant eux aussi une société secrète et politique – ne firent que renforcer cette confusion.

Mais au-delà de ces obsessions, et c'est un autre sujet, la présence du secret est bien réelle dans l'univers maçonnique. Ce n'est pas une société secrète mais plutôt une « société à secrets ». Ces secrets sont du reste de plusieurs sortes et sont théoriquement protégés par le serment[5] que prêtent les francs-maçons lors de leur initiation. Secrets purement symboliques, au demeurant, qui n'ont de sens que dans la vie interne de la maçonnerie et qui, pour la plupart d'entre eux, ont été éventés depuis très longtemps…

4. Voir la question 68, « Quelles différences entre la franc-maçonnerie et une secte ? », p. 257.

5. Voir la question 64, « Quels "secrets" les maçons s'engagent-ils à protéger par serment ? », p. 243.

68

Quelles différences entre la franc-maçonnerie et une secte ?

Depuis le XIXe siècle, c'est un lieu commun de l'antimaçonnisme[1] que de parler de la « secte maçonnique » – jadis dans des livres ou des journaux au ton vengeur ; de nos jours sur des sites souvent d'inspiration religieuse, généralement extrémistes ou fondamentalistes, voire nettement complotistes. Il y a plusieurs manières d'aborder cette accusation.

La première est d'y répondre factuellement : les francs-maçons font toujours observer qu'une secte est un groupe auquel il est très facile d'adhérer et dont il est très difficile de sortir, alors que la maçonnerie fonctionne exactement à l'inverse de cette logique. Le processus de recrutement y est assez long et exigeant[2] et, si l'on se lasse de la vie maçonnique, on peut quitter sa loge et son obédience sur simple déclaration, comme n'importe quelle association régie par la loi de 1901. Rapprocher la maçonnerie d'une secte, au sens propre de ce terme, est donc simplement dénué de tout fondement.

---

1. Voir la question 93, « Quels sont les fondements de l'antimaçonnisme ? », p. 342.

2. Voir la question 35, « Comment devient-on franc-maçon ? », p. 139.

Mais il est probable que cette accusation nous en apprend souvent davantage sur les accusateurs que sur l'accusée. C'est sous cet angle qu'il faut donc l'envisager avec plus d'attention. En effet, l'une des caractéristiques de la franc-maçonnerie, que dénonce en creux l'accusation d'être une secte, est probablement ce que l'on pourrait nommer la « liberté de l'esprit » – à distinguer de la liberté de pensée, philosophiquement bien plus connotée[3]. Cette particularité intellectuelle lui vient de loin.

La franc-maçonnerie spéculative moderne est née dans un contexte politique et religieux bien spécifique : celui de l'Angleterre de la fin du XVIIe et du début du XVIIIe siècle, un pays qui offrait dans l'Europe de son temps la double singularité, à la fois politique, d'un régime parlementaire, et religieuse, d'un régime de tolérance mutuelle entre les différentes confessions qui, pendant des décennies, s'étaient durement affrontées. Dans les premières loges, même s'il est évident que la référence fondamentale au christianisme, base de la culture européenne depuis alors environ quinze siècles, subsistait sans aucune discussion, la tolérance, le respect de la conviction intime des autres, et surtout le refus d'introduire dans les travaux maçonniques des conflits doctrinaux, politiques ou religieux furent parmi les éléments majeurs qui façonnèrent l'état d'esprit, l'atmosphère intellectuelle et la sociabilité de la jeune franc-maçonnerie. Son idéal moral complémentaire de fraternité universelle ne faisait d'ailleurs que renforcer cette éthique de reconnaissance de l'autre dans sa différence, de préservation de sa liberté intérieure. En dépit de la diversifi-

3. Voir la question 89, « Quelles sont les grandes valeurs morales que soutiennent les francs-maçons ? », p. 329.

cation des sensibilités qui devaient plus tard s'opposer parfois au sein de la franc-maçonnerie et notamment, depuis la fin du XIXe siècle, du clivage devenu classique entre la maçonnerie régulière et la maçonnerie libérale et adogmatique[4], ces caractéristiques demeurent revendiquées et sont toujours partagées par l'ensemble du corps maçonnique, sur toute la surface de la planète. Elle compose ce que l'on peut justement nommer la liberté de l'esprit.

Or, les groupes qui stigmatisent la « secte maçonnique » sont le plus souvent, sur le plan politique ou religieux, ou sur ces deux plans simultanément, violemment opposés à cette vision du monde, des relations entre les hommes et du débat d'idées en général. Qu'il s'agisse d'extrémistes de droite ou de gauche, de fondamentalistes chrétiens ou islamistes, ils proclament une unique vérité devant laquelle tous les esprits doivent plier, fléchir et se soumettre, sous peine d'en subir le châtiment s'ils s'y refusent. En ce sens, une structure de libre esprit comme la franc-maçonnerie est un ennemi de choix. Par un singulier retournement de la réalité, c'est son caractère universaliste et fraternel qui est dénoncé comme sectaire – alors qu'en toute rigueur, ce sont les doctrines exclusives et intolérantes qui fragmentent et divisent le corps social, en enfermant certains de ses membres dans un monde intellectuel sans issue !

Une motivation plus simpliste, pour qualifier la franc-maçonnerie de secte, tient également au constat qu'on y trouve des symboles et des rituels qui l'apparentent, dans certains esprits mal informés et peu cultivés, à ce que l'on nomme de nos jours les « nouveaux mouvements religieux » (NMR), des

4. Voir la question 51, « Quelle est la différence entre la franc-maçonnerie "régulière" et la franc-maçonnerie "libérale et adogmatique" ? », p. 200.

groupes très minoritaires dont la frontière avec le monde des sectes est parfois, en effet, assez poreuse. Il demeure pourtant, mais c'est un autre sujet, que la franc-maçonnerie, même quand elle revendique des bases spiritualistes, notamment bibliques, ne possède jamais les caractères d'une religion au sens propre du terme[5].

Enfin, le soupçon d'être une secte, nourrissant dans l'ombre de noirs desseins, est parfois aussi lié au « secret » qui entoure traditionnellement la franc-maçonnerie. Là encore, ce secret[6] relève de plusieurs malentendus et n'a rien à voir avec on ne sait quels sombres complots, si chers aux seuls… complotistes !

5. Voir la question 71, « La franc-maçonnerie est-elle une religion ? », p. 269.

6. Voir la question 64, « Quels "secrets" les maçons s'engagent-ils à protéger par serment ? », p. 243.

69

Qu'est-ce que le Grand Architecte de l'univers ?

Cette expression apparaît pour la première fois dans un texte maçonnique en 1723, les célèbres *Constitutions* publiées sous l'égide de la Grande Loge de Londres, alors fondée de fraîche date[1]. L'expression y est mentionnée dès la première page :

> Adam, notre premier ancêtre, créé à l'image de Dieu, le Grand Architecte de l'univers, dut avoir les Sciences libérales, particulièrement la Géométrie, inscrites dans son cœur.

On le voit, le sens de cette formule ne fait ici aucun doute : c'est évidemment un sobriquet symbolique de Dieu, le Dieu de la Bible et de l'Évangile, celui de James Anderson, pasteur presbytérien et auteur du texte des *Constitutions*[2].

Dès 1745, dans l'une des premières divulgations imprimées livrant au public les secrets de la maçonnerie, on pouvait

---

1. Voir la question 7, « Quand la première Grande Loge fut-elle créée ? », p. 37.
2. Voir la question 41, « Que représentent les *Constitutions* d'Anderson pour les francs-maçons ? », p. 161.

lire les premiers mots du serment – que l'on nomme « obligation » – exigé de chaque nouveau franc-maçon lors de son initiation : « En présence du Grand Architecte de l'univers, qui est Dieu… », tandis que le serment s'achevait par : « Et que Dieu me soit en aide et son saint Évangile ». Ces formules demeureront pratiquement inchangées tout au long du XVIIIe siècle et s'observeront encore au début du XIXe.

En Europe, l'idée que Dieu, dans son œuvre de création, s'apparentait à un architecte, ou à un géomètre, remontait sans doute à Platon lui-même. Le Moyen Âge chrétien, en plaçant ses références dans la Bible, avait pour sa part prolongé cette tradition avec, dès le XIIIe siècle, des images figurant Dieu le Père un compas à la main.

Mieux encore, et plus saisissant : c'est dans l'édition de 1567 du traité d'architecture de Philibert de l'Orme, au beau milieu d'une épître « Aux lecteurs bénévoles », que l'on trouve la première mention (en langue française) de l'expression « Grand Architecte de l'univers, Dieu Tout-Puissant » (p. 2 v°), dans un contexte assurément et totalement étranger à quelque franc-maçonnerie que ce soit, environ un siècle avant les premières manifestations de la maçonnerie spéculative en Angleterre, et plus de 150 ans avant la première occurrence de ce même terme dans un texte maçonnique anglais, c'est-à-dire dans la partie historique des *Constitutions* d'Anderson. La franc-maçonnerie n'a donc pas elle-même forgé la formule du « Grand Architecte » : une fois de plus, elle a emprunté à d'autres sources.

C'est cependant bien en France, dans le courant du XIXe siècle, que les choses ont commencé à changer, du moins pour les pays latins qui devaient se placer dans son sillage. Si, en 1877, le convent du Grand Orient de France, au terme d'une évolution intellectuelle sans doute amorcée au moins une trentaine d'années plus tôt, renonça à l'obligation faite à ses membres de croire en Dieu, il n'avait pas mentionné dans sa décision la formule spécifique du « Grand Architecte de l'univers ». Pourtant, sachant très bien quelle en avait été la signification constante dans la tradition maçonnique, il la supprima aussi, assez logiquement, dans une nouvelle édition de ses rituels en 1887. Le Suprême Conseil de France, à l'époque la deuxième obédience du pays, très minoritaire et dont les loges bleues[3] devaient acquérir leur indépendance en 1894 pour constituer la Grande Loge de France, avait conservé de son côté la fameuse formule mais en stipulant, dès 1872, « qu'il ne donnait aucune forme au Grand Architecte de l'univers ». En d'autres termes, l'ensemble de la maçonnerie française, vers la fin du Second Empire, avait évolué vers un agnosticisme marqué, voire un athéisme revendiqué, souvent teinté d'anticléricalisme assez vigoureux. Dieu, même sous le « vocable » du Grand Architecte de l'univers, ne pouvait plus y subsister – sauf à faire évoluer significativement le sens de cette dernière formule.

Il s'ouvre ainsi un immense éventail d'options parmi lesquelles chacun peut choisir. Certains privilégient une vision déiste et voient dans le Grand Architecte un « Dieu horloger », comme Voltaire et peut-être Newton, tandis que d'autres admettent un Principe universel et impersonnel, ou un Grand Tout panthéiste, ou encore la seule notion, du reste compatible avec la physique la plus scientifique et la plus laïque, que l'univers répond à des lois. D'autres enfin préfèrent y reconnaître une simple emblématisation de la loi morale ou de l'idéal de perfectionnement individuel et collectif que porte

3. Voir la question 37, « Qu'est-ce que la "maçonnerie bleue" ? », p. 146.

l'ordre maçonnique. Il est en tout cas parfaitement clair qu'il n'existe pas de définition précise et obligatoire d'un « Dieu maçonnique », s'opposant ou se substituant au Dieu des religions[4], comme cela a parfois été soutenu par quelques adversaires de la franc-maçonnerie.

De nos jours, dans un pays maçonniquement aussi particulier et aussi contrasté que la France, que représente donc le Grand Architecte aux yeux des francs-maçons, et quelle place occupe-t-il encore dans les loges ? On peut estimer qu'une assez nette majorité des maçons français appartient à une loge qui fait référence au Grand Architecte. Il est également probable qu'une minorité d'entre eux y voit le Dieu de la Bible – ou un Dieu personnel quelconque. En revanche, on constate généralement que ces mêmes francs-maçons sont attachés à cette référence quand leur loge la maintient. Ils y voient à la fois un signe d'appartenance et de fidélité à une certaine tradition mais aussi le marqueur d'une solennité, on pourrait presque dire d'une hauteur de vue de leurs travaux. Inversement, tout en ne partageant pas ce point de vue, les loges encore nombreuses qui ont expulsé le Grand Architecte de leurs temples n'en font plus depuis longtemps un *casus belli* avec les autres et n'insistent guère sur cette caractéristique. Si d'aventure on leur fait le reproche de cette absence, il est même assez fréquent qu'elles rétorquent simplement que les « croyants » sont respectés en leur sein, ce qui doit être globalement vrai.

Face à une telle complexité, si typiquement française, gageons que le Grand Architecte reconnaît tous ses enfants…

4. Voir la question 71, « La franc-maçonnerie est-elle une religion ? », p. 269.

70

Peut-on être franc-maçon et athée ?

La franc-maçonnerie, dès ses origines, a fait explicitement référence à Dieu sous l'appellation symbolique de « Grand Architecte de l'univers[1] ». Dans le monde entier, la maçonnerie dite régulière, d'obédience anglo-saxonne, conserve cette orientation et fait de la croyance en Dieu un des préalables nécessaires à toute adhésion à la franc-maçonnerie. Pour cette mouvance maçonnique, qui représente encore environ 90 % des effectifs mondiaux, la réponse à la question posée est donc clairement : non, on ne peut pas être franc-maçon et athée. Pour le grand public, dans un pays comme la France, cette position peut sembler surprenante. On a en effet l'habitude de se représenter le franc-maçon classique comme un militant républicain et « laïque », que jadis on qualifiait familièrement de « rad'-soc' bouffeur de curés », et les autorités de l'État elles-mêmes, lorsqu'elles reçoivent les représentants de la franc-maçonnerie, ont le sentiment de consulter à travers eux le « camp laïque ».

---

1. Voir la question 69, « Qu'est-ce que le Grand Architecte de l'univers ? », p. 261.

La maçonnerie française, au XVIIIe siècle, n'avait d'abord pas dévié de la référence obligatoire à Dieu, dans ses rituels notamment. Le serment maçonnique s'achevait toujours par la mention : « Et que Dieu me soit en aide. » On voit, cependant, que juste avant la Révolution, les rituels maçonniques français tendent peu à peu, sinon à effacer, du moins à rendre facultatives les mentions directes et explicites à Dieu, tandis que la présence de la Bible, elle-même classique et constante depuis les origines, tend à disparaître progressivement. Ce sera chose faite, toujours en France, au cours du premier tiers du XIXe siècle, dans à peu près toutes les loges – hormis d'inévitables exceptions. À cette époque, la société française, en tout cas la partie de la société française la plus représentée dans les loges, c'est-à-dire la petite et moyenne bourgeoisie puis, de plus en plus, les agents de l'État, était très marquée par une sorte de philosophie voltairienne modérée, surtout portée au relativisme et à l'indifférence en matière de religion.

Une période semblant paradoxalement tourner le dos pour un moment à cette évolution s'observa pourtant autour de la révolution de 1848. C'est alors que s'exprima un certain socialisme spiritualiste, non marxiste, typiquement français. Dans cette ambiance, en 1849, le Grand Orient de France, dont plusieurs membres éminents s'étaient d'ailleurs retrouvés aux avant-postes de la révolution, introduisit dans le texte de sa *Constitution* l'obligation de croire en Dieu ! Cette prescription, certes ancienne dans la tradition maçonnique mais en déclin constant en France depuis alors des décennies, redevint une obligation, théoriquement en tout cas, pour une trentaine d'années. Mais ce retour fut sans lendemain. En 1877, le Grand Orient, alors de très loin la principale obédience du pays, renonça à cette règle. Peu après ce revirement, la Grande

Loge unie d'Angleterre déclara ne plus souhaiter aucune relation avec le Grand Orient, manifestant son incompréhension absolue d'une telle proscription : le grand schisme, qui persiste de nos jours encore, entre la maçonnerie régulière et la maçonnerie libérale et adogmatique[2], venait donc de s'ouvrir.

On sait que notre pays allait vivre, dès le début des années 1880, la « guerre des deux France », et ce jusqu'au début des années 1920 – le moment culminant de ce conflit souvent violent et toujours passionné, de part et d'autre, ayant été la loi de séparation des Églises et de l'État, en 1905, mettant fin au Concordat de 1801 qui avait lié depuis plus d'un siècle l'État français et l'Église catholique. Dans la préparation et le vote de la loi de séparation des Églises et de l'État, la franc-maçonnerie française avait joué un rôle non négligeable par le biais de ses relais parlementaires alors puissants.

Après la rude parenthèse de l'Occupation[3], la diversification considérable des obédiences maçonniques françaises, à partir des années 1960, fut en partie liée à des interrogations relatives à cette question. Dans notre pays, le fait d'exiger ou non, du moins officiellement, la foi en un Être suprême demeure un marqueur important de l'identité d'une obédience.

Du reste, le problème n'est pas tant la question de Dieu que l'acceptation ou non d'une référence commune à tous les maçons qui travaillent dans le sein d'une même loge – ou d'une même obédience. Pour certains, Dieu est ici un prérequis permettant de passer à autre chose, mais dans une

2. Voir la question 51, « Quelle est la différence entre la franc-maçonnerie "régulière" et la franc-maçonnerie "libérale et adogmatique" ? », p. 200.

3. Voir la question 29, « Quel fut le sort des francs-maçons français sous l'Occupation ? », p. 114.

certaine perspective spirituelle collectivement et librement acceptée. À l'inverse, les loges ou les obédiences adogmatiques jugent préférable de n'en pas parler, de ne même jamais l'évoquer – au point qu'elles finissent, assez logiquement, par cultiver une sorte d'agnosticisme pratique, plus ou moins imposé à tous. Enfin, ici ou là, dans quelques obédiences plus que dans d'autres, on ne se prive pas, à l'occasion, de souligner ouvertement l'absurdité présumée de toute notion de transcendance, et surtout son inutilité dans une démarche maçonnique alors considérée comme essentiellement humaniste et sociétale.

La question initiale peut donc recevoir, en France, d'innombrables réponses, du « oui » ferme et non négociable, au « non » tout aussi convaincu. Une certaine indifférence à ce sujet reste néanmoins l'attitude le plus souvent rencontrée dans les milieux maçonniques français, à l'unisson d'un pays où le taux d'athéisme est l'un des plus élevés en Europe. Mais il est clair que même la maçonnerie la plus « régulière » ne fait jamais de théologie, et qu'il n'y a pas de Dieu maçonnique à part qui ferait de la maçonnerie une religion, y compris quand elle affirme la nécessité d'une croyance en un Être suprême.

71

La franc-maçonnerie est-elle une religion ?

En France singulièrement, mais aussi dans quelques pays latins, poser la question, c'est y répondre : évidemment non ! Dans ces territoires où la franc-maçonnerie est souvent majoritairement (mais pas exclusivement) libérale et adogmatique[1], c'est-à-dire essentiellement laïque et souvent très suspicieuse à l'égard des religions – sans jamais interdire à ses membres de s'en réclamer à titre privé –, il va de soi que la franc-maçonnerie se situe dans un registre entièrement distinct de celui des religions. C'est celui de la morale laïque, de la philosophie universaliste et de la préoccupation humaniste. Cette position, tenue par une maçonnerie plutôt rationaliste, est cohérente et attendue de sa part. Elle est assez largement partagée dans les cercles maçonniques français.

En revanche, la situation se complexifie un peu lorsqu'on interroge la maçonnerie anglo-saxonne qui fait de la foi explicite en un Être suprême un critère obligatoire de recrutement de ses membres. On peut en effet lire sur un site

1. Voir la question 51, « Quelle est la différence entre la franc-maçonnerie "régulière" et la franc-maçonnerie "libérale et adogmatique" ? », p. 200.

maçonnique anglais cette affirmation sans ambiguïté : « Une exigence essentielle pour tous les membres est de croire en Dieu. » Or, cette même maçonnerie répète souvent, avec la même insistance, la formule suivante : « On attend de tous les francs-maçons qu'ils aient une croyance religieuse, mais la franc-maçonnerie n'a pas pour but d'être une religion ni un substitut de religion. »

Cette position, qui se comprend sans grande difficulté dans la culture anglo-saxonne, pose souvent un problème d'approche en France – particulièrement dans les milieux maçonniques. Elle ne fait qu'y traduire l'étrange relation de l'opinion publique avec la religion en général. Notre pays a une forte tradition catholique – mais, de nos jours, on pourrait le qualifier de « postcatholique » : le catholicisme continue d'imprégner des pans entiers de notre culture, alors que la fidélité ou le simple attachement à l'Église catholique s'est considérablement amoindri, au cours des cinquante dernières années notamment. Dans le cadre maçonnique, du fait même de cette relative inculture religieuse, on en arrive à penser que « croire en Dieu », c'est avoir forcément une religion, et que le fait d'en avoir une suppose de lui être soumis, comme on l'était jadis à la hiérarchie de l'Église catholique. On rejette donc cette soumission, et l'on croit qu'évoquer Dieu équivaudrait à y revenir…

C'est oublier les origines fondamentalement protestantes de la maçonnerie. Les conséquences en sont notables par rapport aux convictions « religieuses » exigées d'un franc-maçon, dans le contexte maçonnique anglo-saxon. Dans un tel contexte, en effet, il ne faut pas oublier ce mot de Boileau – qui voulait, quant à lui, stigmatiser la « religion prétendue réformée » : « Tout protestant est pape, une Bible à la main. »

Remplaçons le mot « protestant » par « franc-maçon » et l'on aura une description assez exacte du rapport de la maçonnerie anglo-saxonne au problème religieux. On comprend alors mieux que les Anglais puissent dire : « Il faut croire en Dieu pour être franc-maçon, mais la maçonnerie n'est ni une religion, ni un substitut de religion » ! Elle n'en satisfait du reste aucun des critères classiques : elle n'enseigne aucune théologie particulière, n'impose aucun credo détaillé, ne distribue pas de sacrements et ne promet pas le salut à ses adeptes – une plaisanterie commune dans les loges anglaises consiste même à dire que l'amour fraternel tient tellement au cœur des francs-maçons que, pour se retrouver tous ensemble, ils iraient volontiers jusqu'en enfer…

Mais, en France de nouveau, la réalité est peut-être encore plus subtile. On observe, dans ce pays largement déchristianisé où l'identité religieuse ne pèse plus très lourd, une relative fascination de nombre de francs-maçons pour leurs usages et leurs symboles. L'intérêt qu'ils y portent, le soin qu'ils mettent à respecter la pratique la plus exacte possible de leurs rituels, le sentiment de gravité qui les saisit souvent en entrant dans un de leurs temples, toutes ces attitudes ont quelque chose qui évoque parfois, lointainement mais clairement, le sentiment religieux qu'ils ont par ailleurs répudié. À l'instar des vieilles religions oubliées, la maçonnerie leur fournit un cadre spirituel, une identité communautaire, un code moral, des signes symboliques d'appartenance. Au fond, le paradoxe est là : en France, c'est souvent dans les milieux maçonniques qui ont récusé le « sacré religieux » que la maçonnerie apparaît le plus volontiers comme une sorte de religion substituée, involontaire et inconsciente.

72

Y a-t-il du satanisme dans la franc-maçonnerie ?

En apparence, la question peut sembler parfaitement grotesque. Elle l'est en effet, et nul ne peut sérieusement imaginer que les loges qui ont reçu en leur sein, dans le monde entier, depuis trois siècles, des millions de personnes raisonnables, intelligentes et souvent sincèrement pieuses, aient jamais pu vouer, de près ou de loin, un culte au démon ! On a presque envie d'écarter le sujet comme dépourvu de toute vraisemblance et donc du moindre intérêt. Ce serait pourtant une erreur, car cette question a été plusieurs fois posée à la franc-maçonnerie par certains de ses adversaires, au cours de son histoire, et elle l'est même encore parfois dans certains milieux religieux contemporains…

Les premiers témoignages d'un tel soupçon remontent à la fin du XVIIe siècle, en 1698, lorsque fut publié à Londres un libelle contre la franc-maçonnerie – alors confidentielle – dénonçant les « méfaits et les maléfices diaboliques commis sous le regard de Dieu par ceux que l'on nomme les francs-maçons ». Ce fut surtout le commencement d'un destin sans égal pour la franc-maçonnerie anglaise ! En Angleterre encore, ou aux États-Unis, dès le XVIIIe siècle, on rapporte aussi quelques cas de pseudo-initiations maçonniques opérées par des escrocs, persuadant leurs dupes qu'ils faisaient allégeance au diable et n'hésitant pas, avec l'aide d'un comparse, à le faire apparaître pour quelques pièces d'or. Il s'agissait alors simplement, pour ces aigrefins étrangers à la maçonnerie mais conscients du mystère qu'elle suscitait, d'exploiter l'ignorance et la crédulité de quelques-uns.

Mais au-delà de ces anecdotes qui, le plus souvent, incitent davantage à sourire qu'à s'inquiéter, une accusation plus fondamentale est née au XIXe siècle, en plein cœur de la campagne antimaçonnique qui se développa principalement en France, pendant quelques décennies, essentiellement sous l'inspiration de certains cercles catholiques. En 1864, dans le *Syllabus*, véritable encyclopédie polémique, publiée par le pape Pie IX et listant toutes les « erreurs modernes » qui affolaient alors l'Église (indifférentisme, rationalisme, libéralisme, etc.), les sociétés secrètes[1] n'étaient pas oubliées et la franc-maçonnerie était présentée comme la « synagogue de Satan ». L'expression fit florès et, bien que tirée de l'Apocalypse où elle désigne simplement « ceux qui se disent juifs et ne le sont pas » (Apocalypse 2, 9), elle fut prise au pied de la lettre par de trop nombreux catholiques. Une trentaine d'années plus tard, un mystificateur de génie, Léo Taxil, sut s'en souvenir et raconta à un public médusé que le diable dirigeait en sous-main la franc-maçonnerie et faisait parfois quelques apparitions en loge. Le canular dura une douzaine d'années, fut pris très au sérieux par de nombreuses autorités

1. Voir la question 67, « La franc-maçonnerie est-elle une société secrète ? », p. 254.

ecclésiastiques, et créa un scandale monumental quand son auteur, hilare, révéla le pot aux roses[2]...

La propagande catholique eut du mal à reprendre, après l'immense mystification taxilienne, le thème du « diable en loge » mais, aussi énorme que cela puisse paraître, il n'a pourtant pas perdu toute sa vigueur dans quelques cénacles intégristes qui aiment encore à pointer les « forces obscures » qui, selon leurs informations, environnent les loges.

Néanmoins, l'accusation de satanisme maçonnique est, de nos jours, l'apanage presque exclusif de groupements évangéliques extrémistes, souvent américains, ou de groupuscules complotistes – la bi-appartenance à ces deux milieux souvent exaltés n'étant pas impossible. On retrouve également la même hostilité et les mêmes griefs chez les tenants d'un islam[3] fondamentaliste. On apprécie beaucoup, dans cette littérature, les confessions de « repentis », de francs-maçons qui ont « ouvert les yeux et quitté la secte[4] » : récemment, l'un d'entre eux signait encore un livre tout simplement intitulé *Je servais Lucifer sans le savoir*. On ne sait trop s'il faut en rire ou en pleurer... On peut d'ailleurs broder sur ce thème en raffinant dans l'immonde : un ouvrage publié il y a quelques années par un obscur américain avait pour thème « pédo-satanisme et franc-maçonnerie ». Son auteur était un ancien dignitaire de l'« Église de Satan ».

2. Voir la question 23, « Qu'est-ce que fut la mystification de Léo Taxil ? », p. 93.

3. Voir la question 77, « Quelles sont les relations de la franc-maçonnerie avec l'islam ? », p. 291.

4. Voir la question 68, « Quelles différences entre la franc-maçonnerie et une secte ? », p. 257.

Ces ragots déplaisants, répandus à foison sur Internet, sont simplement grotesques quoique souvent délirants et exprimés sur un mode assez violent. Ils ne nous apprennent pas grand-chose sur la franc-maçonnerie mais ils nous en disent beaucoup sur le mode de pensée, les références et les « valeurs » de ses ennemis les plus acharnés. Par contraste, ces discours absurdes tracent finalement un portrait involontairement plutôt flatteur des « fils de la lumière[5] », *a priori* bien éloignés de cette intolérance obtuse et de ce sectarisme agressif et parfois menaçant.

5. Voir la question 66, « Que signifie l'expression “fils de la lumière”, qui désigne les francs-maçons ? », p. 250.

73

Quelles sont les relations de la franc-maçonnerie avec l'Église catholique ?

Lorsque la franc-maçonnerie fit son apparition en France, vers 1725, venant d'Angleterre, elle avait *a priori* peu de chances d'y prospérer, d'abord parce qu'elle venait d'un pays ayant établi un régime politique de monarchie parlementaire, bien éloigné de l'absolutisme royal pratiqué en France, ensuite parce que c'était un pur produit de l'esprit protestant et que, dans un pays où la « religion prétendue réformée » était prohibée depuis 1685 (l'édit de Fontainebleau révoquant l'édit de Nantes), c'était aussi un lourd handicap. Les francs-maçons français surent passer l'obstacle politique en s'assurant la protection de grands seigneurs, dont le comte de Clermont, prince du sang, qui fut leur grand maître dès 1743. L'obstacle religieux, quant à lui, devait être évité en France d'une façon très différente.

En 1738, le pape Clément XII fulmina une bulle d'excommunication contre les francs-maçons (*In Eminenti*). C'était une excommunication majeure : « *ipso facto* » et « réservée au siège apostolique » – en d'autres termes : un franc-maçon était excommunié du seul fait d'avoir été initié, sans qu'on ait besoin de le constater, et la levée de cette sanction n'appartenait qu'au pape qui, seul, pouvait l'annuler. Ces dispositions devaient demeurer en vigueur, dans les mêmes termes, jusqu'en 1983... Pour l'essentiel, on reprochait aux loges de rassembler des personnes de « toutes religions », s'engageant « par serment prêté sur la Bible, et sous les peines les plus graves, à couvrir d'un silence inviolable ce qu'ils font dans l'obscurité du secret ». On voit que le sectarisme religieux est ici jugé dangereux et qu'on estime par ailleurs qu'un serment aussi solennel que celui des maçons ne peut cacher que des secrets monstrueux[1].

En France, en vertu des libertés de l'Église gallicane et des lois du royaume, aucune bulle n'était exécutoire si elle n'avait auparavant été enregistrée par le parlement de Paris. Ce dernier, où le parti janséniste, hostile à Rome, était puissant, s'y refusa constamment : les francs-maçons français et catholiques purent donc s'adonner aux travaux de leur loge sans aucun trouble de conscience, la condamnation ne les concernant pas...

Ce fut pourtant le début d'une longue et profonde mésentente. Un premier tournant fut marqué par la Révolution française. Il fallait bien désigner les coupables d'un tel bouleversement politique et religieux : or, dès le début des années 1790, parmi les émigrés notamment, la maçonnerie fut tenue pour responsable du chaos révolutionnaire, en vertu d'une des premières versions de la théorie du complot. Ce fut en particulier le cas dans l'œuvre monumen-

1. Voir la question 64, « Quels "secrets" les maçons s'engagent-ils à protéger par serment ? », p. 243.

tale, extrêmement mal écrite et pleine de confusion, *Mémoires pour servir à l'histoire du jacobinisme*, de l'abbé Barruel, qui assimilait la franc-maçonnerie aux Illuminati[2] et la rendait responsable de tous les malheurs de son époque. Cet indigeste *pensum* devint cependant, pour certains et pour longtemps, un véritable bréviaire. L'historiographie moderne a depuis fait justice de la thèse simpliste d'une sourde machination ourdie par la franc-maçonnerie contre « le trône et l'autel », mais cette conviction s'enracina fortement dans certains esprits pour devenir l'un des piliers de l'antimaçonnisme[3] en France.

Mais le véritable tournant, au milieu du XIXe siècle, fut la montée en puissance, dans les loges françaises, d'un courant républicain et laïciste très vigoureux. C'est alors, avec l'avènement de la IIIe République, que vint le temps de l'affrontement le plus virulent entre l'Église et la franc-maçonnerie : ce fut, pour quelques décennies, la « guerre des deux France ». L'un des points les plus sensibles du programme républicain était la séparation des Églises et de l'État, et les francs-maçons dotés de responsabilités politiques, de plus en plus nombreux à cette époque, furent en grande partie les artisans de la loi de 1905 qui mit le feu aux poudres.

Le Code de droit canon de 1917 confirma logiquement l'excommunication de « ceux qui s'inscrivent dans une secte maçonnique ou dans toute autre association du même genre qui complote contre l'Église et les pouvoirs civils légitimes ». Dans le courant des années 1960, à la suite de Vatican II,

---

2. Voir la question 79, « Les Illuminati contrôlent-ils la franc-maçonnerie ? », p. 298.
3. Voir la question 93, « Quels sont les fondements de l'antimaçonnisme ? », p. 342.

diverses tentatives eurent lieu pour faire lever les condamnations vaticanes, au moins à l'égard de la maçonnerie régulière, alors hégémonique dans le monde mais très minoritaire en France, qui exigeait la croyance en Dieu et refusait toute implication politique et toute polémique religieuse.

En 1983, le nouveau Code de droit canon supprima l'excommunication *ipso facto* des francs-maçons, ce qui fut interprété par certains comme un signe d'ouverture. Toutefois, le Vatican, par l'intermédiaire du cardinal Ratzinger (le futur Benoît XVI), alors préfet de la Sacrée Congrégation pour la doctrine de la foi – ex-Saint-Office –, rappela que l'appartenance à la maçonnerie demeurait pour les catholiques un péché grave qui les excluait de la sainte communion. Le Vatican reconnaissait que la maçonnerie n'était plus un lieu de complots politiques – ce qu'elle n'avait du reste jamais vraiment été – et qu'elle pouvait même comporter une dimension authentiquement spirituelle, notamment dans la maçonnerie « déiste[4] ». Mais le fait de ne pas proclamer que l'Église catholique est l'unique voie menant au salut à travers le Christ, ce qui est qualifié d'« indifférentisme », justifiait donc aux yeux des hiérarques de Rome le maintien de la condamnation, quoique sous une forme atténuée. C'est la dernière prise de position officielle de l'Église catholique sur ce sujet.

De nos jours, nombre de catholiques « de souche » sont francs-maçons sans aucune inquiétude. Certains sont d'ailleurs pratiquants et ne voient pas où est la difficulté. D'autres ignorent simplement quelle est la position exacte de l'Église

4. Voir la question 51, « Quelle est la différence entre la franc-maçonnerie “régulière” et la franc-maçonnerie “libérale et adogmatique” ? », p. 200.

sur ce sujet et ne se posent pas la question. Quelques prêtres ont même été initiés – certains sans dommage, tandis que d'autres ont été sanctionnés après leur *outing*. Seuls les milieux intégristes continuent de fulminer interminablement contre les loges, d'y suspecter de noirs desseins, de sombres manœuvres et d'obscures bacchanales.

74

Quelles sont les relations de la franc-maçonnerie avec le protestantisme ?

Tout était fait, *a priori*, pour que les choses soient simples : la franc-maçonnerie, née en pays protestant, fondée sur la tolérance mutuelle des confessions religieuses en son sein et dont les membres étaient unis par un serment sur la Bible, ne pouvait que bien s'entendre avec le protestantisme. Sans surprise, donc, c'est en grande partie ce qui s'est produit. Notamment en Grande-Bretagne ou aux États-Unis. En Angleterre, par exemple, la Grande Loge possède un Grand Chapelain qui est ordinairement un ecclésiastique de haut rang de l'Église d'Angleterre. Les loges font annuellement célébrer des services dans l'église anglicane de leur ressort, arborant pour la circonstance, dans la cathédrale anglicane du lieu, leurs plus beaux décors.

Quelques signaux faibles de désaccord survinrent pourtant dès la fin du XVIIIe siècle. Ainsi, John Wesley (1703-1791), le fondateur du méthodisme – un schisme anti-anglican –, avait émis des réserves sur l'appartenance de ses ouailles à la franc-maçonnerie – car on y trouvait sans doute trop d'anglicans à son goût ! Toutefois, cette mise en garde eut peu d'effets et nombre de méthodistes anglais entrèrent dans les loges. Il est donc peu surprenant qu'en 1985, la Conférence méthodiste de Grande-Bretagne ait à nouveau émis des réserves, mais toujours sans prononcer de condamnation explicite. Jusqu'à aujourd'hui, le méthodisme dans son ensemble est resté assez méfiant à l'égard des francs-maçons. Une attitude longtemps très marginale en Angleterre – comme le méthodisme lui-même

C'est après la dernière guerre que les choses commencèrent à vraiment changer du côté de l'Église d'Angleterre, cette fois. En 1955, un prêtre anglican passé au catholicisme dont il avait repris le discours antimaçonnique, Walton Hannah, dans un livre intitulé *Darkness Visible* (« Les ténèbres visibles »), empruntant une formule un peu énigmatique extraite du rituel maçonnique anglais, tira à boulets rouges sur la franc-maçonnerie. Il ne l'accusait pas d'impiété, cela va de soi, car il savait parfaitement ce qu'était l'esprit de la maçonnerie britannique sur le plan religieux, il lui reprochait au contraire d'avoir inventé une sorte de Dieu à part, le Grand Architecte de l'univers[1], d'avoir forgé un syncrétisme religieux mêlant des éléments de provenances diverses, plaçant ainsi, contre son gré, l'adepte chrétien de ces pratiques maçonniques dans une sorte de religion nouvelle, et faisant ainsi de lui un renégat à la foi dans le Christ ! Il avait lui-même la foi des nouveaux convertis et s'efforçait ainsi de le démontrer.

Alors au faîte de sa puissance, la maçonnerie anglaise ne répondit pas vraiment et l'affaire fut assez vite oubliée. Trente

1. Voir la question 69, « Qu'est-ce que le Grand Architecte de l'univers ? », p. 261.

ans plus tard, elle reprit pourtant lors du synode de l'Église d'Angleterre de 1987 qui examina la question suivante : « La franc-maçonnerie et le christianisme sont-ils compatibles ? » Au terme d'un long débat, la conclusion fut mitigée, ni entièrement défavorable ni clairement favorable : elle traduisait en fait les tensions internes à l'Église anglicane, sur ce sujet comme sur quelques autres (l'ordination des femmes, par exemple), entre les « crypto-catholiques » (l'aile droite), les « fondamentalistes » (l'aile gauche) et la grande masse des libéraux. La Grande Loge unie d'Angleterre n'en sortit pas moins de son silence historique pour contester avec courtoisie mais fermeté des allégations qu'elle jugeait à la fois fausses et désobligeantes. Des échanges eurent lieu mais rien de définitif ne fut acté. Des prêtres et des dignitaires anglicans demeurèrent libres d'appartenir à la franc-maçonnerie anglaise sans aucune difficulté. Aujourd'hui, c'est encore le *statu quo* outre-Manche.

Par ailleurs, à partir des années 1970, chez les évangéliques qui forment une mouvance religieuse née dans le protestantisme et surtout implantée aux États-Unis, fédérant des chrétiens réputés pour leur attitude intransigeante à l'égard de tout ce qui n'est pas leur Église particulière, la maçonnerie a fini par être identifiée comme une « ennemie de l'Évangile ». Usant d'un argumentaire volontiers véhément, parfois textuellement emprunté à celui de l'Église catholique mais exprimé avec plus de passion, accusant la maçonnerie de détourner ses adeptes chrétiens de la seule voie du salut, c'est-à-dire dire l'Église elle-même et elle seule, les innombrables chapelles évangéliques ont souvent prononcé des condamnations assez violentes contre les loges – allant jusqu'à y soupçonner des liens avec le satanisme[2] ! La maçonnerie américaine, à la différence de son homologue anglaise, a peu réagi dans l'ensemble, le dialogue lui paraissant ici de toute façon impossible.

En France enfin, où depuis l'origine le protestantisme est resté très marginal, ce dernier a été peu concerné par ces débats. Observons simplement que, depuis au moins le début du XIXe siècle, les protestants ont toujours été relativement surreprésentés au sein de la franc-maçonnerie de ce pays. Il n'est d'ailleurs pas rare de croiser des pasteurs dans les loges. Elles furent même pour eux l'un des premiers lieux de leur établissement définitif dans la société française qui, jusque-là, leur avait été plutôt hostile.

2. Voir la question 72, « Y a-t-il du satanisme dans la franc-maçonnerie ? », p. 272.

75

Quelles sont les relations de la franc-maçonnerie avec l'orthodoxie ?

Les territoires où l'orthodoxie est très présente – pour l'essentiel la Russie et quelques pays slaves, ainsi que la Grèce et sa zone d'influence –, n'ayant jamais été des terres de grande diffusion de la franc-maçonnerie, les conflits éventuels entre les loges et les Églises orthodoxes n'ont jamais eu beaucoup de retentissement. Cela ne signifie pas qu'ils soient négligeables. L'orthodoxie, traditionnellement très liée aux pouvoirs politiques dans les pays où elle domine, a souvent été conduite à se positionner par rapport à la maçonnerie en fonction de considérations davantage politiques que proprement religieuses.

Le synode de l'Église grecque a ainsi condamné la franc-maçonnerie et interdit à tous ses membres de lui appartenir dès 1933, mais dans ce pays, la franc-maçonnerie, de tonalité politique et même révolutionnaire, avait beaucoup lutté contre le pouvoir considérable de l'Église, institution dotée d'un patrimoine énorme et de privilèges fiscaux. Une même condamnation a également été formulée dans les années 1950 par des Églises orthodoxes russes en exil, lesquelles voyaient sans doute également dans la franc-maçonnerie une puissance « progressiste », alors que ces Églises ayant fui la Russie étaient elles-mêmes politiquement très conservatrices. Paradoxalement, les Églises russes « de l'intérieur », sous le régime communiste, n'avaient pas eu à se prononcer : le communisme avait éteint la franc-maçonnerie partout où il avait pris le pouvoir…

Mais rien n'est aussi simple : un personnage aussi emblématique que Mgr Mikhail Makarios (1913-1977), par exemple, archevêque orthodoxe de Chypre puis président de la République chypriote, avait lui-même été initié dans une loge anglo-saxonne.

Au cours de l'après-guerre, en France cette fois, une Église orthodoxe, parmi d'autres, fut créée pour des Français – et non pour des Russes ou des Slaves exilés – à partir du patriarcat de Roumanie, sous le nom d'Église catholique orthodoxe de France (ECOF), dont plusieurs membres éminents ont été notoirement francs-maçons. Du reste, à la même époque, devant le maintien des condamnations portées contre la franc-maçonnerie, et pour se mettre en paix avec leur confiance, un certain nombre de catholiques français et francs-maçons se convertirent à l'orthodoxie ! Dans le monde orthodoxe, aussi éclaté que celui du protestantisme, on pouvait toujours trouver une église accommodante…

76

Quelles sont les relations de la franc-maçonnerie avec le judaïsme ?

La question de la présence de Juifs dans les loges ne s'est pas posée de la même façon selon les pays d'Europe où la franc-maçonnerie a commencé à se répandre, dès le premier tiers du XVIIIe siècle. Pour le dire en quelques mots, les Juifs en ont d'abord été complètement absents, en premier lieu parce qu'ils ne jouissaient habituellement pas d'un statut civil reconnu, ne possédant d'autre droit que celui d'être tolérés – plus ou moins – selon la faveur du prince ou des autorités de l'État où ils résidaient. Une raison supplémentaire était l'habituelle méfiance – pour ne pas dire l'hostilité déclarée – qui les frappait dans la plupart des pays chrétiens. La seule relative exception, au XVIIIe siècle, fut l'Angleterre.

On signale la présence de quelques Juifs dans les loges anglaises dès le début des années 1730 : l'esprit de tolérance religieuse qui grandissait en Grande-Bretagne depuis la Glorieuse Révolution de 1688 avait sans doute préparé cette acceptation mais ces cas demeuraient, malgré tout, assez exceptionnels. En France, l'exclusion fut plus durable, sans doute en raison d'un préjugé antisémite plus enraciné dans un pays catholique – mais n'oublions pas que Voltaire lui-même avait eu des mots terribles à l'encontre des Juifs.

Tout changea dès le début du XIXe siècle. Pour ne nous en tenir qu'aux deux pays maçonniques majeurs de l'époque, à savoir la Grande-Bretagne et la France, l'intégration progressive des Juifs dans la société civile permit presque aussitôt leur arrivée dans les loges, comme une conséquence naturelle et presque un achèvement visible du processus de leur intégration. En Angleterre, les choses allèrent encore plus loin. Lors de la fusion, en 1813, des deux Grandes Loges anglaises rivales qui s'étaient opposées l'une à l'autre pendant soixante ans, le premier grand maître de la Grande Loge unie d'Angleterre, le duc de Sussex – un prince très philosémite – fit remanier en quelques années tous les rituels pour les « déchristianiser ». Il ne faut pas entendre par là qu'ils subirent l'évolution laïcisante, rationaliste et anticléricale qui les caractériserait en France sous la IIIe République, mais y voir plutôt un effet de la volonté anglaise de faire de la maçonnerie un outil d'assimilation des « élites indigènes » dans un Empire qui s'accroissait chaque jour et rassemblait de nombreux peuples non chrétiens, notamment en Inde et au Moyen-Orient. Ainsi, dans les rituels et les légendes maçonniques, tous les éléments ouvertement chrétiens furent retranchés au profit de références quasi exclusives à l'Ancien Testament. Par ce biais, pour des raisons initialement géopolitiques plus que morales, les Juifs devinrent en Angleterre, où depuis 1858 ils jouissaient de tous leurs droits civils et politiques, de fervents adeptes de la franc-maçonnerie. La même évolution, pour des raisons différentes, s'observa en France, surtout après la conclusion du Concordat de 1801 qui éloigna des loges les catholiques ultramontains, ce qui fit monter en puissance, dans la franc-maçonnerie, une bourgeoisie plus ou moins voltairienne où les Juifs purent prendre leur place lorsque leur statut fut reconnu par les décrets de 1808.

A priori, beaucoup d'aspects de la vie interne de la maçonnerie pouvaient séduire les enfants d'Israël. À commencer par ses légendes et ses symboles essentiels : le Temple de Salomon et la légende d'Hiram[1]. De même que les protestants, pour des raisons du reste assez proches, les Juifs finirent ainsi, notamment en France, par être significativement surreprésentés dans les loges maçonniques, par comparaison avec leur faible nombre dans la population française.

Certains pays firent cependant de la résistance : ainsi, en Allemagne, au cœur même du XXe siècle et jusqu'au début des années 1930 – avant que le nazisme ne détruise la franc-maçonnerie dans ce pays –, les Juifs accédaient encore très difficilement aux loges. C'est cependant le succès relatif des Juifs au sein de la maçonnerie qui fit naître, dans les milieux antimaçonniques de la fin du XIXe siècle, souvent ultracatholiques et politiquement réactionnaires, le concept de « judéo-maçonnerie ». Le thème de l'antisémitisme fusionnant avec celui de l'antimaçonnisme, les loges étaient présentées comme le refuge et la base secrète du complot juif… Toute une iconographie publiée dans la presse antimaçonnique, jusqu'au sinistre film *Forces occultes*, commandité par la puissance occupante pendant la dernière guerre, montrera ainsi le franc-maçon affairiste et combinard sous les traits caricaturaux du Juif emblématique, le nez busqué, le teint hâlé, la courte barbiche, l'air cruel et avide d'argent. Certains sites antimaçonniques consultables de nos jours sur Internet,

1. Voir la question 63, « Qui était maître Hiram ? », p. 241.

souvent d'inspiration islamiste ou évangélique, ou simplement complotistes, n'ont pas complètement abandonné ces stéréotypes d'un autre âge et révèlent, au-delà de l'hostilité affichée contre la maçonnerie, la trouble persistance de vieilles haines.

Signalons, pour le symbole, qu'il existe une Grande Loge d'Israël dont les loges disposent, sur l'autel des serments, la Bible, le Nouveau Testament et le Coran : les livres sacrés des trois religions de Jérusalem, ville sainte et lieu de toutes les légendes maçonniques.

77

Quelles sont les relations de la franc-maçonnerie avec l'islam ?

La franc-maçonnerie est née en contexte chrétien – c'est un pur produit de la culture européenne de la fin du XVIIe siècle et du siècle suivant. Elle a tiré de la Bible et des Évangiles l'essentiel de ses références symboliques et légendaires. En France comme en Angleterre, tout au long du XVIIIe siècle, c'est sur l'évangile de Jean qu'ont été prêtés tous les serments maçonniques. Les Juifs et les « mahométans » étaient donc initialement absents des loges, soit parce qu'ils ne possédaient pas encore vraiment de statut civil pour les premiers, soit parce qu'ils étaient de toute façon, pour les seconds, absents de France ou d'Angleterre. On connaît toutefois quelques cas d'admission de Juifs en Angleterre vers le milieu du XVIIIe siècle, et un cas exceptionnel concernant un diplomate musulman initié à Londres à la même époque. Ces exemples ne sont toutefois guère significatifs.

La question de l'admission de musulmans dans les loges s'est posée à mesure que les États européens, en fait surtout la France et le Royaume-Uni, ont développé leur empire colonial. En Inde, les Anglais ont largement pratiqué l'initiation dans des loges locales de notables indiens appartenant à toutes les communautés du pays : hindouistes, sikhs, musulmans. C'était une manière d'intégrer les populations « éclairées » de l'Inde dans le système colonial. Les maçons musulmans que l'on pouvait rencontrer appartenaient souvent, au milieu du XIXe siècle, à une certaine élite cultivée et libérale, visant à une réforme de l'islam, compatible avec l'autorité coloniale. Encore s'agissait-il d'une maçonnerie de type régulier[1], fondée sur des références religieuses que la Grande Loge unie d'Angleterre avait opportunément élargies en 1813, admettant dans ses loges d'outre-mer d'autres livres sacrés que la Bible, et notamment le Coran, au même titre que la *Bhagavad Gita* ou le Canon pâli.

De même, en Algérie française, les colons établirent des loges où quelques musulmans « avancés » furent reçus – là encore, cette pratique répondait à l'idée de la « mission civilisatrice de la France » à laquelle les loges de l'époque faisaient explicitement référence. En Turquie, au début du XXe siècle, le mouvement nationaliste et laïque des Jeunes Turcs, représenté notamment par le fameux Kemal Atatürk, fondateur de la Turquie moderne, fut parfois séduit, quant à lui, par une maçonnerie de type libéral et adogmatique dont la philosophie s'accordait à son projet politique.

Pourtant, au sein de l'islam, dans toutes ses composantes, des mouvements d'hostilité se manifestèrent assez tôt. À la fois pour des raisons liées à la lutte nationaliste et anticolonialiste mais aussi pour des motifs proprement religieux, nombre d'autorités musulmanes stigmatisèrent la franc-maçonnerie,

1. Voir la question 51, « Quelle est la différence entre la franc-maçonnerie "régulière" et la franc-maçonnerie "libérale et adogmatique" ? », p. 200.

notamment pour son indifférentisme ou son relativisme religieux, sans compter un fond d'antisémitisme face à un système symbolique où les références à la Bible étaient omniprésentes – et le Coran partout absent.

Le cas d'Abd-el-Kader, souvent cité, est révélateur par son ambiguïté même. Ce maître soufi, adversaire malheureux des Français et exilé en Turquie à partir de 1852, était intervenu en faveur des minorités chrétiennes menacées à Damas en 1860, sauvant ainsi des milliers de chrétiens en danger de mort. Jouissant depuis lors d'une image flatteuse en Europe, il fut sollicité pour être initié dans la franc-maçonnerie et donna son accord. Cela fut fait à Alexandrie, par la loge francophone Les Pyramides, le 18 juin 1864, à l'instigation d'une loge parisienne du Grand Orient de France, la loge Henri-IV. Abd-el-Kader, chef de guerre autant que politique et mystique, avait sans doute vu dans la franc-maçonnerie, qu'il connaissait très peu, une sorte de *tariqa* (confrérie soufie) des chrétiens, comme un trait d'union spirituel possible entre chrétiens et musulmans. Il n'est cependant pas connu pour avoir eu par la suite la moindre activité maçonnique : l'évolution laïque et souvent ouvertement antireligieuse de la maçonnerie française, au cours des années 1870, l'en aurait de toute façon dissuadé.

Il reste que depuis quelques décennies, la réaction globalement anti-occidentale et antisioniste du monde musulman, dans sa grande majorité, a dirigé toutes ses flèches sur la franc-maçonnerie. Partout où l'islam a pris le pouvoir, après l'époque coloniale, la franc-maçonnerie a été interdite et parfois brutalement persécutée. Sur les sites islamistes, dont la violence n'est pas que purement verbale, la franc-maçonnerie est présentée comme une machine de guerre pro-occidentale, pro-sioniste et même satanique[2] ! À ce jour, seule la Turquie possède encore des loges, bien que leur condition soit de plus en plus précaire en raison de l'islamisation progressive du régime, ainsi que le Maroc, par la grâce particulière du roi, souverain pro-occidental mais aussi Commandeur des croyants. Partout ailleurs, l'islam a éradiqué purement et simplement la franc-maçonnerie, comme en Iran où elle était prospère dans les milieux cultivés du pays, et ce dès l'instauration du régime des mollahs en 1979. Il n'empêche qu'aux yeux de certains francs-maçons français, l'arrivée dans les loges de candidats issus de familles d'origine musulmane, dans un pays laïque comme la France, est une manière d'achever et d'acter leur parcours d'intégration à la culture européenne.

2. Voir la question 72, « Y a-t-il du satanisme dans la franc-maçonnerie ? », p. 272.

78

Y a-t-il des francs-maçons en Extrême-Orient ?

Forme d'organisation initiatique typiquement occidentale, faisant référence, à travers la Bible, aux traditions religieuses judéo-chrétiennes, la franc-maçonnerie apparaît, par nature même, totalement étrangère à la culture et à la civilisation des pays d'Extrême-Orient. De fait, elle n'y a pris pied, parfois dès la fin du XVIIIe siècle mais surtout au cours du XIXe siècle, que par le biais des comptoirs de commerce ou des empires coloniaux que les nations européennes, principalement la France et le Royaume-Uni, ont constitués, notamment en Inde, en Asie du Sud-Est ou encore en Chine. Plus tard, ce furent les Américains qui, depuis la fin de la dernière guerre mondiale et leur installation militaire dans le Pacifique, l'océan Indien et au Japon, ont posé leur marque sur la franc-maçonnerie locale.

De nos jours, l'héritage de cette époque n'est pas mort mais la situation de la franc-maçonnerie dépend largement des régimes politiques en place. En Inde, la franc-maçonnerie a gardé l'essentiel des modes de fonctionnement de l'ancienne maçonnerie britannique, et elle en a également conservé l'esprit spiritualiste et imprégné de moralisme et de références religieuses. En Chine, depuis l'instauration du régime communiste, la franc-maçonnerie a disparu pour ne subsister qu'à Hong Kong sous le régime anglais – mais que deviendra-t-elle dans les années à venir, maintenant que la Chine y a recouvré ses droits ? – et à Taïwan. Le cas du Japon est plus récent : la franc-maçonnerie y a été introduite par les militaires américains après la reddition de 1945 sous l'égide du général MacArthur qui assuma pendant quelques années la direction effective du pays, étant lui-même franc-maçon passionné.

Toutes ces loges et ces Grandes Loges, à de rares exceptions près, se rattachent à la franc-maçonnerie régulière, sur le modèle anglo-saxon. Depuis quelques années, quelques loges constituées par des obédiences françaises libérales et adogmatiques[1], comme le Grand Orient de France, ont été installées en Chine, bien que strictement réservées à des expatriés européens.

Si la franc-maçonnerie évoque souvent son caractère « universel », elle l'entend au regard des valeurs morales et des références religieuses qui sont fondatrices pour elle, c'est-à-dire des bases intellectuelles et spirituelles de la civilisation européenne. Ayant étendu son influence sur l'ensemble de la planète, du fait de leur puissance économique, technologique et militaire, les pays occidentaux, dont la franc-maçonnerie est un pur produit, peuvent ainsi prétendre à l'universalisme, mais qu'en est-il vraiment ?

La Chine avec le confucianisme et le taoïsme, le Japon avec le shinto et le zen, l'Inde avec ses innombrables sectes religieuses, ses doctrines philosophiques très sophistiquées

1. Voir la question 51, « Quelle est la différence entre la franc-maçonnerie “régulière” et la franc-maçonnerie “libérale et adogmatique” ? », p. 200.

et multiséculaires ont-ils attendu l'Occident et la franc-maçonnerie pour envisager, dans un cadre initiatique, les questions majeures de la condition humaines ? L'évocation, propre aux rituels maçonniques, du Temple de Salomon à Jérusalem ou de maître Hiram[2], a-t-elle davantage d'intérêt symbolique et d'impact psychologique, pour un Chinois ou un Indien, que les innombrables mythes et légendes qui se trouvent dans les récits traditionnels de leur propre culture ? La réponse à ces questions est évidemment négative. On observe du reste que dans les pays d'Extrême-Orient, les francs-maçons appartiennent souvent à une élite sociale et intellectuelle assez occidentalisée : jamais, dans ces contrées, la franc-maçonnerie n'a réellement fait partie du paysage, comme cela a été le cas en Europe dans la plupart de celles où elle s'est établie.

Enfin, il ne faut pas perdre de vue le caractère extrêmement marginal des effectifs de cette franc-maçonnerie lointaine. Pour ne donner que quelques exemples : sans doute moins de 20 000 membres en Inde (pour 1,3 milliard d'habitants) et autour de 3 000 au Japon (pour 130 millions d'habitants), environ 15 000 aux Philippines (pour plus de 100 millions d'habitants), quelques centaines à Taïwan (pour 24 millions d'habitants). Un rapide coup d'œil comparatif sur les effectifs maçonniques des principaux pays d'Europe ou des États-Unis[3] suffit à s'en convaincre : la franc-maçonnerie n'existe pratiquement pas en Extrême-Orient...

2. Voir la question 63, « Qui était maître Hiram ? », p. 241.

3. Voir la question 53, « Combien y a-t-il de francs-maçons en France et dans le monde ? », p. 207.

79

Les Illuminati contrôlent-ils la franc-maçonnerie ?

Les *thrillers* imaginatifs d'un auteur américain à succès, Dan Brown, et plus encore leurs adaptations cinématographiques à grand spectacle, ont convaincu une partie du public qu'une secte mystérieuse venue du fond des siècles ourdit depuis des décennies les plus noirs complots de la planète, allant jusqu'à infiltrer le Pentagone aussi bien que le Vatican : les Illuminati ! C'est même devenu une valeur sûre du complotisme international sur Internet. Innombrables sont les sites, parfois conçus avec un certain talent, qui « documentent » à longueur d'écrans les crimes et les sombres manœuvres des Illuminati. Ces derniers sont d'ailleurs apparemment tellement bêtes qu'ils laissent à leurs adversaires – les complotistes – des indices vraiment trop criants. Ces Illuminati, qui veulent pourtant dominer le monde, ne peuvent s'empêcher de s'échanger des poignées de main tellement évidentes qu'on peut les photographier sans aucun mal et faire de gros plans sur elles, portent des bijoux bizarres qu'ils s'évertuent à mettre en évidence si bien que personne ne peut les manquer, ou laissent dans des documents écrits, que Google Images retrouve en une milliseconde, des signes si peu secrets qu'on les découvre au premier coup d'œil. En un mot, ils font apparemment tout pour faciliter le travail des complotistes ! Et naturellement, au fil de récits souvent ahurissants, on finit toujours par mentionner le fait que, depuis longtemps, les Illuminati ont fusionné avec la franc-maçonnerie – ou l'inverse, ce qui n'a d'ailleurs guère d'importance…

Mais d'où proviennent ces idées ? Les Illuminati ont-ils vraiment existé ? En effet, à la fin du XVIIIe siècle, une société secrète à visée politique et religieuse – projetant de renverser les gouvernements monarchiques européens et de détruire le pouvoir des Églises – fut organisée en Bavière : c'étaient les Illuminés de Bavière, ou Illuminati. Fondée en 1776 par Adam Weishaupt, professeur de droit canon à Ingolstadt, dans une région très catholique, la société des Illuminés se présentait d'abord à ses nouveaux adeptes comme une sorte d'ordre initiatique, ressemblant à la franc-maçonnerie mais totalement distinct de cette dernière – certains francs-maçons rejoignirent cependant les Illuminés, quelques-uns restèrent avec eux, d'autres s'en éloignèrent, mais les deux structures demeurèrent constamment étrangères l'une à l'autre. C'est dans les hauts grades du système, à des sujets sélectionnés, qu'on révélait les véritables buts de l'ordre : mettre fin au despotisme politique et religieux. Ce dessein devait être tenu rigoureusement secret : on devine ce qui arriva…

Au bout de quelques années, des indiscrétions et des défections ayant eu lieu, l'organisation attira l'attention des pouvoirs publics, tandis que certains francs-maçons s'inquiétaient d'une possible confusion avec eux. En 1784, l'Électeur de Bavière prit un décret de dissolution à l'encontre des Illuminés, Weishaupt fut destitué de son poste et dut s'enfuir.

En 1786, les derniers adeptes vinrent à résipiscence. L'affaire était terminée. En fin de compte, elle n'avait fait que peu de bruit, et pour peu de chose.

Pourtant, dès le lendemain de la Révolution française, cherchant un coupable à l'incompréhensible effondrement d'une monarchie millénaire, quelques auteurs du camp contre-révolutionnaire, au premier rang desquels l'abbé Augustin Barruel dans ses fameux *Mémoires pour servir à l'histoire du jacobinisme*, attribuèrent aux Illuminati une responsabilité majeure – mais en réalité parfaitement illusoire – dans la genèse de ce séisme politique. Comme ces auteurs parlaient aussi des loges maçonniques – qui n'avaient en rien provoqué la Révolution[1] –, l'amalgame se fit naturellement. Cela devint un classique de la littérature antimaçonnique du XIXe et du début du XXe siècle : les Illuminés de Bavière avaient, en se servant de la franc-maçonnerie, détruit la société de l'Ancien Régime. Cette théorie absurde a trouvé enfin une nouvelle jeunesse dans les milieux conspirationnistes contemporains – et chez les auteurs de *best sellers* –, à grand renfort d'images choquantes et de récits ébouriffants sur les nouveaux projets des Illuminés.

Singulier destin posthume pour les vrais Illuminati, comploteurs naïfs et incompétents, qui ne faisaient peur qu'à eux-mêmes et qu'on avait balayés d'un simple revers de main.

---

1. Voir la question 12, « La franc-maçonnerie est-elle à l'origine de la Révolution française ? », p. 53.

80

Y a-t-il des « francs-jardiniers » ?

Pourquoi y a-t-il des francs-maçons, et non des francs-chaudronniers ou des francs-charcutiers ? La question peut sembler un peu ridicule, mais elle repose sur un fond très sérieux. Nombre de métiers, au Moyen Âge, étaient organisés en confréries, comportaient des cérémonies rituelles, des vêtements symboliques, des signes d'appartenance. Pourtant, seuls les usages empruntés à l'art de bâtir ont subsisté sous la forme, devenue purement intellectuelle, de la franc-maçonnerie spéculative[1]. Est-ce un hasard ?

Probablement pas. De tout temps, l'architecture a été un lieu électif de projection de l'idéologie d'une société : elle a été le miroir de ce qu'une dynastie, un peuple ou une nation aspirait à être. On peut donc comprendre qu'il n'ait pas été difficile de construire un cénacle initiatique, doté d'objectifs moraux et spirituels, sur un tel modèle de « construction » – qu'il s'agisse d'un édifice matériel ou de soi-même. Mais d'autres métiers auraient-ils pu faire l'affaire ? L'exemple des

1. Voir la question 3, « Quelle différence y a-t-il entre la franc-maçonnerie "opérative" et la franc-maçonnerie "spéculative" ? », p. 20.

friendly societies[2] anglaises, dont certaines subsistent de nos jours, nous montre que les *foresters*, par exemple – les « gardes forestiers » –, ont pu être le support d'une société comportant des rites de type initiatique. Mais un autre exemple, encore plus frappant, est fourni par les *free gardeners* – les « francs-jardiniers ».

Apparus au cours du XVIIe siècle en Écosse parmi les propriétaires terriens qui consacraient beaucoup de temps et de soin à leurs jardins, voyant dans cet art une variante de l'architecture, les *free gardeners* formaient à l'origine un milieu où se rencontraient les commanditaires et les praticiens du jardinage – les « vrais » jardiniers. Comme cela était coutumier à cette époque, leurs réunions adoptèrent une forme rituelle, surtout au cours du XVIIIe siècle. L'influence évidente de la franc-maçonnerie, qui connaissait alors un développement rapide, permit d'introduire chez les francs-jardiniers des tabliers inspirés des décors[3] maçonniques, des grades dont les rituels transmettaient un enseignement moral, et des symboles empruntés à la maçonnerie avec quelques adaptations : ainsi, aux classiques compas et équerre des francs-maçons, on ajouta le couteau à greffer des horticulteurs... Si le symbole fondamental des francs-maçons était le Temple de Salomon, considéré comme l'édifice le plus emblématique et surtout le plus saint de toute l'histoire biblique, celui que choisirent les francs-jardiniers fut l'Éden – qui signifie « jardin » en hébreu –, le lieu du Paradis terrestre. Selon les termes de leurs rituels eux-mêmes, l'idéal des francs-maçons était d'édi-

2. Voir la question 98, « Qu'est-ce que sont les *friendly societies* ? », p. 361.
3. Voir la question 40, « À quoi servent les "décors maçonniques" ? », p. 157.

fier une « cathédrale de l'esprit » ; celui des francs-jardiniers fut de « creuser profondément la connaissance ».

Les francs-jardiniers connurent leur développement maximum vers la fin du XIXe siècle, où ils se comptaient par dizaines de milliers dans les îles britanniques. Vers le milieu du XXe siècle, comme beaucoup de *friendly societies*, ils disparurent à peu près complètement. Depuis le début des années 2000, cette confrérie a repris force et vigueur et l'on compte à nouveau des loges de *free gardeners*, notamment en Australie, en Écosse et en Angleterre mais aussi dans d'autres pays francophones, comme la Belgique ou Monaco. Enfin, il faut signaler que parmi ces nouveaux *free gardeners*, les francs-maçons sont nombreux. On ne saurait s'en étonner : entre la construction d'une cathédrale idéale et l'entretien d'un Éden symbolique, pourquoi choisir ?

81

Le buste de Marianne est-il un symbole maçonnique ?

Quiconque visitera un temple maçonnique ou encore le siège d'une des grandes obédiences françaises, à l'occasion par exemple de journées portes ouvertes, pourra parfois y trouver un ou plusieurs bustes de Marianne, souvent dans une version spécifiquement maçonnique, portant en travers de la poitrine une écharpe, ou « cordon » du grade de maître. Le symbole de la République serait-il donc d'origine maçonnique ? Bien entendu, la question ne peut se poser qu'en France : Marianne est inconnue à peu près partout ailleurs – et notamment sur les terres britanniques de Sa Gracieuse Majesté, où la franc-maçonnerie a pourtant pris naissance. Disons-le d'emblée, et sans ambages : Marianne n'est absolument pas un symbole maçonnique…

Ce n'est que sous la IIIe République, et en France exclusivement, que Marianne a fait son entrée dans l'imaginaire maçonnique et a pris place dans le monde déjà divers de ses symboles. Cela tient à l'évolution particulière de la franc-maçonnerie dans notre pays, au cours de la seconde moitié du XIXe siècle. À l'unisson d'une grande partie de l'opinion française, certaines loges sont devenues, notamment sous le Second Empire, le refuge de ceux que l'on nommait les « libéraux », c'est-à-dire les républicains, le plus souvent adversaires, par ailleurs, des pouvoirs et de l'influence de l'Église. Parmi les mutations internes qui accompagnèrent cette évolution, on peut mentionner, singulièrement au Grand Orient qui était alors la plus grande obédience française et le fer de lance de l'activisme maçonnique, la simplification des rituels, l'abandon de certains symboles, la disparition de la Bible, et enfin l'exclusion du Grand Architecte de l'univers[1] à partir de 1877. Beaucoup de vide, en quelque sorte.

Mais comme une forme de transcendance, quelle qu'elle soit, est nécessaire pour manifester l'unité foncière et surtout l'identité fondamentale d'un groupe, il fallait, en quelque sorte, combler ce vide. Marianne fut à son tour placée par les francs-maçons « à l'Orient », c'est-à-dire à l'endroit le plus honorable et jadis le plus « sacré » d'une loge. Pour la circonstance, on en produisit des versions destinées aux francs-maçons, en la décorant de quelques attributs empruntés au symbolisme maçonnique. Cet usage subsiste de nos jours dans un certain nombre de loges – tandis que d'autres s'y refusent absolument, sans que ce geste ait la moindre signification politique : elles se bornent sans doute à observer que Marianne, pour autant qu'on le sache, n'a jamais été initiée…

1. Voir la question 69, « Qu'est-ce que le Grand Architecte de l'univers ? », p. 261.

82

Y a-t-il une musique maçonnique ?

La première manifestation de la musique dans l'univers fut le chant : au cours de leurs banquets[1], les francs-maçons se sont livrés, dès le début du XVIIIe siècle, à de copieuses libations et à de fraternelles agapes autant qu'à de nombreuses performances vocales, à la fois conviviales et sans prétention, évoquant sur un ton plaisant les valeurs maçonniques qu'ils voulaient ainsi illustrer. Dès 1723, les *Constitutions* d'Anderson[2], le premier grand ouvrage de la maçonnerie moderne, contiennent une annexe avec plusieurs chansons. De même, en France, dès 1734, un « chansonnier maçonnique » est publié. Tout au long du XVIIIe siècle, les loges retentiront de ces chants – dont la musique était souvent empruntée à des airs à la mode, et non composés spécialement ; certaines de ces pièces sont encore chantées en loge de nos jours. Une autre pratique fréquente, au XIXe siècle encore, était le concert de loge. Pour cette raison, de nombreux instrumentistes furent

1. Voir la question 49, « Quelle place occupe le banquet dans la sociabilité maçonnique ? », p. 193.

2. Voir la question 41, « Que représentent les *Constitutions* d'Anderson pour les francs-maçons ? », p. 161.

francs-maçons dès le XVIIIe siècle : ils trouvaient chez leurs frères leurs premiers commanditaires et parfois leurs meilleurs clients !

Enfin, peu à peu, au XIXe siècle avec les orgues de plus en plus fréquemment installés dans les loges, notamment en Angleterre, et au XXe siècle un peu partout en raison de l'arrivée de procédés modernes de diffusion de la musique, cette dernière a accompagné de plus en plus souvent les cérémonies maçonniques : entrée solennelle des dignitaires, différentes phases de l'initiation, etc. La musique est ainsi globalement très présente dans l'univers maçonnique ; le répertoire du XVIIIe siècle s'y taille une place de choix, avec Mozart très souvent, mais on entend aussi Beethoven – soupçonné à tort d'avoir été franc-maçon – et Wagner. Des musiques plus contemporaines peuvent aussi agrémenter les travaux maçonniques – la plupart des loges possèdent ainsi un maître de musique, responsable de ce que l'on nomme la « colonne d'harmonie » et chargé de fixer le programme musical de chaque réunion.

Le cas des musiciens francs-maçons est à part. Le plus célèbre est évidemment celui de Mozart, initié en 1784 à Vienne, en Autriche. On sait qu'il fut un maçon sincère et enthousiaste, attaché à la maçonnerie autant qu'à ses frères. On a parfois voulu à toute force voir une influence maçonnique dans certaines de ses œuvres « profanes », et notamment dans son opéra *La Flûte enchantée*. Le livret, lui aussi composé par un franc-maçon, évoque en effet différents rites qu'on a pu retrouver dans les usages maçonniques, mais aussi dans d'autres ordres initiatiques qui existaient en Allemagne de son temps, notamment chez les Rose-Croix d'or[3]. La difficulté est que la maçonnerie s'est aussi emparée de la légende de Mozart, au point d'introduire parfois dans ses rituels des séquences empruntées à son opéra. Au bout du compte, on ne sait plus guère qui a inspiré quoi...

En revanche, Mozart a également composé de la musique spécifiquement maçonnique. On connaît de lui une demi-douzaine de pièces maçonniques, dont quelques cantates et une *Musique funèbre maçonnique*. Il en est de même du grand compositeur finlandais Sibelius, initié en 1922 à Helsinki. Il a laissé environ une douzaine de pièces maçonniques, notamment pour orgue, destinées à accompagner différentes cérémonies maçonniques.

3. Voir la question 6, « Les francs-maçons sont-ils les successeurs des Rose-Croix ? », p. 33.

83

Existe-t-il un art maçonnique ?

La notion d'art maçonnique est ambiguë. D'un côté, l'univers maçonnique requiert la contribution de nombreux arts : dessin, peinture, sculpture, broderie, passementerie, artisanat des médailles, etc. C'est ainsi que sont produits les objets et les décors qui constituent l'environnement de travail des loges maçonniques et leur confèrent leur morphologie spécifique. Pour autant, s'agit-il d'art maçonnique ? Les artistes ou les artisans sollicités ne sont généralement pas francs-maçons et exécutent les commandes qu'on leur transmet, sans nécessairement connaître le sens qu'on accorde aux objets produits. C'est plutôt de l'art ou de l'artisanat au service de la franc-maçonnerie. Il faut néanmoins reconnaître que la franc-maçonnerie a ainsi peuplé les musées – et pas seulement les musées maçonniques[1] – d'objets singuliers, parfois réalisés avec un art consommé, uniques en leur genre. On peut citer, par exemple, certaines pièces de faïence ou de porcelaine à décor maçonnique du XVIIIe siècle qui figurent en bonne place dans des collections prestigieuses et de grand prix.

1. Voir la question 84, « Y a-t-il des musées maçonniques ? », p. 311.

Un autre sujet est de repérer – ou de croire qu'on peut identifier – des allusions maçonniques dans une œuvre d'art, notamment dans des peintures ou des dessins. C'est un jeu un peu comparable à celui qui consiste à rechercher des signes maçonniques dans les cathédrales : on prend souvent ses désirs pour des réalités. Un bon exemple est celui des multiples représentations du niveau (instrument permettant de vérifier les horizontales) ou du triangle, sur des tableaux ou des gravures de l'époque révolutionnaire. On y voit parfois un indice de l'influence maçonnique supposée sur les événements qui se déroulaient, au motif que ce sont des symboles maçonniques. Il se trouve malheureusement qu'ils appartenaient à un répertoire iconographique plus ancien et très général, mettant en œuvre des représentations allégoriques qui répondaient à des codes répandus depuis longtemps : le niveau signifie l'égalité, le triangle renvoie à Dieu, etc.

Pour structurer son univers et choisir ses symboles, la franc-maçonnerie a donc souvent puisé dans la culture matérielle ambiante, reprenant ou détournant des signes ou des objets pourvus initialement d'une signification plus ou moins proche de celle qu'elle voulait emblématiser.

84

Y a-t-il des musées maçonniques ?

En trois siècles d'existence, la franc-maçonnerie, dans tous les pays où elle a laissé des traces, a produit tout à la fois d'imposantes archives (manuscrits, dont une partie importante se trouve au fonds maçonnique de la Bibliothèque nationale de France à Paris, et publications imprimées de toutes sortes) mais aussi tout un monde d'objets : marqueterie, sculptures, faïences, sceaux, jetons, médailles, tableaux, dessins et estampes. Sans compter les décors maçonniques[1] eux-mêmes, c'est-à-dire les pièces de vêtement, les colliers, les tabliers et les cordons dont se parent les francs-maçons au cours de leurs travaux rituels. Dans la plupart des pays d'Europe, mais surtout en Grande-Bretagne et en France, deux pays où la franc-maçonnerie a connu une histoire prestigieuse, des collections privées se sont constituées au fil du temps, et des ventes aux enchères sont régulièrement consacrées aux objets maçonniques. Certaines collections publiques, parfois somptueuses, sont aussi déposées dans des musées et acces-

1. Voir la question 40, « À quoi servent les "décors maçonniques" ? », p. 157.

sibles à tous les publics. On peut en donner deux exemples remarquables.

Le plus ancien est celui qui se situe à Londres, au siège de la Grande Loge unie d'Angleterre, dans Great Queen Street, près de Covent Garden. Dans un impressionnant édifice inauguré en 1933, on peut visiter un vaste musée dont le charme un peu désuet ne le cède qu'à la richesse époustouflante de ses collections. Des milliers d'objets sont présentés, ainsi que des manuscrits – le musée se doublant d'une prestigieuse bibliothèque. On peut notamment y voir la reconstitution grandeur nature d'un temple maçonnique anglais complètement équipé. Tous les locaux de cet imposant immeuble peuvent d'ailleurs faire l'objet d'une visite guidée. Pour la France, le musée de la Franc-maçonnerie, créé en 1889 et profondément rénové il y a quelques années, est installé à Paris au siège du Grand Orient de France. Il présente plus de 10 000 pièces sur 400 m² d'exposition permanente et organise régulièrement des expositions thématiques temporaires et des visites guidées. C'est le plus ancien et le plus important musée maçonnique d'Europe continentale. Certaines autres obédiences françaises (la Grande Loge de France, la Grande Loge nationale française) possèdent des espaces de musée à leur siège parisien, mais ils sont d'un accès plus limité pour le grand public – sauf une fois par an, lors de la Nuit des musées.

85

Quelle est la place de la franc-maçonnerie dans la littérature ?

Phénomène de société suscitant à la fois curiosité et parfois inquiétude, en tout cas un intérêt persistant, la franc-maçonnerie a été plusieurs fois évoquée dans la littérature de fiction, soit par des auteurs qui étaient francs-maçons eux-mêmes, soit par des écrivains « profanes » qui avaient jugé utile ou pertinent d'introduire ce sujet dans leurs œuvres. En langue anglaise deux noms s'imposent : Conan Doyle et Kipling.

Arthur Conan Doyle, le père de Sherlock Holmes, avait d'abord été médecin et initié dans une loge de Portsmouth au début des années 1890. Quelques mentions furtives de la franc-maçonnerie se retrouvent dans certaines aventures du célèbre détective de Baker Street, mais un roman entier, *La Vallée de la peur*, écrit vers 1914, met en scène une sorte de loge dévoyée, devenue une secte criminelle dans une vallée désolée. Singulière évocation, curieusement inspirée de la franc-maçonnerie, dans un pays où celle-ci avait alors atteint un haut degré de respectabilité sociale.

Rudyard Kipling, s'il ne fut que peu de temps un franc-maçon assidu, conserva toute sa vie un lien fort avec les francs-maçons dont il est devenu le romancier favori. Initié en Inde dans sa jeunesse, il fut plus tard membre d'honneur de plusieurs loges. Son célèbre poème *If* (« Tu seras un homme mon fils »), souvent présenté comme le programme moral d'un franc-maçon britannique, était en réalité destiné à son fils, qui perdit la vie en 1915 sur un champ de bataille en France. Les allusions maçonniques sont finalement rares dans son œuvre, mais il faut citer l'un de ses textes, *L'Homme qui voulut être roi*, dont une adaptation cinématographique mit en scène Sean Connery en 1975. Dans cette nouvelle publiée en 1888, deux militaires anglais et francs-maçons, faisant incursion dans le mystérieux Kafiristan (en Afghanistan), sont capturés par une peuplade indigène et leurs ravisseurs, découvrant sur l'un de leurs captifs une médaille maçonnique, fascinés par les symboles qu'elle contient, font de lui un roi ! Considéré par ses sujets comme un demi-dieu, il n'en finira pas moins décapité. Dans cette farce grinçante, récit pittoresque, la franc-maçonnerie est donc illustrée d'une façon surprenante.

Dans le domaine français, on trouve des allusions maçonniques chez Alexandre Dumas ou Guy de Maupassant, parmi d'autres, mais il faut faire une mention particulière d'un roman de Jules Romains – lui-même sans lien personnel avec la franc-maçonnerie –, *Recherche d'une église* (1934), dans lequel le héros échange avec un vieux franc-maçon qui lui trace en quelques pages le projet moral de la franc-maçonnerie, tel qu'un maçon français des années 1930 pouvait le concevoir. Il faut mettre à part les romans maçonniques écrits par des auteurs moins illustres depuis une trentaine d'années : la franc-maçonnerie y sert de toile de fond à une intrigue quelconque. On peut en rapprocher le « roman-reportage », adoptant une forme fictionnelle mais sérieusement documenté de Roger Peyrefitte, *Les Fils de la lumière*[1] (1961). Il existe également des « polars » (Bauer-Dachez), voire des *thrillers* (Giacometti-Ravenne) maçonniques et des bandes dessinées sur ce thème : dans ce dernier genre, il faut signaler en particulier la très belle série scénarisée par Didier Convard, *Le Triangle secret.*

Dans le genre littéraire particulier des mémoires, qui permettent parfois de réécrire une vie entre réalité et fiction, il convient de citer le magnifique passage des *Mémoires* de Giacomo Casanova, un auteur qu'on ne s'attendrait pas à rencontrer dans ce contexte mais qui fut lui-même franc-maçon et exprime, en une page inspirée, la vision cosmopolite et l'idéal de fraternité universelle que portait la franc-maçonnerie de son temps. Enfin, on peut lire l'un des plus beaux passages de la littérature sur la franc-maçonnerie dans le monument de Tolstoï, *Guerre et paix*. Le héros du roman, Pierre Bézukhov, est franc-maçon et l'on rapporte de manière très vivante et émouvante, dans le chapitre V, la cérémonie de son initiation dont les dialogues sont librement reformulés dans la langue magnifique de Tolstoï, sympathisant mais jamais membre de la franc-maçonnerie.

1. Voir la question 66, « Que signifie l'expression "fils de la lumière", qui désigne les francs-maçons ? », p. 250.

LA FRANC-MAÇONNERIE
ET LA SOCIÉTÉ

86

D'où vient l'expression les « frères trois-points » ?

Ce sobriquet à la fois ironique et un peu dépréciatif, pour désigner les francs-maçons, fut mis à la mode à la fin du XIXe siècle par un mystificateur de génie, Léo Taxil[1], qui eut son époque de gloire entre 1885 et 1897. Cet ancien franc-maçon, radié par sa loge pour « fraude littéraire », s'était lancé dans la propagande antimaçonnique en publiant notamment en 1886 *Les Mystères de la franc-maçonnerie dévoilés*, ouvrage suivi presque aussitôt d'un nouveau livre intitulé *Les Frères trois-points*, qui relatait pour un public friand de révélations les rituels des principaux grades de la franc-maçonnerie. Taxil avait surtout pour but d'insister sur le caractère selon lui grotesque, voire inquiétant, des cérémonies conduites par les « frères trois-points » – les trois points en question devenant le symbole, aux yeux des lecteurs, des secrets ridicules des francs-maçons. Mais d'où provenait ce sobriquet ?

1. Voir la question 23, « Qu'est-ce que fut la mystification de Léo Taxil ? », p. 93.

L'usage s'était répandu, au cours du XVIIIe siècle, dans les rituels maçonniques – d'abord essentiellement manuscrits, puis imprimés vers la fin du siècle –, d'abréger certains mots récurrents en n'écrivant que la ou les premières lettres suivies de trois points disposés en triangle, sur le modèle suivant : Loge = L∴ – Frère = F∴ – Apprenti = App∴. En même temps, quelques francs-maçons prirent l'habitude, un peu puérile ou simplement plaisante, de placer trois points dans leur signature – comme un signe « secret », et pourtant peu discret, de leur appartenance à la confrérie. D'où l'obsession de certains antimaçons qui recherchent avec insistance la moindre trace d'un point suspect dans la signature des personnes qu'ils soupçonnent d'appartenir à la « secte ».

L'usage des trois points, en fait essentiellement limité à la maçonnerie francophone et à peu près inconnu dans la maçonnerie anglo-saxonne, n'est guère qu'un amusement, presque une fantaisie décorative aux yeux des francs-maçons eux-mêmes. Ceux qui se livrent à cette innocente manie, le sourire aux lèvres, ne le font du reste que lorsqu'ils écrivent à un autre franc-maçon, et s'abstiennent ordinairement de parsemer de ces signes convenus leurs autres correspondances. Les trois points renvoient en fait au triangle, un des symboles fondamentaux de la franc-maçonnerie, rappelant, par son allusion transparente à la Trinité, son origine chrétienne.

87

Comment les francs-maçons se reconnaissent-ils entre eux ?

Tout le monde le sait, ou croit le savoir : les francs-maçons se « reconnaissent entre eux ». C'est ainsi, ajoutent les complotistes et les maniaques de l'antimaçonnisme[1], que les « frères trois-points[2] » peuvent se soutenir, se porter aide et assistance sans que personne s'en aperçoive, ou encore se découvrir par hasard dans une réunion où ils ignoraient *a priori* la présence d'autres francs-maçons. Disons-le sans ambages : ces « signes de reconnaissance » sont à la fois des fantasmes et des réalités. Il faut simplement remettre à leur place les unes et les autres.

Les réalités, en premier lieu. De temps immémorial, au cours de leurs cérémonies, les francs-maçons ont communiqué aux nouveaux initiés des « signes, mots et poignées de main » qui permettent aux autres initiés de les identifier. Ce sont du reste les seuls « secrets » que se transmettent

---

1. Voir la question 93, « Quels sont les fondements de l'antimaçonnisme ? », p. 342.

2. Voir la question 86, « D'où vient l'expression "les frères trois-points" ? », p. 319.

les francs-maçons et qu'ils promettent par serment[3] de ne jamais révéler ! Pourtant, ces secrets, tous publiés *in extenso* depuis près de trois siècles dans d'innombrables ouvrages souvent bien informés, ne sont en fait que des secrets de polichinelle. Ils ont toutefois une origine : l'époque, très lointaine, dans l'Angleterre ou l'Écosse du XVIIe siècle, où l'appartenance à une confrérie discrète, réservant divers avantages à ses membres – par exemple une caisse de solidarité permettant d'aider ceux qui se retrouvaient dans le besoin – nécessitait, en l'absence fréquente de documents écrits, de reconnaître sans erreur ceux qui y avaient été admis. Dès le début des années 1730 en Angleterre, dès 1737 en France, tous ces mystères avaient été éventés et étaient déjà largement répandus dans le public. Il en restait au moins des symboles. Les rituels maçonniques ont depuis lors glosé de manière abondante sur le sens moral ou spirituel qu'il fallait désormais accorder à de prétendus secrets de reconnaissance. Les francs-maçons accordent de l'importance à ces significations mais sont les premiers à sourire de ces cachotteries fraternelles.

Les chroniques de la maçonnerie rapportent du reste – histoire vraie ou pieuse légende ? – des cas devenus célèbres où ces signes auraient sauvé la vie de francs-maçons. Pour n'en citer qu'un, celui d'un Amérindien du nom de Thayendanegea, né en 1742, qui s'était converti au christianisme, avait appris l'anglais puis, devenu Joseph Brant, avait intégré les armées britanniques. En 1775, à l'occasion d'un séjour à Londres, il avait même été initié dans

3. Voir la question 64, « Quels "secrets" les maçons s'engagent-ils à protéger par serment ? », p. 243.

une loge de la capitale. De retour en Amérique, en 1776, au cours d'un affrontement avec des « rebelles » – c'est-à-dire des partisans de l'indépendance américaine –, il avait enfin sauvé d'une mort certaine un officier ennemi qu'on allait exécuter et qui, par désespoir, avait tenté un signe maçonnique pour appeler à l'aide dans cette situation de grande détresse, car les francs-maçons étaient alors nombreux dans les troupes américaines. Joseph Brant, l'ayant reconnu, l'avait pris sous sa protection et avait obtenu qu'on l'épargne. Tel était le digne usage de ces « signes de reconnaissance » : *si non e vero...*

Venons-en aux fantasmes. Il est certain que, de temps en temps, des francs-maçons qui n'ont pas saisi le sens véritable de leur engagement, ou d'anciens francs-maçons qui ont quitté les loges, ou en ont été chassés, pour ne pas y avoir trouvé les avantages qu'ils y avaient d'abord recherchés[4] – ou encore des personnes étrangères à la franc-maçonnerie mais qui se sont documentées à des sources accessibles dans toutes les bonnes librairies – se livrent à ce genre de gymnastique et se signalent à leur entourage à l'aide de signes convenus, dans le but manifeste de détecter un franc-maçon et de solliciter son concours dans diverses circonstances. Ce sont de tels comportements, nullement encouragés par les rituels maçonniques eux-mêmes, qui produisent une image souvent trouble et suspecte des francs-maçons dans le regard du public. Un ancien président de la République, qui s'était dans sa carrière beaucoup appuyé sur certains francs-maçons – ne l'étant pas lui-même –, qualifiait ironiquement ces der-

4. Voir la question 91, « La franc-maçonnerie est-elle un club d'affairistes ? », p. 335.

niers de « frères la gratouille ». On mesure sans peine la charge de mépris que pouvait comporter ce sobriquet. En fait, nombre de francs-maçons, sollicités à l'improviste par de tels appels « manuels », ont pour simple habitude de n'y jamais répondre...

88

Qu'est-ce qu'une « fraternelle maçonnique » ?

C'est un sujet qui, depuis déjà d'assez nombreuses années, a suscité bien des discussions, voire des polémiques au sein même de la franc-maçonnerie. Le principe général de la maçonnerie est d'initier en son sein des personnes de toutes les races, convictions ou positions sociales. Elle fait même de ce mélange un des éléments essentiels de la méthode maçonnique, laquelle établit ainsi, dans ses loges, des liens profonds entre des personnes que la fatalité sociale n'aurait peut-être jamais conduites à se côtoyer. Ce principe a du reste des limites : les ouvriers, les petits artisans, comme les universitaires et les grands patrons ne sont pas très nombreux dans les loges où l'on trouve globalement la classe moyenne[1], et cela au moins depuis le début du XIXe siècle. Il demeure que la vocation *a priori* d'une loge est d'être pluraliste et diverse, notamment sur le plan professionnel.

Pourtant, depuis déjà longtemps – bien que le phénomène se soit surtout développé au cours de l'après-guerre –, cer-

1. Voir la question 90, « La franc-maçonnerie recrute-t-elle dans toutes les classes de la société ? », p. 332.

tains francs-maçons ayant des proximités professionnelles ou des goûts communs ont pris l'habitude de former entre eux, en dehors des loges et des obédiences[2], des sortes de clubs qui leur sont réservés : on les nomme des « fraternelles ». Il en existe en fait un assez grand nombre, certaines comptant plusieurs centaines de membres, d'autres bien plus modestes et n'en rassemblant que quelques dizaines. Leurs objets sont également très variés. On peut schématiquement les classer comme suit :

– les fraternelles thématiques, pour les philatélistes, les amateurs de whisky, ou les anciens de la Résistance, par exemple ;

– les fraternelles d'entraide, pour accompagner les francs-maçons chômeurs à la recherche d'un emploi, ou porter assistance à des francs-maçons âgés ne pouvant plus se rendre dans leur loge ;

– les fraternelles politiques, à gauche aussi bien qu'à droite, y compris la Fraternelle parlementaire, qui dépasse les frontières politiques ;

– les fraternelles de fonctionnaires : Éducation nationale, hôpitaux, organismes de recherche, hauts fonctionnaires, etc. ;

– les fraternelles de quartier, autour d'un arrondissement de Paris notamment ;

– les fraternelles purement professionnelles : médecins, avocats, travaux publics, assurances, hôtellerie et tourisme, immobilier, communication, journalisme, arts du spectacle, etc.

Les fraternelles réunissent leurs membres à une fréquence variable, le plus généralement sous la forme de déjeuners ou

2. Voir la question 44, « Qu'est-ce qu'une obédience ? », p. 174.

de dîners-débats, avec souvent un invité – franc-maçon ou non – qui propose une courte causerie alimentant une discussion en rapport avec le thème de la fraternelle concernée. L'objectif affiché de ces clubs maçonniques est honorable : resserrer les liens entre les francs-maçons de diverses obédiences autour de sujets de préoccupation spécifiques qu'ils ont en commun, afin de leur permettre de s'aider mutuellement à y voir plus clair, échanger des idées, se transmettre des informations pertinentes. Il faut reconnaître que ces structures connaissent en France – dont c'est un peu la spécialité dans le monde maçonnique – un indéniable succès, et que l'immense majorité de leurs membres apprécient la convivialité qu'on y trouve.

On mesure néanmoins sans difficulté les soupçons et les critiques qu'elles peuvent susciter. En particulier lorsque leur objet est purement professionnel – dans de tels cénacles discrets, à l'abri des regards, où l'on est « entre soi », ne peut-on imaginer toutes sortes d'arrangements plus ou moins opaques ? Dans l'absolu, la question centrale, celle de l'affairisme[3], mérite évidemment d'être posée. En réalité, le problème de l'affairisme en maçonnerie ne se résume pas au seul sujet des fraternelles qui, pour la grande majorité d'entre elles, n'ont jamais été associées à quelque scandale que ce soit : pour ceux qui veulent dévoyer la franc-maçonnerie à leur profit, les fraternelles ne sont pas le seul moyen d'action. Néanmoins, dans les années récentes, la plupart des obédiences maçonniques se sont penchées sur ce problème, incitant parfois leurs membres à ne pas s'inscrire à

3. Voir la question 91, « La franc-maçonnerie est-elle un club d'affairistes ? », p. 335.

des fraternelles, ou réclamant de ces dernières davantage de transparence à leur égard et l'adhésion formelle à des chartes éthiques visant à protéger, au-delà d'elles-mêmes, l'image globale de la franc-maçonnerie.

89

Quelles sont les grandes valeurs morales que soutiennent les francs-maçons ?

Le cadre historique qui a entouré la naissance de la franc-maçonnerie, en Grande-Bretagne au XVIIIe siècle, explique en grande partie les valeurs morales et sociales qu'elle a voulu mettre en avant. Le pays s'était déchiré depuis des décennies dans d'interminables querelles à la fois dynastiques et confessionnelles. La jeune franc-maçonnerie, au début du XVIIIe siècle, à la suite de l'établissement de la nouvelle dynastie des Hanovre en 1714, voulut d'abord bannir de ses assemblées toutes les questions politiques et religieuses, comme des sources inépuisables de conflits – cette proscription demeure fermement observée dans la maçonnerie régulière anglo-saxonne, et parfois moins nettement dans la maçonnerie continentale de type libéral et adogmatique[1]. En outre, les loges ont à la fois poursuivi l'esprit de solidarité et d'entraide qui animait les anciennes organisations de métiers, guildes, corporations et confréries, et la nécessaire liberté de

1. Voir la question 51, « Quelle est la différence entre la franc-maçonnerie "régulière" et la franc-maçonnerie "libérale et adogmatique" ? », p. 200.

conscience que l'Acte de tolérance (*Act of Toleration*), adopté lors de la Glorieuse Révolution de 1688 : tolérance et fraternité seront jusqu'à nos jours les deux maîtres mots de la morale maçonnique.

Lorsque, dans un discours prononcé en 1726, un des premiers francs-maçons spéculatifs[2] connus, Francis Drake, voulut caractériser les « trois grands principes » de la franc-maçonnerie, il les mentionna comme suit : Vérité, Entraide et Amour fraternel (*Truth*, *Relief*, *Brotherly love*). La franc-maçonnerie enseigne toujours que ce sont les valeurs qui dirigent le franc-maçon conscient de son engagement : la vérité à soi-même autant qu'à l'égard des autres ; l'aide à ceux qui souffrent et qu'il faut relever ; l'amour fraternel, non seulement envers les francs-maçons, mais envers tout le genre humain. C'est sans doute pour cette raison que, dans les pays anglophones, la franc-maçonnerie est souvent perçue par le public avant tout comme une organisation caritative.

En France, au milieu du XIXe siècle, la franc-maçonnerie a récupéré la devise républicaine « Liberté, Égalité, Fraternité[3] », pour en faire un triptyque maçonnique, voire la devise de la franc-maçonnerie. Dans le paysage maçonnique français contemporain, la majorité des obédiences – mais pas toutes – ont entériné cette intégration de la devise nationale à la morale et, plus largement, au projet humaniste de la franc-maçonnerie. Mais l'objectif de base de toute la

2. Voir la question 3, « Quelle différence y a-t-il entre la franc-maçonnerie "opérative" et la franc-maçonnerie "spéculative" ? », p. 20.
3. Voir la question 13, « La devise de la République "Liberté, Égalité, Fraternité" est-elle d'origine maçonnique ? », p. 57.

franc-maçonnerie, impliqué dans son fondement initiatique[4] et rappelé dans tous ses rituels[5], est l'amélioration de soi-même, par l'introspection et l'effort moral. Le bon exercice de ce que certains rituels nomment les « vertus morales et civiques » est supposé en être alors la conséquence naturelle et attendue.

---

4. Voir la question 36, « Qu'est-ce que l'initiation maçonnique ? », p. 142.

5. Voir la question 39, « Pourquoi des rituels ? », p. 153.

90

La franc-maçonnerie recrute-t-elle dans toutes les classes de la société ?

La sociologie de la franc-maçonnerie est de nos jours à peu près la même partout dans le monde. Il n'en a pourtant pas été toujours ainsi. Si, en Angleterre, des origines à nos jours, les boutiquiers, les petits fonctionnaires comme les professions libérales se sont retrouvés en loge aux côtés d'aristocrates, d'universitaires et de militaires de haut rang – n'oublions pas que le duc de Kent, cousin de la reine, est grand maître depuis 1967 –, en France, les choses ont évolué au fil du temps. Lorsque la franc-maçonnerie fut introduite dans notre pays, vers 1725[1], on y trouvait une grande majorité d'aristocrates, dont beaucoup appartenaient à la frange libérale de la noblesse. Puis, très vite, les bons bourgeois y sont arrivés et y sont devenus très largement majoritaires : ce fut l'un des rares lieux de l'Ancien Régime où des roturiers pouvaient siéger à égalité de dignité et de droits avec des nobles. La Révolution française devait en chasser définitivement les aristocrates.

---

1. Voir la question 8, « Qui introduisit la franc-maçonnerie en France ? », p. 40.

Depuis le début du XIXe siècle, en France comme au Royaume-Uni et aux États-Unis, c'est la classe moyenne qui fournit la quasi-totalité des effectifs des loges maçonniques : cadres, commerçants, agents de la fonction publique, professions libérales. Certaines catégories socioprofessionnelles sont en revanche notablement sous-représentées, en particulier les grands patrons, les universitaires mais aussi les ouvriers – ces derniers furent passagèrement plus nombreux, notamment à Paris, dans le dernier tiers du XIXe siècle, ce qui explique en partie l'implication parisienne d'une fraction de la franc-maçonnerie dans la Commune[2] : après son échec sanglant, ils ne revinrent presque plus vers les loges. On note également, depuis plus de deux siècles, une nette surreprésentation de quelques professions, comme les médecins, les avocats, les policiers ainsi que les enseignants : c'est même dans ces catégories qu'ont été recrutés de nombreux grands maîtres dans différentes obédiences. Les militaires, assez nombreux au XIXe siècle, sont plus rares de nos jours. Cette sociologie moyenne plaide mal en faveur de l'universalisme proclamé de la franc-maçonnerie. Elle n'est représentative que d'un segment de la société – au demeurant l'un des plus larges –, de même qu'elle demeure une institution essentiellement occidentale, ouest-européenne et américaine, étant pratiquement inexistante ou simplement anecdotique au Moyen-Orient, en Afrique ou en Asie[3].

Le niveau culturel et les préoccupations dominantes de la franc-maçonnerie sont donc ceux du milieu social dont

2. Voir la question 21, « Les francs-maçons ont-ils soutenu la Commune de Paris ? », p. 85.

3. Voir la question 53, « Combien y a-t-il de francs-maçons en France et dans le monde ? », p. 207.

elle est principalement issue. Ainsi, sous la IIIe République, quand la maçonnerie française était profondément politisée, elle tenait un discours « républicain » et de gauche. À partir de 1945 et durant les Trente Glorieuses, la croissance économique, la scolarisation toujours plus poussée et la multiplication des moyens d'information ont conduit la classe moyenne à davantage de demandes culturelles et d'exigences intellectuelles. Dans le même temps, son orientation politique se diversifiait beaucoup : l'image classique du franc-maçon radical-socialiste et « bouffeur de curés » s'évanouissait peu à peu. La complexification profonde du paysage maçonnique, avec l'apparition de sensibilités obédientielles davantage portées vers l'histoire de la maçonnerie, la spiritualité et le « souci de soi », a été le reflet de ces évolutions sociales au sein des loges.

En un temps où la même classe moyenne, désormais dominée par les enfants de Mai 1968, rêve de subsidiarité et d'autonomie, remet en cause son passé et ses traditions, suspecte et conteste facilement toute autorité, qu'elle soit politique, scientifique ou morale, quel sera l'impact de cette nouvelle conception de la vie et des relations sociales sur la franc-maçonnerie ? Les obédiences notamment[4], hiérarchiques et centralisées, qui ont jusqu'à ce jour fourni un cadre pratiquement obligatoire pour le travail des loges, pourront-elles faire subsister leur modèle, hérité de la fin du XVIIIe siècle ? Ce n'est pas le moindre des défis auxquels est aujourd'hui confrontée une institution trois fois séculaire.

4. Voir la question 44, « Qu'est-ce qu'une obédience ? », p. 174.

91

La franc-maçonnerie est-elle un club d'affairistes ?

Ce n'est pas seulement l'un des piliers de l'antimaçonnisme[1] militant : la franc-maçonnerie est un réseau d'affairistes et d'ambitieux qui se serrent les coudes, se font la courte échelle, s'accordent des passe-droits et se partagent les postes enviables et les responsabilités intéressantes, de préférence rémunératrices… De tels réseaux sont d'ailleurs monnaie courante dans la culture française : notamment ceux des anciens élèves des grandes écoles, de commerce ou d'ingénieurs, ou encore certains clubs très sélectifs qui rassemblent le gratin de la finance, des grandes entreprises ou de la haute fonction publique. Certaines grandes sociétés y recrutent électivement la plupart de leurs cadres dirigeants. Leur objet évident est de nouer des contacts entre des personnes influentes et susceptibles de s'aider mutuellement, en excluant *de facto* ceux qui ne font pas partie du groupe. Rien de légalement répréhensible, au demeurant : la simple mise en œuvre d'un esprit de corps,

1. Voir la question 93, « Quels sont les fondements de l'antimaçonnisme ? », p. 342.

d'une communauté d'esprit et de formation, au service des intérêts bien compris de tous… et de chacun !

Mais la caractéristique de ces réseaux est généralement d'afficher sans grand complexe que tel est leur but. On n'y adhère manifestement pas pour faire de la poésie, manier des symboles – du moins, autres que monétaires –, méditer sur des textes sacrés ou faire de la philosophie. C'est une première différence avec la franc-maçonnerie qui, selon sa sensibilité, proclame des buts variés mais parmi lesquels on retrouve toujours des objectifs philosophiques et des valeurs morales : il suffit de parcourir ses textes fondateurs depuis le début du XVIIIe siècle jusqu'à nos jours, aucun d'eux ne fait exception sur ce point. Ses trois principes fondateurs, proclamés dès 1726 et toujours célébrés de nos jours étaient déjà : *Truth*, *Relief*, *Brotherly love* – la Vérité, la Bienfaisance et l'Amour fraternel.

Jeter *a priori* le voile du doute sur de tels témoignages historiques reviendrait à soupçonner de noirs desseins toute association, quelle qu'elle soit, quel que soit l'objet social qu'elle déclare, et à voir dans n'importe quelle amicale de boulistes un redoutable syndicat d'intérêts. Pour autant, tous les francs-maçons sont-ils blancs comme neige ? N'y a-t-il jamais eu parmi eux quelques escrocs et quelques profiteurs ? Évidemment non : la franc-maçonnerie est une communauté humaine, avec ses grandeurs et ses faiblesses.

En premier lieu, qu'appelle-t-on « affairisme » ? On a parfois cité dans la presse quelques grandes entreprises publiques ou privées, ou quelques secteurs de la fonction publique, dont plusieurs dirigeants étaient des « francs-maçons notoires », comme la preuve qu'un « lobby maçon » était à l'œuvre dans ces structures. Mais est-on bien sûr que leur appartenance, réelle ou fantasmée, à la franc-maçonnerie a été plus déterminante dans leur avancement que leurs liens plus que probables avec d'autres réseaux professionnels sans doute plus efficaces – sans compter leurs éventuelles qualités propres ? Toute une littérature et des films, comme l'inquiétant *Forces occultes*, réalisé pendant l'Occupation[2] par la propagande allemande pour jeter l'opprobre sur la maçonnerie et la stigmatiser, ont mis en scène les manœuvres supposées et les affaires douteuses des francs-maçons. L'affaire Stavisky[3], en 1934, un scandale financier bien réel qui fit plusieurs morts et avait impliqué un grand nombre de personnalités politiques ou du monde des affaires, dont plusieurs francs-maçons, en était présentée comme la preuve documentaire.

Qu'en disent les francs-maçons ? Pour la plupart, ils ne nient pas la réalité de certaines affaires, jusque dans les années 1990 encore, quand quelques-unes d'entre elles défrayèrent à nouveau la chronique et firent la une des hebdos. Mais presque tous constatent le caractère marginal, presque anecdotique, de ces dévoiements et rappellent que, pendant parfois de longues années d'appartenance, ils ont surtout rencontré dans les loges des hommes et des femmes honnêtes et sincères, attachés aux principes de leur confrérie. Ils soulignent aussi que nombre d'escrocs et d'aigrefins, dont certains ont passagèrement appartenu à une loge et d'autres jamais, mais se sont un peu documentés, peuvent faire croire à leur appartenance maçonnique, s'en réclamer pour tenter des manœuvres douteuses et que celles-ci, qu'elles réussissent ou échouent, sont alors

2. Voir la question 29, « Quel fut le sort des francs-maçons français sous l'Occupation ? », p. 114.

3. Voir la question 28, « Des francs-maçons étaient-ils impliqués dans l'affaire Stavisky ? », p. 111.

invariablement mises sur le compte de la franc-maçonnerie. Comment l'empêcher ? Suffirait-il vraiment, se demandent-ils, de publier des démentis ? Au regard de l'opinion publique, bien souvent, le doute ne profite pas à l'accusé.

Les obédiences maçonniques ont pendant longtemps éprouvé de la difficulté à traiter ce problème sans faiblesse. Comme d'autres institutions, comme certaines Églises sur d'autres sujets, elles ont parfois craint que la révélation publique de ces turpitudes ponctuelles ne salisse toute la franc-maçonnerie. Il a fallu attendre la fin des années 1990 pour que, se ressaisissant enfin, elles édictent et mettent en œuvre des mesures claires : suspension des mis en examen, exclusion des condamnés définitifs à des peines infamantes, échange entre elles des fichiers de refusés ou de radiés pour ces causes, contrôle d'associations maçonniques parfois décriées qu'on appelle les fraternelles[4]. Pour employer les mots rudes d'un grand maître, Alain Bauer, qui a présidé aux destinées du Grand Orient entre 2000 et 2003 : « Substituer le tri sélectif des déchets au recyclage des ordures. »

La meilleure prévention serait alors de faire lire à tous ceux qui voudraient rejoindre la maçonnerie pour y faire des affaires et renflouer leur bas de laine cette définition de la démarche morale de la maçonnerie par l'un de ses anciens grands maîtres, Richard Dupuy : « C'est passer de la conjugaison du verbe avoir à celle du verbe être. »

4. Voir la question 88, « Qu'est-ce qu'une "fraternelle maçonnique" ? », p. 325.

92

Quels sont les rapports de la franc-maçonnerie avec la police et la justice ?

Les relations de la franc-maçonnerie avec les protagonistes de l'application de la loi – les policiers et les juges – ont beaucoup varié selon les lieux et les époques. Au XVIIIe siècle, et jusqu'à la Seconde Guerre mondiale, la franc-maçonnerie fit parfois l'objet en France de quelques avanies sans lendemain de la part de la police, essentiellement entre 1737 et 1745, sous la Révolution[1] – où, par prudence, elle mit un terme provisoire à toutes ses activités –, puis encore au début des années 1850, lorsque le préfet de police de Paris prit la décision de dissoudre une obédience très minoritaire et trop révolutionnaire à son goût. Pendant toutes ces époques, il n'en est pas moins vrai que des policiers parfois de haut rang, des préfets et des magistrats, ainsi que de nombreux avocats, étaient membres de loges où ils exerçaient souvent des fonctions importantes. L'avaient-ils fait par conviction ou pour surveiller des cénacles un peu trop discrets ? Gageons que, pour certains, ils joignirent l'utile à l'agréable…

1. Voir la question 12, « La franc-maçonnerie est-elle à l'origine de la Révolution française ? », p. 53.

C'est sous l'Occupation que, pour la première fois, la franc-maçonnerie subit une véritable persécution : dissoute dès août 1940, elle vit ses locaux et ses archives pillés tandis que nombre de ses membres furent dénoncés, révoqués de la fonction publique ou emprisonnés[2]. En Grande-Bretagne comme aux États-Unis, rien de tout cela ne s'observa jamais. Naturellement, sous les régimes totalitaires passés et présents, notamment fascistes[3] ou communistes[4], les loges n'ont jamais eu le droit de se réunir.

Dans un pays comme la France, un État de droit qui garantit aujourd'hui les libertés publiques et un territoire où la franc-maçonnerie peut vivre librement, la question s'est donc déplacée vers un autre aspect du sujet : les francs-maçons infiltrent-ils la police et la magistrature ? Selon une déclaration d'Alain Bauer, criminologue et ancien grand maître du Grand Orient de France, en 2015 : « Il doit y avoir, peut-être, un dixième des cadres de la police qui appartiennent à une des nombreuses loges disponibles. » Évidemment, aucune statistique officielle n'existe. En 2005, à l'occasion d'une affaire ayant défrayé la chronique, le magistrat Éric de Montgolfier estimait de son côté que tous les magistrats francs-maçons « devraient se dévoiler ». Quelques années plus tôt, en Grande-Bretagne, le gouvernement de Tony Blair avait du reste envisagé d'imposer une mesure de cette nature. Quel est le problème sous-jacent ?

---

2. Voir la question 29, « Quel fut le sort des francs-maçons français sous l'Occupation ? », p. 114.

3. Voir la question 31, « Quel fut le sort de la franc-maçonnerie dans les États fascistes ? », p. 122.

4. Voir la question 32, « Quels ont été les rapports de la franc-maçonnerie avec les communistes ? », p. 125.

L'idée est que les francs-maçons, en raison de leurs liens fraternels et de leur appartenance le plus souvent ignorée de leurs relations professionnelles, pourraient faire usage de ce « réseau » pour communiquer des informations ou favoriser des décisions à leur profit, ou celui de leurs amis, en tout cas bénéficier de facilités qui ne seraient pas accordées aux citoyens ordinaires. Et naturellement, ils se feraient facilement la courte échelle pour accélérer la carrière des uns et des autres. Ce soupçon est parfois encore plus large et rejoint celui du favoritisme et de l'affairisme[5] qui serait l'apanage des francs-maçons. En 2009, Christophe Barbier, dans les colonnes de *L'Express*, demandait même aux francs-maçons de se dénoncer où qu'ils soient ! Imagine-t-on ce qu'aurait suscité une telle injonction adressée à toute autre « minorité invisible » ?…

On eut beau jeu de lui rétorquer que dans un État de droit, on ne soupçonne ni ne stigmatise les gens pour ce qu'ils sont – ce que faisait l'État de Vichy pendant l'Occupation, en publiant au *Journal officiel* des listes de francs-maçons –, mais seulement pour ce qu'ils font – du moins si ce qu'ils font est répréhensible, et c'est en effet parfois arrivé. Les francs-maçons ne sont évidemment pas au-dessus des lois. Si, en tant qu'individus, ils la violent, policiers, magistrats ou simples citoyens, ils doivent être poursuivis et punis. Mais en aucun cas la franc-maçonnerie ne leur enseigne que l'on peut agir ainsi : depuis trois siècles, dans tous ses règlements et tous ses rituels, sans aucune exception, elle proclame exactement le contraire.

5. Voir la question 91, « La franc-maçonnerie est-elle un club d'affairistes ? », p. 335.

93

Quels sont les fondements de l'antimaçonnisme ?

L'antimaçonnisme est presque aussi vieux que la franc-maçonnerie. Schématiquement, il est passé par trois phases qui, loin de se succéder, se sont plus ou moins empilées – les nouveaux ressorts de l'antimaçonnisme ne faisant à chaque fois que s'ajouter aux anciens.

Le premier temps, entamé dès 1738, fut religieux et concernait essentiellement le conflit très précoce et durable entre l'Église catholique et la franc-maçonnerie. Mais de nos jours, diverses mouvances musulmanes ou islamistes se distinguent aussi par un antimaçonnisme virulent[1].

Le second temps a commencé en France, au moment de la Révolution. Il a été à la base de la composante politique de l'antimaçonnisme. Mais si les héritiers de ce premier anti-maçonnisme politique se retrouvent aujourd'hui dans les rangs d'une extrême droite qui cultive aisément, dans une perspective volontiers complotiste, le mythe judéo-maçonnique, il

1. Voir la question 73, « Quelles sont les relations de la franc-maçonnerie avec l'Église catholique ? », p. 276 et la question 77, « Quelles sont les relations de la franc-maçonnerie avec l'islam ? », p. 291.

ne faut pas oublier que le communisme – qui a aujourd'hui presque entièrement disparu de la surface du globe – avait persécuté les francs-maçons partout où il avait établi son empire.

Le troisième temps a débuté plus récemment : il concerne plus généralement le reproche d'affairisme et remonte au début des années 1930[2].

Ces origines sont importantes à connaître car elles alimentent encore, à des titres divers, l'antimaçonnisme contemporain. Cette hostilité de principe envers les loges et leurs membres se décline de nos jours sous deux formes principales. D'abord, si l'antimaçonnisme politique a beaucoup reculé – sauf dans certains conventicules d'extrême droite –, l'antimaçonnisme religieux subsiste mais a quelque peu changé de forme. Désormais, hormis dans les cercles intégristes où se perpétue le mythe de la « synagogue de Satan », les catholiques ont depuis longtemps délaissé l'antimaçonnisme virulent de jadis – même si la position officielle de l'Église n'a théoriquement pas changé. C'est maintenant dans les milieux évangéliques, fortement marqués par le littéralisme biblique, une théologie morale extrêmement conservatrice et surtout une conception exclusive et enfermante de l'engagement religieux, que se recrutent les antimaçons les plus agressifs ; c'est là notamment que sévit encore, sur les réseaux sociaux en particulier, l'accusation de satanisme – particulièrement en Afrique où la maçonnerie souffre d'une image très controversée, non sans raison parfois. L'autre mouvance religieuse qui se situe aussi aux avant-postes de la dénonciation de la franc-maçonnerie, on l'a déjà dit, est l'islam avec qui le dia-

2. Voir la question 91, « La franc-maçonnerie est-elle un club d'affairistes ? », p. 335.

logue semble pratiquement impossible, à certaines exceptions près. Cet antimaçonnisme religieux, résiduel mais souvent très ardent, offre d'une manière générale peu de prise à la réfutation rationnelle car il est toujours fondé sur des bases idéologiques totalement figées.

Mais, dans un pays pluraliste comme la France, l'antimaçonnisme finalement le plus durable et le plus répandu n'est pas ouvertement ni violemment exprimé. C'est une sorte d'antimaçonnisme muet, latent, qui véhicule encore dans l'opinion courante certains clichés hérités du passé politique de la franc-maçonnerie française, renforcé par quelques articles de la presse à sensation sur deux ou trois scandales financiers. À l'hostilité affichée s'est substituée une sorte de méfiance sourde, peu documentée mais parfois solidement ancrée dans les consciences : les francs-maçons ne sont pas des gens « clairs », ils s'entendent probablement sur le dos des autres, on ne sait pas au juste ni ce qu'ils veulent, ni où ils sont, bref : tout ce petit monde trop discret n'est sans doute pas bien net. Comme à la grande époque de l'antisémitisme, quand chaque antisémite avait aussi son « bon Juif », les personnes qui entretiennent cette vision *a priori* soupçonneuse de la franc-maçonnerie, sans l'avoir jamais vraiment documentée, la révisent parfois lorsqu'un de leurs proches, un ami, voire un parent, quelqu'un qu'elles estiment, se révèle à elles comme franc-maçon. Dès lors, la maçonnerie cesse d'être une « boîte noire », elle prend subitement un visage.

Ce dernier point suscite d'ailleurs, au sein de la franc-maçonnerie française, un débat récurrent : celui de l'« extériorisation ». Les francs-maçons, pour mettre un terme définitif aux fantasmes, ne doivent-ils pas davantage se montrer, s'exposer, se présenter au grand public ? Ne leur faut-il pas, dans une certaine mesure, mettre un terme à leur culture du secret ? C'est, au demeurant, ce que la franc-maçonnerie anglaise a décidé de faire depuis déjà une trentaine d'années, à la suite des ouvrages pamphlétaires qui l'avait attaquée sans qu'elle ait, jusque-là, osé y répondre. Certes, les obédiences maçonniques ont pris l'habitude, depuis quelques années, d'organiser des conférences publiques et même de rendre leurs locaux accessibles au public à la faveur de journées portes ouvertes, de la Nuit des musées ou de salons du livre, mais aller plus loin soulève une difficulté propre à la France. La difficulté, là encore, tient à la très grande diversité du paysage maçonnique français qui donne à voir des sensibilités parfois très éloignées, des conceptions très divergentes de l'engagement maçonnique : après l'absence d'informations, le trop-plein d'informations contradictoires ne risque-t-il pas de brouiller plus encore l'image d'une institution largement incomprise ?

94

Quels rapports la franc-maçonnerie entretient-elle avec les médias ?

Dès 1723, à Londres, alors que la première Grande Loge de Londres[1], créée cinq ans plus tôt, se débat déjà dans une querelle d'appareil, une habile opération d'« intox » est montée grâce au *Post-Boy*, l'un de ces journaux des relais de poste, diffusé en quelques heures à travers tout le pays avec le courrier et quelques voyageurs. Afin de protéger les « secrets[2] » – mots de passe, signes manuels, etc. – permettant aux francs-maçons de se reconnaître[3] et de s'identifier en toute sécurité, secrets alors menacés de divulgation imminente, de fausses informations sont publiées à grands frais à travers cette presse populaire et très lue, les initiateurs de la manœuvre poussant la comédie jusqu'à faire semblant de vouloir racheter massivement les exemplaires en circulation, comme pour se

1. Voir la question 7, « Quand la première Grande Loge fut-elle créée ? », p. 37.

2. Voir la question 64, « Quels "secrets" les maçons s'engagent-ils à protéger par serment ? », p. 243.

3. Voir la question 87, « Comment les francs-maçons se reconnaissent-ils entre eux ? », p. 321.

garantir d'une révélation désastreuse… Cet épisode inaugura une saga qui conduit jusqu'à nos jours et devait connaître d'autres rebondissements.

Ainsi à Paris, en 1737. Ayant appris l'installation récente en France de cette « Société des frimassons », suspecte *a priori* car principalement composée de sujets britanniques, le lieutenant de police René Hérault décide de s'en procurer le « secret » afin de le rendre public et de ridiculiser les frères. Après avoir fait appel aux bons offices de la demoiselle Carton, danseuse de l'opéra, réputée pour son faible talent et pour sa vertu plus mince encore, et s'étant procuré par son entremise les « confidences sur l'oreiller » d'un franc-maçon notoire, le policier roué les fera diffuser par de nombreuses copies répandues dans toute la ville, au grand dam du petit peuple des loges parisiennes et de province mais laissant au passage aux historiens futurs une relation précieuse et de première main sur les usages maçonniques en France à cette époque ! Dès son premier essor, on le voit, utilisant la presse à son profit d'un côté de la Manche, subissant un *outing* forcé de l'autre côté, la franc-maçonnerie, surtout en France, allait définitivement vivre une relation équivoque avec les médias. On n'a d'abord abondamment parlé de la franc-maçonnerie que pour la vilipender et la dénoncer. C'est bien l'antimaçonnisme[4], dans une certaine mesure, qui a imposé la franc-maçonnerie comme un thème de communication. Ce petit jeu devait durer 250 ans.

Une situation entièrement nouvelle, toutefois, s'est développée au début des années 1990 lorsque les « affaires[5] »

4. Voir la question 93, « Quels sont les fondements de l'antimaçonnisme ? », p. 342.

5. Voir la question 91, « La franc-maçonnerie est-elle un club d'affairistes ? », p. 335.

ont pris une place grandissante dans l'image médiatique de la franc-maçonnerie. Ce fut le début des « marronniers », chaque trimestre apportant dorénavant son lot de numéros spéciaux et de unes des hebdomadaires aux titres souvent racoleurs : « Les réseaux francs-maçons », « Le (vrai) pouvoir des francs-maçons », ou encore, pour rappeler – sans doute involontairement – des années sinistres, « Où se cachent les francs-maçons ? ». Les francs-maçons, au fil des années, ont dû trouver des parades médiatiques à ces raccourcis journalistiques. Exercice périlleux et nécessairement déséquilibré. Quand on s'avise de définir avec un peu de précision la nature et le rôle de la franc-maçonnerie, on s'expose aussi au risque de figer l'image d'une institution essentiellement multiple et contrastée et surtout, si la description se révèle partiellement inexacte – ou ne recueille pas l'assentiment du plus grand nombre de ses membres –, de ne plus pouvoir aisément la modifier : *Verba volant, scripta manent*...

Une contradiction historique ne cesse ainsi d'étreindre la franc-maçonnerie au siècle de l'Internet et du « village global », alors que l'émission et la réception des messages – pour ne rien dire de leur contenu – échappent à peu près à tout contrôle. La franc-maçonnerie fut longtemps, comme l'armée – où elle comptait alors de nombreux adeptes –, une « grande muette ». Cela convenait à sa nature de société discrète, sinon secrète, pas vraiment fermée mais seulement entrouverte. Le problème est qu'avec une telle culture fondatrice, à l'heure de la communication ouverte, parler devient un risque. Or, si ces caractéristiques d'origine demeurent consubstantielles à l'institution – sauf à lui imposer une mutation profonde qui lui ferait perdre son identité –, ses capacités de dialoguer avec les médias se réduiront nécessairement toujours à d'improbables droits de réponse – mais qui lit vraiment les droits de réponse ?

La rhétorique franc-maçonne a coutume d'opposer à cette impasse un raisonnement de la dernière chance : le secret, dit-elle en substance, n'est pas celui que l'on révèle à la presse – qu'il soit purement symbolique ou d'une nature plus compromettante, comme l'affirment ses détracteurs –, car c'est un secret proprement « indicible ». C'est l'expérience profonde, ineffable, impossible à partager, de ce qui se joue dans le cœur et la conscience de chaque franc-maçon, sachant « sa » vérité, et lui seul la connaissant. On pourra toujours parler de la franc-maçonnerie, mais jamais de ce que sont vraiment les francs-maçons.

95

Quelle est l'influence politique actuelle de la franc-maçonnerie ?

L'une des constantes de l'antimaçonnisme[1] a toujours été, jusqu'à nos jours, de dénoncer l'influence politique occulte de la franc-maçonnerie. Il y a cependant loin de l'histoire à la légende.

Pour ne s'en tenir qu'au cas de la France, la maçonnerie n'y a eu aucune influence politique significative au XVIIIe siècle – son implication dans la préparation et le déclenchement de la Révolution française[2] est un mythe. Au XIXe siècle, surtout sous le Second Empire[3], elle a porté dans ses flancs des républicains, mis à l'abri dans la discrétion de ses loges, mais en tant qu'institution, elle n'avait aucun moyen d'action. Puis est venue la IIIe République[4], son âge d'or en termes d'influence politique, sans doute le seul – pour le meilleur et parfois le

1. Voir la question 93, « Quels sont les fondements de l'antimaçonnisme ? », p. 342.

2. Voir la question 12, « La franc-maçonnerie est-elle à l'origine de la Révolution française ? », p. 53.

3. Voir la question 20, « Le Second Empire fut-il une période faste pour la franc-maçonnerie ? », p. 82.

4. Voir la question 22, « Les francs-maçons ont-ils pris le pouvoir sous la IIIe République ? », p. 89.

pire. Après la tragique parenthèse de l'Occupation[5] et dès la Libération, rien n'a plus été comme avant en ce domaine. La franc-maçonnerie avait perdu la main dans le monde politique. Qu'en est-il de nos jours ? Il y a plusieurs façons d'aborder cette question.

Un premier moyen est d'évaluer la présence maçonnique parmi les élus, les dirigeants de la République. Même si aucune statistique sûre n'est disponible, on peut estimer que moins de 10 % des élus sont ou ont été francs-maçons : la proportion était sans doute triple sous la IIIe République. Mais dans tous les cas, cela reste une relative surreprésentation – les francs-maçons comptent pour environ 0,25 % des électeurs français…

Mais que signifie cette présence persistante, même si elle est bien moindre que jadis ? À vrai dire, rien de très précis sur le plan politique. Ces élus francs-maçons appartiennent à tous les partis et même si certaines obédiences, comme le Grand Orient de France, sont réputées de gauche, on trouve clairement des francs-maçons à droite et à gauche. Par-dessus tout, le temps est bien loin où les instances dirigeantes des obédiences votaient des motions qui étaient directement transmises à leurs relais parlementaires. Depuis longtemps, les francs-maçons qui s'engagent en politique le font pour eux-mêmes, et s'ils reçoivent des consignes, ce sont celles de leur parti, jamais de la franc-maçonnerie – même de la plus engagée sociétalement. Au-delà de la politique, il faut d'ailleurs observer que les francs-maçons, d'une manière générale, sont également plus nombreux que la moyenne des Français dans les associations, les mouvements de bénévoles : l'action col-

5. Voir la question 29, « Quel fut le sort des francs-maçons français sous l'Occupation ? », p. 114.

lective, le souci de l'engagement et le service du bien commun sont indiscutablement dans l'ADN de leur éthique commune.

En outre, de nos jours, la plupart des composantes de la maçonnerie française récusent elles-mêmes tout intérêt pour une influence politique, au sens propre du terme. La quasi-totalité des obédiences revendiquent tout au plus une influence morale – qui peut éventuellement trouver des relais politiques, mais d'une manière indirecte – sur quelques dossiers privilégiés : laïcité et bioéthique en particulier. Elles produisent des textes et organisent des colloques sur ces thèmes. Il arrive même que des commissions parlementaires les entendent, au titre des « familles spirituelles et morales de la France », et que quelques grands maîtres soient parfois reçus par un ministre, voire par le président de la République. Mais, au-delà de la minute de frisson que cela peut susciter chez certains, quel est le débouché concret de ces initiatives ?

À vrai dire, assez peu de chose. On cite encore les lois sur la contraception et sur l'avortement comme les dernières « conquêtes » de la franc-maçonnerie. C'était il y a déjà une cinquantaine d'années et, s'il y avait en effet des francs-maçons dans le dossier, c'était à d'autres titres que celui de leur appartenance à une loge : des politiciens engagés depuis longtemps sur ces sujets, des médecins célèbres, etc. Dire, comme on l'a parfois entendu, que ces lois avaient été « préparées dans les loges » est objectivement une grossière exagération.

En fin de compte, l'influence politique de la franc-maçonnerie n'existe plus guère, de nos jours, que dans les fantasmes et les délires complotistes. Mais la franc-maçonnerie elle-même demeure habile à récupérer parfois à son profit des évolutions dans lesquelles elle a finalement joué un rôle marginal, sinon illusoire…

96

La franc-maçonnerie et les questions ethniques et raciales

En raison des idéaux de fraternité et d'égalité entre ses membres qu'elle n'a cessé de proclamer dans ses loges en tout temps et en tout lieu, la franc-maçonnerie peut *a priori* sembler à l'abri de toute tentation de discrimination ethnique ou raciale. Son histoire fait cependant apparaître une réalité plus nuancée. On peut au moins en citer deux exemples.

Le premier concerne la France pendant sa période coloniale. Outre le fait que plusieurs fervents partisans de l'expansion coloniale étaient des francs-maçons notoires – on pense ici à Jules Ferry, mais aussi à Gambetta –, la franc-maçonnerie qui s'installa dans les possessions françaises d'outre-mer, notamment en Afrique du Nord, n'était que la réplique sociologique, et ethnique, de la maçonnerie métropolitaine. La plupart des membres français de loges d'Algérie étaient résolument favorables au maintien de leurs privilèges et au statut colonial : aucune préoccupation humanitaire ou « tiers-mondiste » n'apparaîtra jamais dans leurs discours. Avant la Première Guerre mondiale, laïcs et républicains, comme en métropole, n'en refusèrent pas moins l'entrée de leurs loges aux « indigènes » :

il n'y en avait qu'une poignée avant 1914 – mais les Juifs n'étaient guère plus nombreux. Après l'indépendance, trop liée au passé colonial, la maçonnerie disparut corps et biens en Algérie.

Ces temps sont lointains. Depuis lors, si les loges n'ont pu encore revivre en Tunisie et en Algérie, la franc-maçonnerie française a grandement aidé à l'établissement timide, mais réel, de l'ordre maçonnique au Maroc, vers la fin des années 1960, avec l'approbation tacite du pouvoir. Les maçons français ont aussi beaucoup œuvré, dès les années 1970, pour générer en Afrique noire des obédiences autonomes.

Le second exemple, encore plus frappant, est celui des États-Unis. La franc-maçonnerie y fut, comme le pays lui-même dans son ensemble, une création des Wasp (*White Anglo-Saxon Protestants*), avec toutes leurs qualités et tous leurs défauts – ou du moins leurs contradictions. On peut citer ici leur sentiment parfois grisant d'être des élus chargés par Dieu de répandre la démocratie dans le monde, mais aussi leur acceptation sans trouble de l'esclavage des Noirs : George Washington, toujours révéré comme le père de la patrie américaine et franc-maçon emblématique, possédait lui-même de nombreux esclaves. Développée dans les milieux à la fois dirigeants et populaires de l'Amérique profonde, dès la fin du XVIIIe siècle, la maçonnerie américaine, qui atteignit son apogée dans les années 1960, était donc depuis toujours chrétienne, conservatrice, charitable et… exclusivement blanche !

En fait, à la fin du XVIIIe siècle, une maçonnerie noire américaine parallèle à la maçonnerie blanche avait été créée. Son promoteur, Prince Hall, né à La Barbade sans doute vers 1735, d'un père anglais et d'une esclave affranchie, avait été initié à Boston avec quatorze autres Afro-Américains, en 1775, par une loge militaire anglaise. Il en sortit en 1791 l'African Grand Lodge of North America, plus tard rebaptisée Prince Hall Grand Lodge après la mort de son fondateur. Ainsi s'édifièrent dans la plus complète imperméabilité une maçonnerie « caucasienne », selon la terminologie américaine – réservée aux Blancs –, et une maçonnerie noire. Le plus singulier est qu'aucune différence de philosophie maçonnique ne séparait les deux organisations : mêmes références religieuses, mêmes préoccupations charitables, mêmes rituels, mêmes cérémonies. Elles n'en demeuraient pas moins totalement séparées.

Les choses commencèrent à changer dans les années 1980. L'Angleterre reconnut Prince Hall en 1994. Les autres Grandes Loges américaines, dès 1989 dans le Connecticut, les unes après les autres, établirent alors des relations avec leur contrepartie noire – certaines autorisant même une double appartenance. À ce jour, quarante-quatre Grandes Loges américaines « blanches » sur cinquante et une reconnaissent Prince Hall. Les sept récalcitrantes sont toutes situées dans la *Bible Belt* – les États du Sud, chrétiens conservateurs : singulière persistance, au sein même de la franc-maçonnerie, de vieux clivages historiques.

Il faut souligner ici que l'Angleterre, mère patrie de la franc-maçonnerie, a dans une large mesure échappé à ces deux écueils. Dans toute l'étendue de son Empire, mais notamment en Inde qui en est l'exemple le plus caractéristique, elle a dès le XIXe siècle largement accueilli dans ses loges à la fois les notables locaux et les sujets plus modestes, toutes religions, races et couleurs de peau confondues, sans distinction d'aucune sorte. Ce passage du célèbre poème *Ma Loge-Mère* de Rudyard Kipling, initié à Lahore en 1886, en est une saisissante et émouvante illustration :

> Dehors, on se disait : « Sergent, Monsieur, Salut, Salam. »
> Dedans c'était : « Mon frère », et c'était très bien ainsi.

97

La franc-maçonnerie et la question du genre

La franc-maçonnerie est née et s'est structurée en Grande-Bretagne, au XVIIe puis au XVIIIe siècle, dans une société évidemment dominée par les hommes. La question de ce que l'on n'appelait pas encore le « genre » s'est posée à elle, au cours de son histoire, de plusieurs manières.

En premier lieu avec cette simple question : les femmes peuvent-elles être initiées en franc-maçonnerie ? On a vu ailleurs comment, en France aussi bien qu'outre-Manche, les maçons ont tenté de répondre à cette première interrogation[1]. Disons que, de nos jours, les femmes maçonnes sont surtout françaises et que c'est en France que la maçonnerie mixte, puis exclusivement féminine, s'est développée. Il n'empêche que, sous des formes parfois un peu différentes, il existe aussi des femmes dans l'univers maçonnique anglo-saxon, au Royaume-Uni comme aux États-Unis notamment.

Mais la question du genre est aussi celle de l'orientation sexuelle. Dès le XVIIIe siècle, elle fut posée. En effet, les loges

1. Voir la question 42, « Y a-t-il des femmes dans la franc-maçonnerie ? », p. 165.

maçonniques étaient des cercles relativement privés, se réunissant « à couvert », et dont seuls des hommes pouvaient être membres. De là à soupçonner chez eux ce que l'on nommait alors le « petit défaut », il n'y avait qu'un pas. Les maçons français multiplièrent les chansonnettes clamant bien haut qu'ils accordaient aux dames toute leur considération et ne rêvaient tous que de gagner leurs faveurs. Mais en un temps où l'homosexualité était partout réprimée en Europe, certains maçons célèbres laissèrent cependant planer le doute – voire davantage – sur leurs inclinations personnelles.

Ainsi, par exemple, du fameux chevalier d'Éon, aventurier, espion et franc-maçon – initié à ce titre en tant qu'homme –, qui passa plusieurs périodes de son existence sous le costume féminin en entretenant le mystère le plus complet sur son sexe véritable. L'autopsie qui fut réalisée après sa mort ne laissa toutefois aucun doute : c'était bien un homme. Il s'agissait ici moins d'homosexualité que de travestisme. On peut aussi mentionner Cambacérès, archichancelier de l'Empire sous Napoléon Ier, véritable vice-empereur et homme de confiance du maître de l'Europe – mais aussi grand maître adjoint du Grand Orient de France. Il était raillé pour son homosexualité, tellement discrète, au demeurant, qu'un doute a même subsisté à ce sujet. On a rapporté l'anecdote, peut-être apocryphe, de son arrivée tardive au Conseil de l'empereur à qui il avait alors présenté ses excuses, prétextant avoir été retenu par « une dame » de sa connaissance. Napoléon, dont la délicatesse n'était pas la qualité première, lui aurait répondu : « Eh bien, la prochaine fois, vous lui direz : prends ton chapeau et ta canne et laisse-moi. » Pour autant, l'empereur, finalement bon prince et qui appréciait Cambacérès, confiait en riant que, selon lui, l'archichancelier devait mettre autant de sérieux à conduire les assemblées maçonniques qu'il en montrait à présider le Sénat.

Plus sérieusement, si l'homosexualité éventuelle de ses membres n'est heureusement plus un objet de discussion ni de préoccupation dans les loges, de nos jours, un nouveau sujet de débat y a surgi récemment : la question des transgenres. En particulier, dans les années 2000, l'admission finale des femmes dans les loges du Grand Orient de France – pourtant réputé progressiste mais longtemps résistant à cette évolution – finit par s'imposer en partie à cause d'un cas de transgenre. Olivier Chaumont, un architecte initié à Paris en 1992, avait progressivement opéré sa transition vers le sexe féminin. En 2005, Olivia Chaumont était devenue officiellement une femme. Désormais, il y avait donc une femme membre d'une loge du Grand Orient, mais quel était son statut ? Pourrait-elle seulement y demeurer ? En janvier 2010, après environ un an de procédures internes, l'obédience reconnut qu'Olivia resterait membre de sa loge en tant que femme. Le convent de septembre 2010 finit alors par admettre l'inévitable et entérina dans la foulée l'admission des femmes dans l'obédience.

Même la très traditionnelle et conservatrice Grande Loge unie d'Angleterre n'a pas été épargnée par ce phénomène. En 2018, confrontée aux cas de certains de ses membres, des hommes devenus des femmes, la Loge-Mère du monde[2], qui avait toujours récusé comme parfaitement impensable l'admission des femmes dans ses loges, a reconnu que ces « sœurs » étaient désormais des frères comme les autres ! Cette décision lui avait été d'ailleurs en partie imposée par des lois anglaises

2. Voir la question 52, « Pourquoi la Grande Loge unie d'Angleterre se qualifie-t-elle de “Loge-Mère du monde” ? », p. 204.

adoptées en 2004 et 2010, qui interdisaient la discrimination des transgenres : une exclusion pour ce seul motif aurait été clairement discriminatoire. La Grande Loge a décidé, à ce jour, qu'elle continuerait à n'initier que des hommes – y compris des femmes transgenres devenues des hommes – et que ses membres, tous de sexe masculin lors de leur initiation, le demeureraient s'ils devenaient un jour des femmes. Pragmatique jusqu'au plus humble détail, la Grande Loge unie d'Angleterre a même fixé le *dress code* pour les « frères féminins » qui appartiennent à ses loges : costume de soirée masculin ou robe longue et sombre.

Reste à savoir si les conséquences à moyen ou long terme seront les mêmes que pour le Grand Orient de France : à quand une Grande Loge unie d'Angleterre mixte ? Ce serait un vrai coup de tonnerre dans le landerneau maçonnique…

98

Qu'est-ce que sont les *friendly societies* ?

Un phénomène typiquement anglais est apparu dès le XVIIIe siècle et permet, à la fois par similitude mais aussi par contraste, de mieux comprendre la nature de la franc-maçonnerie : ce sont les *friendly societies*. Ce que l'on peut traduire par « sociétés fraternelles » désigne des associations volontaires dont les membres ont pour but exclusif de s'entraider et de se garantir des secours en cas de maladie, d'accident de la vie, de détresse de toute sorte. Pour cela, ils cotisent à un fonds de solidarité qui peut être redistribué en cas de besoin. Ils se promettent aussi un soutien moral et organisent des événements sociaux : fêtes et banquets notamment. En d'autres termes, il s'agit de mutuelles « améliorées ». Leur apparition est historiquement très compréhensible en un temps où aucune aide sociale publique n'existait. Or, la plupart de ces « mutuelles » étaient fondées sur des légendes et adoptaient la forme de sociétés ritualisées, avec des grades et des décors symboliques que les membres revêtaient lors de leurs réunions – exactement comme la franc-maçonnerie !

On peut en citer quelques exemples : Ancien Order of Foresters (Ordre ancien des forestiers), The Antediluvian

Order of Buffaloes (Ordre antédiluvien des Buffles), ou The Order of Odd Fellows (Ordre des « compagnons bizarres »), sans oublier The Anciens Order of Druids (Ordre ancien des druides) ! Certaines de ces *friendly societies*, au plus haut de leur histoire, ont compté des centaines de milliers de membres, avec un recrutement d'ailleurs nettement plus populaire et plus modeste que celui de la franc-maçonnerie.

Au même titre que les guildes londoniennes (*livery companies*), d'anciennes organisations de métier devenues sans objet professionnel, qui se sont peu à peu transformées en associations honorifiques dédiées à l'action charitable – et qui élisent encore le lord-maire de Londres, lui-même sans aucun pouvoir –, les *friendly societies* avaient revendiqué une origine mythique dans le seul but d'habiller, en quelque sorte, un projet d'entraide et de bienfaisance. C'est là un trait culturel typiquement anglais, assez exotique aux yeux des Français notamment, mais qui rend compte de l'apparition de la franc-maçonnerie à partir de la seule Grande-Bretagne. Les grands moments de ces sociétés furent le XIXe siècle et la première moitié du XXe. Elles décrurent ensuite rapidement, notamment parce qu'en Angleterre des lois sociales furent adoptées après la dernière guerre, assurant désormais par le biais de l'État les services que les *friendly societies* prodiguaient auparavant.

Il n'empêche que certaines d'entre elles subsistent encore, bien que leurs effectifs aient beaucoup diminué. On y trouve, sans surprise, d'assez nombreux francs-maçons – avec lesquels le public les confond parfois, et on le comprend sans peine. Il reste que ce n'est pas à proprement parler de la franc-maçonnerie : la dimension spirituelle et morale revendiquée par cette dernière et l'insistance mise sur le côté « initiatique » n'apparaissent pas dans les *friendly societies*. Aucune d'elles, malgré les effectifs parfois impressionnants qu'elles ont pu avoir, n'a jamais atteint le statut de « mythe traditionnel » avec un rayonnement mondial comme celui dont a joui la franc-maçonnerie. Mais, on le voit, la frontière est parfois floue. Au fond, la franc-maçonnerie, de ce point de vue, est un peu une *friendly society* qui s'est mise un jour à faire de la philosophie…

99

Le Rotary, le Lions Club sont-ils d'origine maçonnique ?

Le Rotary Club et le Lions Club sont les plus connus de tous les *clubs services*. Ce sont des associations internationales dont les membres se réunissent régulièrement pour des apéritifs ou des dîners-débats, et consacrent l'essentiel de leur temps et une partie de leurs moyens financiers à des actions caritatives.

Le Rotary Club, premier de tous les *clubs services*, fut créé en 1905 à Chicago, Illinois, par Paul P. Harris, franc-maçon notoire. Initialement conçu comme un club d'hommes d'affaires, il développa très tôt des projets humanitaires à visée plus large, consacrant d'importantes sommes d'argent à des actions de bienfaisance. On compte environ 1,3 million de rotariens dans le monde, dont un peu plus de 30 000 en France.

Le Lions Club, établi sous ce nom entre 1917 et 1920 à partir de Chicago, et dont plusieurs fondateurs étaient en effet des francs-maçons américains, adopta pour devise : « *Liberty Independence Our Nations Safety* » (« La liberté et l'indépendance sont la sauvegarde de nos nations »), dont l'acronyme est Lions. Il compte environ 1,4 million de membres dans le monde, dont à peu près 30 000 en France où il est implanté depuis 1948.

Il est indéniable que des francs-maçons se retrouvent dans les deux organisations – d'une manière générale, ils aiment beaucoup le monde associatif. Du reste, dès 1920, une première loge réservée aux rotariens fut même créée au sein de la Grande Loge unie d'Angleterre, suivie de plusieurs autres ; il en est de même pour les membres d'autres *clubs services* – mais en Angleterre, il existe aussi des loges de rugbymen ou de pêcheurs à la ligne ! Pour autant les *clubs services* n'ont aucun lien constitutif avec la franc-maçonnerie. Leurs objectifs se recoupent parfois dans des initiatives extérieures – essentiellement dans leurs actions de bienfaisance publique – mais dans leur vie interne, ces institutions diffèrent profondément. Les *clubs services* revendiquent une identité exclusivement philanthropique, alors que la franc-maçonnerie, sans nullement dédaigner cet aspect, se définit avant tout comme une organisation initiatique[1].

1. Voir la question 36, « Qu'est-ce que l'initiation maçonnique ? », p. 142.

100

La franc-maçonnerie a-t-elle un avenir ?

Qui peut prédire l'avenir d'une organisation née il y a trois siècles dans une humble taverne de Londres et qui, en quelques décennies, avait conquis le monde entier ? Certes, depuis les années 1960, on a observé une sévère décrue de ses effectifs là où elle était la plus puissante : aux États-Unis, où sa situation est assez dramatique, et dans les îles britanniques à un moindre degré. Mais à cette première évolution, il convient d'en comparer une autre, dans le deuxième pays natal de la franc-maçonnerie, si l'on peut s'exprimer ainsi, à savoir la France : dans ce pays, ses effectifs ont triplé en trente ou quarante ans !

Deux modèles, on le sait, se partagent le peuple maçonnique sur la planète : la maçonnerie régulière, anglo-saxonne, traditionaliste, de sensibilité plutôt conservatrice, moralisante, fondée sur des références religieuses et encore largement dominante à l'échelon mondial ; le modèle libéral et adogmatique[1], né au cours du XIXe siècle principalement en France où

1. Voir la question 51, « Quelle est la différence entre la franc-maçonnerie “régulière” et la franc-maçonnerie “libérale et adogmatique” ? », p. 200.

demeurent ses troupes les plus nombreuses, majoritaire dans ce pays – mais pas unanimement –, progressiste, d'inspiration laïque et portée vers la réflexion sociétale, si ce n'est politique. En prolongeant mécaniquement les courbes, et certains n'ont pas manqué de le faire, on pourrait donc prophétiser à long terme – dans les décennies qui viennent – la disparition progressive du premier modèle au profit du second. Mais les choses ne sont peut-être pas si simples.

Sur le plan économique, en premier lieu, les crises et les menaces de récession, les inquiétudes sur la croissance et les tourmentes financières ont presque entièrement balayé le souvenir des Trente Glorieuses qui avaient conduit certains, au cours des années 1970, à prôner la « croissance zéro » tout en prophétisant le plein-emploi définitif – voire la « société des loisirs » ! Si la protection sociale d'État s'est largement développée – y compris en Angleterre, longtemps si réticente, comme les États-Unis, en vertu sans doute d'un vieux fond d'individualisme protestant –, elle a rapidement trouvé ses limites en raison de l'énormité des besoins et ramené sur le devant de la scène les solidarités « locales », familiales ou associatives, désormais promises à une nouvelle jeunesse. Dans le même temps, les classes moyennes, si présentes dans les loges, on l'a dit, et victimes à leur échelon d'une nouvelle précarité, ne trouvent plus autant qu'avant les moyens d'abonder les œuvres de bienfaisance de la franc-maçonnerie. Plus solidaire que jamais à l'égard de ses propres membres, la franc-maçonnerie ne devrait pas manquer d'être sollicitée fortement pour jouer le rôle d'assurance mutuelle qui la justifiait presque entièrement à son commencement, en des temps fondateurs auxquels nombre de ses adeptes contemporains se réfèrent volontiers, un peu légèrement, en oubliant son aspect alors profondément social. Au-delà des « commissions de l'emploi », péniblement organisées, la solidarité maçonnique sera sûrement invoquée avec une insistance grandissante pour aider les francs-maçons à mieux supporter les difficultés économiques et surmonter l'angoisse à l'égard de l'avenir, qui vont s'emparer d'eux. Selon qu'elle voudra et saura, ou non, répondre à cette demande, *a priori* de bon gré quand elle se veut « sociétale », ou peut-être avec plus de réticence quand elle se dit avant tout « initiatique », la franc-maçonnerie, plus ou moins redevenue une confrérie dans un monde plus que jamais incertain, retrouvera la nature de « communauté globale » qu'elle assumait pleinement il y a encore trois siècles.

Mais un second facteur devrait l'y encourager : l'évolution sociale. C'est un lieu commun que de pointer, dans les sociétés occidentales modernes, la dissolution des « communautés naturelles » et des solidarités traditionnelles, au profit d'un individualisme qu'accentuent le culte de la performance et la promotion de l'image personnelle, de la forme individuelle aux dépens du fond collectif. C'est du reste en vertu de cette évolution constatée que l'on explique parfois, du moins en partie, la réticence de nos contemporains pour toute forme de militance, la désaffection à l'égard des partis politiques, sans parler de la désertion pure et simple, ou presque, des Églises traditionnelles. Comment la franc-maçonnerie ne serait-elle pas, à son tour, concernée par ces abandons ? La baisse inquiétante et persistante de ses effectifs depuis une cinquantaine d'années, notamment dans les pays anglo-saxons où elle fut très longtemps profondément institutionnalisée, on dirait presque « établie » dans le paysage social, en porterait précisément témoignage.

Or, une autre lecture est possible. On peut ici se référer aux travaux menés depuis des années par le sociologue Michel Maffesoli à propos des nouvelles « tribus » (*Le Temps des tribus*, 1988), ultimes productions de la société postmoderne. À rebours de la vision commune – voire simpliste – qui vient d'être évoquée, Maffesoli annonce, et même constate et documente, l'émergence d'un nouveau tribalisme. On comprend alors aisément que la franc-maçonnerie est peut-être en situation d'apparaître comme une communauté « idéal-typique », proposant à la fois les avantages d'un réseau de réassurance tant matérielle que morale et procurant à ses adeptes, devant la faillite des grandes idéologies politiques ou religieuses et de leurs relais institutionnels, une appartenance libre mais signifiante, ouvrant à l'universel sans annuler l'individu, autour d'une esthétique symbolique.

Tels paraissent être, pour les prochaines décennies, les enjeux et les défis de la sociabilité maçonnique qui pourrait encore avoir, à Londres comme à Paris, de beaux – et nouveaux – jours devant elle.

Bibliographie

Histoire de la franc-maçonnerie française, Paris, PUF, coll. « Que sais-je ? », 2003.

Les 100 mots de la franc-maçonnerie, avec Alain Bauer, Paris, PUF, coll. « Que sais-je ? », 2007.

La Franc-maçonnerie, avec Alain Bauer, Paris, PUF, coll. « Que sais-je ? », 2016.

Lexique des symboles maçonniques, avec Alain Bauer, Paris, PUF, coll. « Que sais-je ? », 2014.

Nouvelle histoire des francs-maçons en France. Des origines à nos jours, avec Alain Bauer, Paris, Tallandier, 2018 ; coll. « Texto », 2020.

Table

TABLE

Du même auteur (suite)

Lexique des symboles maçonniques, avec Alain Bauer, Paris, PUF, « Que sais-je ? », 2014 ; 2017.

Les Premiers Pas de la franc-maçonnerie. De Londres à Paris, avec Philippe Langlet, Cécile Revauger, Pascal Dupuy, Paris, Conform, 2018.

Nouvelle histoire des francs-maçons en France. Des origines à nos jours, avec Alain Bauer, Paris, Tallandier, 2018 ; « Texto », 2020.

Comment vivre au temps du coronavirus. Un manuel pour comprendre et résister, avec Alain Bauer, Paris, Cerf, 2020.

Dans la même collection

Chast, François, *Les Médicaments en 100 questions*, 2016.

Djalili, Mohammad-Reza et Kellner, Thierry, *L'Iran en 100 questions*, 2016.

Grenard, Fabrice, avec Azéma, Jean-Pierre, *Les Français sous l'Occupation en 100 questions*, 2016.

Guidère, Mathieu, *L'État islamique en 100 questions*, 2016.

Morillot, Juliette et Malovic, Dorian, *La Corée du Nord en 100 questions*, 2016.

Dazi-Héni, Fatiha, *L'Arabie Saoudite en 100 questions*, 2017.

Luizard, Pierre-Jean, *Chiites et sunnites en 100 questions*, 2017.

Niquet, Valérie, *La Puissance chinoise en 100 questions*, 2017.

Piquet, Emmanuelle, *Le Harcèlement scolaire en 100 questions*, 2017.

Schmid, Dorothée, *La Turquie en 100 questions*, 2017.

Boquérat, Gilles, *Le Pakistan en 100 questions*, 2018.

Da Vinha, Mathieu, *Vivre à la cour de Versailles en 100 questions*, 2018.

Faure, Michel, *Cuba en 100 questions*, 2018.

James, Boris et Tejel Gorgas, Jordi, *Les Kurdes en 100 questions*, 2018.

Kastouéva-Jean, Tatiana, *La Russie de Poutine en 100 questions*, 2018.

Lescure, Jean-Claude, *Le Conflit israélo-palestinien en 100 questions*, 2018.

Nardon, Laurence, *Les États-Unis de Trump en 100 questions*, 2018.

Sarazin, Marie, *La Maladie d'Alzheimer en 100 questions*, 2018.

Servant, Dominique, *Se libérer de l'anxiété et des phobies en 100 questions*, 2018.

Belkaïd, Akram, *L'Algérie en 100 questions*, 2019 ; 2020.

Niquet, Valérie, *Le Japon en 100 questions*, 2019.

Huet, Sylvestre et Ramstein, Gilles, *Le Climat en 100 questions*, 2020.

Vermeren, Pierre, *Le Maroc en 100 questions*, 2020.

Baron, Xavier, *Le Liban en 100 questions*, 2020.

Smith, Stephen et de la Guérivière, Jean, *L'Afrique en 100 questions*, 2021.

Marian, Michel, *L'Arménie et les Arméniens en 100 questions*, 2021.

Réalisation : Nord Compo à Villeneuve-d'Ascq
Dépôt légal : mai 2021
ISBN : 979-10-210-4596-5
Numéro d'édition : 4604
Imprimé en Italie